imaginist

想象另一种可能

理
想
国

imaginist

纵乐的困惑

明代的商业与文化

The Confusions of Pleasure

Commerce and Culture in Ming China

[加]卜正民 *Timothy Brook* 著
方骏 王秀丽 罗天佑 译
方骏 校

海南出版社
·海口·

THE CONFUSIONS OF PLEASURE
by Timothy Brook

著作权合同登记号 图字：30-2022-042 号

地图审图号：GS（2022）3958 号

图书在版编目（CIP）数据

纵乐的困惑：明代的商业与文化 /（加）卜正民(Timothy Brook) 著；方骏，王秀丽，罗天佑译．-- 海口：海南出版社，2023.1（2024.6 重印）

书名原文：The Confusions of Pleasure：Commerce and Culture in Ming China

ISBN 978-7-5730-0869-5

Ⅰ．①纵… Ⅱ．①卜… ②方… ③王… ④罗… Ⅲ．①商业文化－商业史－研究－中国－明代 Ⅳ．① F729.48

中国版本图书馆 CIP 数据核字 (2022) 第 216915 号

纵乐的困惑——明代的商业与文化

ZONGLE DE KUNHUO——MINGDAI DE SHANGYE YU WENHUA

作　　者	［加］卜正民
译　　者	方　骏　王秀丽　罗天佑
责任编辑	余传炫
特约编辑	莫嘉靖　梅心怡　魏钊凌
装帧设计	陈威伸
内文制作	陈基胜

海南出版社 出版发行

地　　址	海口市金盘开发区建设三横路2号
邮　　编	570216
电　　话	0898-66822134
印　　刷	山东韵杰文化科技有限公司
版　　次	2023 年1月第1版
印　　次	2024 年6月第2次印刷
开　　本	880 mm × 1230 mm　1/32
印　　张	12
字　　数	267千字
书　　号	ISBN 978-7-5730-0869-5
定　　价	68.00元

小国寡民。使有什伯之器而不用，使民重死而不远徙。虽有舟舆，无所乘之；虽有甲兵，无所陈之；使人复结绳而用之。甘其食，美其服，安其居，乐其俗。邻国相望，鸡犬之声相闻，民至老死，不相往来。

——《道德经》中明朝开国君主朱元璋最喜爱的一章

财利之于人，甚矣哉！人情徇其利而蹈其害，而犹不忘夫利也。故虽敝精劳形，日夜驰骛，犹自以为不足也。夫利者，人情所同欲也。同欲而共趋之，如众流赴壑，来往相续，日夜不休，不至于横溢泛滥，宁有止息。

——张瀚（1511—1593 年）

富者百人而一，贫者十人而九。贫者既不能敌富，少者反可以制多。金令司天，钱神卓地。贪婪罔极，骨肉相残。

——张涛（1554—1618 年）

目 录

插图目录

图片

除了三张明代绘画、一尊造像和一幅照片以外，本书其余的图片皆取自下列九本明清书籍：

《便民图纂》，1502 年；

《万用正宗》，1599 年，一本在福建印刷的历书；

《海内奇观》，1609 年，一本游客首选的名胜图解指南；

《水浒传》，1610 年，明代著名小说，在杭州印刷的新插图本；

《天工开物》，1637 年，宋应星对技术的考察之作，南昌刻本；

《古航海图》，明代沿海航船路线图，清代复本；

《南柯记》，汤显祖（1550—1616）的一部戏剧；

《紫箫记》，汤显祖的另一部作品，南京富春堂刻本，是“新刻出像点板音注”；

《玉历宝钞》，一本通俗宗教读本，创作时代不明，清代刻本。

扉页和章首的木版画（猴、狗、鸡、马），择自 1599 年的《万用

正宗》，以标志本书的不同阶段。明朝的开始和结束（“冬”和“秋”），都是在猴年；让·尼科莱出发寻找中国的1634年，以及1550年（序、“夏”），正好是狗年；张涛是在1609年出版《歙县志》的，那年是鸡年（引言）；1450年是马年（“春”）。

地图

中文新版序

20 世纪 90 年代撰写此书时，我清楚地知道读者将要看到的明朝故事与改革开放后中国所发生的转变有着奇特的相似之处。作为一位审慎的历史学者，我并不希望过多地强调这些相似之处，以免读者将我对明朝从备受控制的乡村秩序到混乱无序的商业实践的发展过程的分析当作我自己的虚构，并赋予五百多年前发生的事件一些不属于它们的形态和意义。我是不是从窗子里面往外看，把我所见到的景象误作为五百年前的事实？我相信我所讲述的故事并不是强加给历史的东西。从 70 年代留学复旦大学开始，二十多年阅读明代史料的经历给了我撰写本书的自信。那之后，另外二十多年继续研习这类史料的岁月让我更加肯定，本书所描述的商业活动和民众困惑确实属于那个时代。虽然我在审视明代风景时留意到一些与当今中国奇特的相似之处，但我并没有写到书里。

尽管这么说，我仍然乐意承认，历史是今人从现时的视角书写的，我们无法离开自己的角度去看历史。随着时间的前移，人们观察历史的有利位置会随之变化，我们过去所发现的历史也会因此而改变，这就像在疾驰的火车上看窗外风景一样。沿途景物似乎在快速改变，但实际上它们并没有因为我们的经过而变得不同，真正发生变化的是我们在车轨上的位置及其相应的视角。

我在书写明朝历史时所采用的视角，亦见于其他学人。事实上，我觉得《纵乐的困惑》是我这一代历史学家和朋友在 20 世纪 90 年代用新的方法探讨中国历史的“三书系列”的一部分。我自己的研究方式是从社会底层看历史发展，重点是明代社会和平民百姓的日常生活。我也试图在一定程度上从外部世界考察中国，将之置于一个更为广阔的世界，一个有着相似发展经历的世界背景下进行比较。另一部著述是王国斌（R. Bin Wong）的《转变的中国——历史变迁与欧洲经验的局限》，出版于 1997 年。作为多年的大学同窗，我们持有相同的观点，并一起回应许多彼此关心的问题。他的研究对象是清朝，方法是从上层即从国家而非社会层面来书写历史。通过对中国与欧洲进行严谨的对比，他希望做出更为有力的比较分析，不从外部看中国，而是用中国来重新考察世界其他地区。换句话说，王国斌认为历史比较应该是对称的而不是单向的。第三本书是彭慕兰（Kenneth Pomeranz）的《大分流——中国、欧洲与现代世界经济的形成》，该书 2000 年面世。彭慕兰认为 18 世纪中国的经济比许多历史学家所想象的更加类似欧洲经济，这两个地区只是到了晚近才开始踏上不同的发展道路。他也是从外部世界看中国，促使读者重新审视中国和欧洲的历史发展轨迹。

我们三人的共同之处是，我们撰写上述三书时，中国正经历着前所未有的改革开放转型期，在与资本主义世界接轨的同时，也不可避免地承受着伴随而来的困惑。当时我们也许以为自己出众地发现了前代西方学者未曾看到的历史，但其实我们只不过是从那个时代所提供的视角出发，告诉读者我们所见到的东西。并不是我们的师长错过了我们观察到的历史风景，而是他们站在跟我们相异的火车轨道拐弯处，看到了与我们所见不同的历史。

上述回顾只是想提醒读者，历史学家就某个研究课题所写的任何内容都绝不是盖棺定论。探索历史真相的道路对新一代历史学家始终是敞开的，他们在火车轨道的新位置，会告诉你不一样的故事。你只要确保从火车窗户里看到的面容不只有你自己就行。

中文版序

当人们最后看到他们三个人的时候，他们正顶着非洲的烈日，望着大河的对岸。三人中，一个是中国人，一个是非洲黑奴，另一个是待在临时搭起的帐篷下的葡萄牙人。他们因所乘坐的船只出事而滞留在今天我们称作纳塔尔的非洲东部，同行的其他人已经涉水过河，消失在这片干燥和荒芜的大地上。我们不知道中国人和非洲人的姓名，但葡萄牙人是个叫作鲁博（Sebastian Lobo da Silveira）的商人。1647 年 2 月当鲁博离开澳门的时候，他也许是那里最胖的人。他于 1638 年来到澳门，接任船队总管一职，不巧他在曾经十分赚钱的远航日本的商业活动接近尾声的时候始购买了这一航海专利，以致不能从中致富。他转而交结耶稣会士，不择手段地掠夺澳门的财富。当皇家行政官员对他有所阻挠时，鲁博在1643年找人将行政官员打死。鲁博的行为在澳门街头引起的骚动并不像当时席卷华北大地的反明叛乱那样严重，在明朝被推翻的1644年，这位船队总管被新任澳督伊苏沙（Luis de Carvalho e Sousa）拘捕，但后者未能成功没收他的财产或对他提出指控。1647年2月，伊苏沙最终将鲁博押上开往里斯本的船只，让他去那里接受审判。

五个月后，鲁博所乘坐的船只在非洲东南海岸失事，生还者需要从内陆徒步走到莫桑比克。鲁博因过度肥胖，加之长期奢华的生活方式严重损害了他的健康，以致每走几步就要歇一歇。起先他用钱雇些士兵用吊床来抬他行走。但几天之后，当这群人的食品用尽后，那些脚夫的精力和耐心也没了。在一条大河边，他们实在没有办法抬他过去，于是为他搭了个简易帐篷，留下两个侍者后走了。

那个非洲人是葡萄牙奴隶贩子在桑给巴尔海岸购买后被送到澳门的，他是澳门众多没姓没名的黑奴之一。他们的容貌让中国人吃惊，并被不礼貌地称为“黑鬼”。虽然纳塔尔在非洲，但船只在那里遇难对这个黑奴来讲，并不意味着可以返回家乡、解除奴隶身份。关于那位中国人我们也是什么都不知道，只晓得他身材短小。他也许是鲁博在澳门雇来的侍从，也许是厨师，更可能是一个自己主动或儿时被人绑架后卖给外国人的奴仆。虽然奴仆在晚明相当常见，但贩卖中国人给外国人却是违反明朝法律的，明朝的地方官员为这个问题忧心了几十年。一位官员于1614年前后在澳门竖了一块石碑，上面刻着五项葡萄牙人应该遵守的规定，其中第二条是他们不可以购买“唐人子女”，但无论是法律还是道德的屏障都不能阻止其他地方的中国人涌入澳门，“每岁不知其数”，正如当时另一位明朝官员抱怨的那样。至少在穷苦劳工的眼里，在澳门做奴仆比在福建打工要好。明朝的官员们也许不这样想，但将中国人与外国人隔开的想法及做法并不能引起普通百姓的兴趣，因为同外国人做生意所带来的利润实在太可观了。

当同船的其他人丢下鲁博、渡河而去的时候，很难想象那位中国奴仆留在他身边是出于对主人的忠诚，因为鲁博的名声太坏了。继续帮主人做饭？这更不可能，因为他们已经没有任何剩余食品了。作为奴仆，在主人给他离开的自由之前，他是不能走的。一旦鲁博死了（这肯定很快就会发生），他才有可能被解放。但那时他能去哪里？那个黑奴后来又怎样了？我们都不知道。他们从历史记载中消失了。基本上唯一可以肯定的是那个中国人死在纳塔尔，也许是独自一人离开尘世的。

这个中国人只是生活在明代的数千万人中的一个，绝大多数中国人生老病死都在中国境内，但有些不是，而且这些人的数目在王朝的发展过程中不断增长。16、17 世纪生活在其他地方的人也是一样。当时的世界正在日益变小，许多人（不光是欧洲人）在世界各地来来去去。财富和机会的引诱使得某些人长途跋涉，但更多的像那个非洲奴隶，是被强迫而不是被机遇拖进这种空间移动里的。那个被带到澳门的中国人应该也是这样：为了赚取更大的利润或仅仅为了生存。不管是哪种情形，席卷 17 世纪多数地区的追求商业利益的潮汐，已经有足够的力量将他从中国的南方海岸带到非洲海岸。

1368年明代中国人的生活与1644年他们后人的生活有许多不同，前面讲的这个故事显示了其中的一个。本书是有关明代中国社会与文化变迁的叙述。我写此书时，留意到这些全球趋势，虽然这些趋势应被看成是影响明朝中国历史的诸多复杂因素中的一部分。那位在纳塔尔的中国人的故事告诉我们中国所处的世界在变化，也告诉我们中国内部的变化：商业活动正日益作为一种致富的手段而被人们实践和称颂，中国不再以明朝开国君主洪武皇帝所希望的方式与世隔绝。这个故事挫败了洪武皇帝对中国的希望，我希望也挫败读者的期望。几个世纪以前发生在中国的事情看起来也许熟悉，但如果真是这样，我们应该小心。明代中国人居住于一个与当代中国人的生活有着巨大差异的世界，那些相似的东西也许并不相同。

作为欧洲人后裔的加拿大人，我的社会文化背景似乎使我同鲁博而不是他的中国侍从更加接近，但这并不意味着我认同或更加理解他。作为一个外国人，我的看法也许会妨碍我捕捉构成那个中国人生活经历的某些细节，但它同时也替我免除了那种基于当代中国人生活经历而自认理解他的幻觉。当然，读者和我都想发现过去和现在之间的联系，但对明代中国来讲，我们都是陌生人。作为一个清楚知道自己是那个世界以外的人，我有着优势去静观整个明代社会和文化风景，而又不必将明人的选择带到我自己的生活中。这是一种绝大多数中国历史学家所没有的“奢侈品”。他们书写中国历史，因为那是中国的，我写中国历史，是因为它提供了欧洲历史以外的另一个选择。中国的历史学家寻求理解中国历史，因为他们关心构成今天中国的种族或民族身份认同的基础，而我则不必被束缚于将明代中国作为一个无法逃脱的过去的想法。相反，它是一份如果我选择就可以自由接受的遗产。对像我这样不必认为自己是中国人的人来讲，明朝是一种可以作为我的遗产的世界文化的一部分。中国的历史学家也可以拥有这种没有民族义务的自由。我觉得不妨尝试一下，因为从这一立场我们可以像 17 世纪的祖先一样，审视那个被困在纳塔尔的中国侍从、非洲奴隶和葡萄牙商人，一样可以自由地认为，那个富有、肥胖和腐败的鲁博是他们中间最奇怪的一个。

我很高兴广大的中国读者现在能有机会读到这本书。这要归功于我的学生和朋友方骏。我很感激他愿意承担此书的译介工作，也很欣赏他非凡的翻译技巧。我的散文写作风格并不简单，但他和他的合作者王秀丽、罗天佑极其成功地将之译成中文。我还要感谢孙竞昊为本书所提供的出色的编辑工作。

英文版序

1634 年夏天，让 · 尼科莱（Jean Nicolet, 1598—1642）从法属殖民地魁北克出发，到五大湖地区去解决那里的部落冲突——这些冲突威胁着加拿大在世界经济中占有一席之地的毛皮贸易。尼科莱还受命在可能的情况下，航行到“西洋”。当地的土著居民带他去密歇根湖，他深信，大湖的对岸就是中国。为了给中国人留下一个良好的印象，他准备了一些他认为在拜见中国人时会用得上的合适物品。我们不知道尼科莱如何得到一件织有花卉和彩鸟的中国锦缎，只晓得到 1634 年时，丝织品从中国传到欧洲只有大约一个世纪的时间。他穿上缎袍，渡过密歇根湖*，结果仅发现了格林贝。

这一错误让我们发笑，因为它与我们现有的知识大相径庭。但对尼科莱来说并非如此。我们现在距离明朝如此遥远（尼科莱在它覆灭的两年前溺亡），以致忘掉了中国曾经如何点燃欧美的贪婪和欲望。

马可·波罗的游记被欧洲人争相传阅，受这本书的刺激，欧洲冒险家如哥伦布、探险家如尼科莱等人梦想，他们在世界另一端所发现的中国，将会是马可·波罗所描绘的拥有富丽堂皇的快乐宫殿和无与伦比的财富的世界。他们同时也寻找另外那些更为实在、具体的东西：瓷器、尼科莱所穿的丝绸、大黄，以及其他一些明朝所产的珍奇物品。由于这些人工制品在欧洲可以卖出惊人的价钱，欧洲人纷纷寻找可以降低进口成本的航海线路。加拿大的发现，就是地理计算错误而引发的历史意外的后果之一，而之所以会出现如此巨大的地理计算错误，其诱因便是明代的中国。

尼科莱的冒险行动并不是完全失败。他解释道，当他身着多色缎袍出现在土著面前的时候，他们以为他是神，很虔诚地答应不再阻挠毛皮东运。我们不知道美洲印第安人是否从宗教的角度来看待同法国人的商业来往，也不清楚他们是否认为尼科莱划独木舟沿密西西比河上游的支流去“西洋”简直是发疯。最终尼科莱放弃寻找去中国的西北通道的努力，失望地返回了魁北克。

---

* 作者在《维米尔的帽子——17 世纪和全球化世界的黎明》中改正，尼科莱没有到达密歇根湖。——编注

让我们细想一下尼科莱的错误。也许我们和他一样，从望远镜的错误一端看世界。我们习惯地认为欧洲是尼科莱时代的世界中心，因为当时的欧洲人是这样认为的，并且后来欧洲确实成了世界的中心。但在尼科莱时代，欧洲并非世界的中心。欧洲人也许已经具备了环航全球的技术能力，但是他们的“贸易”并非建立在市场或国内自身充足生产的基础上。这种“贸易”依赖掠夺和奴役他人，破坏既有的交易网络，以极低价买入金属、毛皮和香料，然后高价售出。尼科莱想从中国购买物品，但他没有东西出售，他所能提供的只有银子——中国人眼中值得进行贸易的真正货币。他寻找去中国市场的路线的事实提醒我们，明朝时期的世界中心是中国而不是欧洲。

本书即是对那个中心的描述。它不是一部明朝经济史（目前说来，写一部精确的明朝经济史还不可能），而是一部描述正在发生巨大商业变化的国度的文化史。它关于商业对明代社会的影响：在中国历史中的某个“长时段”（longue durée）里财富所带来的快乐和这一快乐所触发的困惑。

我对明朝的兴趣，可以追溯到我在上海复旦大学度过的学生时代，在李庆甲教授的介绍下，我初次接触到了晚明哲学家的著作。那是 1976 年的那个令人惊悸的春天，当时上海正处于“文化大革命”的尾声，徘徊于“四人帮”的抑商主义，以及淮海路上日趋时尚的世界之间，在那里，微弱的商业本能正千方百计地试图越过政治警戒线。那年 9 月毛泽东主席逝世后，中国开始以一种让许多国人感到震惊的速度，迅速地由社会主义计划经济走向市场经济，在

20 世纪 70 年代末激起对“思想贫乏”的焦虑，走向 80 年代更为普遍的文化危机。处在如何调和追求利润与保持道德水平的欲望的两难中，后毛泽东时代的中国人发觉他们再次生活在类似晚明时期的矛盾环境当中。从 20 世纪 90 年代的角度来看，当金钱的地位愈发拔高，城市的性交易与奢侈品交易达到晚明那样的程度，虽然明末那场辩论现在看来似乎很遥远，但对在国际分工中找到其位置、原有道德体系逐渐改变的中国来说，这样一个匆匆的回顾显得很有必要。

明朝从初期井然有序的自给自足的乡村社会，转变为晚期一个堕落的城市商业社会，当我将这一变化呈现给读者时，我清楚意识到它与我自己所处时代的某些相似之处。如果我没有经历中国自 20 世纪 70 年代以后从农村农业经济主导转变到城市商品经济主导的浓缩旅程，我也许不会构思写这本书，或不会用眼下的方式来写。这并不是说本书的叙述源自明代以外的材料，只是想承认，每一个历史学家都是从现在反思过去。

我必须向牟复礼（Frederick W. Mote）和杜希德（Denis C. Twitchett）致谢，他们请我为《剑桥中国史》第八卷撰写有关明代交通和商业的一章。当我发现无法将自己想写的全部内容放进那一章以后，《纵乐的困惑》便应运而生了。我很感激杜先生给我相当大的自由，让我用自己喜欢的方法去完成他交代给我的使命，并鼓励我继续撰写本书。

我的多伦多大学同事王贞平、博士研究生方骏和张云秋，在此研究项目的初期阶段，多有贡献。我很感激保罗·伊普瑞尔（Paul

Eprile）为我阅读本书的第一稿，让我在第二稿走上正轨；戴福士（Roger Des Forges）审阅第二稿，并提醒我把对明朝商业发达的热情评价调整到一个恰当的程度；万志英（Richard von Glahn）告诫我在第三稿里切忌把明末经济简单化；安德烈·冈德·弗兰克（André Gunder Frank）让我始终不要忘记将明代中国放在全球的环境里来思考。我的出版代理人贝弗利·斯洛彭（Beverley Slopen）帮助让此书以我所希望的面目呈现给读者，我也十分感激她对我的写作的信心。我很高兴有机会同加州大学出版社的希拉·莱文（Sheila Levine）合作，她在此书的出版过程中一直鼓励我。

最后，我要向好友王国斌和我的夫人菲·希姆斯（Fay Sims）致以特别的感激。国斌以学者的博学和朋友的关心审阅全书；菲帮我寻找适合写作的时间和地方，让我可以在眺望休伦湖蓝色湖水的同时，完成这部书稿。我常想：当年尼科莱面对休伦湖时可曾有类似的心情？

引言：明代的四季

明王朝是在冬季的安详和静谧中开始的。至少我们的晚明作者（在此姑且隐其姓名）身处17世纪的第一个十年、回眺14世纪漫长的历史之路时，是这么想的。王朝的前半期对他来说犹如一幅真正合理有序和生活安定的画面。“家给人足”，他坚信，“居则有室，佃则有田，薪则有山，艺则有圃。催科不扰，盗贼不生。婚媾依时，闾阎安堵。”男人和女人们遵循着由来已久的家庭内部的劳动分工，男耕女织（见图1和2），“诈伪未萌，讦争未起”。一切都按照它们应该的样子存在着。

我们的作者宣称，距离他一个世纪以前，王朝的静谧冬季开始让位于春季的喧闹。农业的庄严安定逐渐为喧嚣狡诈的商业世界所

图 1　该图描绘了男人收割稻谷的情景，本是一幅展现明代中期传统劳作的理想画面，却为一位持伞的经营地主的出现所破坏，这幅画也是站在他的角度上作的。收割者不是自耕农，而是佃农或雇工。(《便民图纂》)

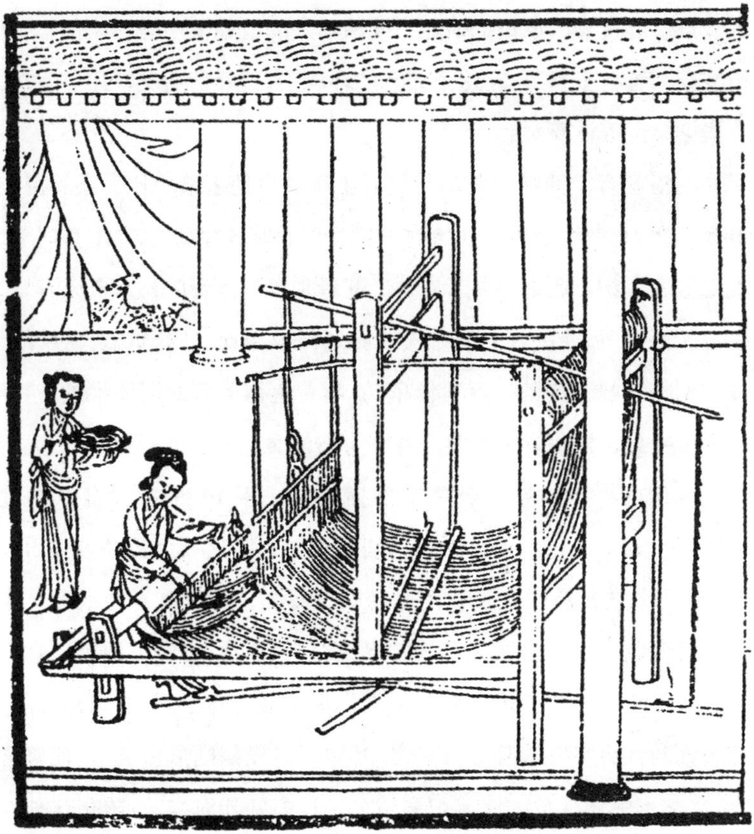

图 2　这是另一幅描绘妇女在家内从事纺织的理想画面。同样，画家为织布者和她的帮手安排的优雅环境也破坏了本画的真实性。由于纺织品生产的商品化，家庭内部男耕女织分工的理想画面在明代已经基本消失了。(《便民图纂》)

排挤："出贾既多，土田不重。操资交捷，起落不常。"随之而来的是能力和社会阶级的两极分化。"高下失均，锱铢共竞。"当发财的美梦点燃起贪婪的欲望的时候，维系社会的道德秩序开始让位。"互相凌夺，各自张皇"，在这个罪恶的环境中，"诈伪萌矣，讦争起矣，芬华染矣，靡汰臻矣"。

明王朝春季的喧嚣萌动与在后来所发生的事情相比，还算温和得多。在 16 世纪后半叶开始的王朝夏季的疯狂冲动中，"末富居多，本富尽少。富者愈富，贫者愈贫。起者独雄，落者辟易。资爰有属，产自无恒"。社会的农业基础被废弃了。取而代之的是"贸易纷纭，诛求刻核。奸豪变乱，巨猾侵牟"。随着道德堕落的悄悄渗透，"诈伪有鬼蜮矣，讦争有戈矛矣，芬华有波流矣，靡汰有丘壑矣"。

我们的作者对明王朝季节的描述终止于 16 世纪 70 年代，此后他便步入了自己的成年时代。到了秋季，明代社会已经被搞得面目全非了。"富者百人而一，贫者十人而九。贫者既不能敌富，少者反可以制多。金令司天，钱神卓地。"他声称："贪婪罔极，骨肉相残。受享于身，不堪暴殄。因人作报，靡有落毛。"如同预言般，他洞察到社会将坠入拜金狂热之中。"于是鬼蜮则匿影矣"，他警告说，"戈矛则连兵矣，波流则襄陵矣，丘壑则陆海矣。"防止这种严峻局面出现的唯一办法就是"立政闭关，商旅不行，安静以养微阳"。但我们的作者自己似乎也感觉到了这种办法不可行。他所能做的就只有任绝望淹没自我，发出那一声最平凡的苦恼的哀叹："嗟夫！"[1]完了，一切都完了。

上述关于有明一代的叙述来自 1609 年的《歙县志》。[2] 歙县是南京南面的一个风景如画的内陆山区县。1609 年的《歙县志》，是由地方刊印的记述该县政治生活和历史的著作，是该县的第一部地方志。歙县在方志的编纂方面可谓姗姗来迟。那时，明朝的大部分县都已有了自己的县志，或许只剩下为数不多的几个没有。歙县是那个时代商贾巨富的家乡，而在这种显赫地位的映衬之下，它的贫困落后显得格外刺眼。但在当时，商人是被排除在多数士绅的社交圈子之外的，而正是这些士绅撰写了歙县的方志。

执笔者是由朝廷任命的该县知县张涛。1607 年上任后不久，张涛就与当地的乡绅们商议要编纂一部地方志。他成立了一个编纂机构，次年委任了编纂人员。1609 年方志修成，刻板付印。尽管依照惯例，知县会挂名为主修者，即使他并不参加任何具体工作，但歙县的县志却真的是张涛的著作，记录着他的个人观点。不管有何种疑问，张涛给遍布全书的编者按语前加上了一个不那么谦虚的署名："张子曰"。其中的一段编者按语便是我们刚刚提及的关于明代四季的论述，那是"风俗"[3] 一节后面的总结性评论。这一部分是编纂者评说当地风土民情，考察其"刚柔缓急……好恶取舍，动静亡常"的地方。[4] 因为本地人都想给自己的家乡脸上贴金，所以这一部分的记述往往多有拔高之处，甚至与事实相反，正如我们在后面将会看到的那样。

张涛在明代历史上是个小人物。在篇幅庞大的《明史》中，他的名字仅仅出现过一次。[5] 但将歙县和他的家乡黄陂县——沿长江上溯 500 公里处——的地方志中关于他的材料拼凑在一起，我们还是可以对他这个人略有了解。黄陂位于武昌的内陆腹地。武昌位于汉水的长江入口处，是中国内地的主要贸易中心，但黄陂却迟迟未被卷入商业的大潮中去。在明代中期，黄陂被认为是一个宁静的穷乡僻壤，在那里，“民皆勤农桑，寡游贩”。妇女几乎足不出户，从早到晚待在屋里纺织。然而，在张涛的青年时代，该县正在受到一股影响，对此当地士绅们投以怀疑的眼光。1591 年的《黄陂县志》指出，近来“风气渐薄，家无敝帚者，亦连车骑，饰冠裳，为富贵容”。尽管该地十分贫困，“尔今且一切化质为文”。[6]

我们不知道张涛是什么时候来到这个缓慢变化的世界的。关于他的身世，我们仅知他的父亲以孝行著称，习医为乡人治病，免费为穷人置办棺材。我们所知的张涛人生中的第一个确切日期是 1586 年，那一年他在北京考取进士。除非他出奇地聪明或格外地幸运，否则他考中进士时大概不会在三十岁以下。这样，他大约出生于 1560 年或者稍早一点。

他的第一个职位是四川省的一个县官，任期为三年。他的出色表现使他得到升迁，被提拔到北京担任工科给事中。这个职位赋予他调查官员腐败的权力。张涛为人耿直敢言。根据《明史》中他仅有的一次亮相，他加入了弹劾举止温和的首辅赵志皋（1524—1601）的行列。赵志皋就任首辅时已年逾七旬，勉为其难地想竭力保住他的杰出前任们（如财政改革家张居正，1525—1582）在位时聚集起来的权力。像张涛这样的低级官员，想要阻止赵志皋行使他的前任早就明目张胆地使用过的威权，只有死路一条。正史上并没有记载他遭受打击的日期和细节，张涛仅仅是一个被顺便提到的名字而已。与主宰京城政治的权贵发生冲突，张涛别无选择，只好退

图 3　张涛可能就是坐这种六桨河船顺着长江到歙县赴任的。(《天工开物》)

居黄陂。在以后的十五年中，他在家中从事写作，远离政治。

当朝廷为 16 世纪 90 年代敢于直言的青年激进分子们平反的时候，张涛被召回来，重返明朝的政治生活。1607 年他复出后的第一个职位就是歙县知县（见图 3）。他到任时，正好赶上当地闹饥荒。春季的瓢泼大雨在年初就将田里的庄稼冲刷得一干二净。张涛将粮价的上涨看作荒灾的晴雨表，当粮价涨到每斗 130 文的时候，他将县仓中的粮食投入市场来调节粮价，并下令县里的富有人家从外县籴粮，以低于市场价的价格出售。在他的努力下，全县没有一人饿死。

眼前的危机度过之后，他转而开始修建堤坝，以防止未来的洪涝灾害。事实证明这种投资是明智的，在后来的年份中当暴雨再度袭击歙县时，并没有造成大的损失。[7]

张涛还致力于象征性资源的投资。那一年，他重修了县里为纪念朱熹（1130—1200）——宋代一位伟大的思想家，其故里也在歙县——而修建的一所书院。他在一座山上建起了一座塔，希望这个风水胜地能保佑本县的子弟在科举考试中金榜题名。他重修了两座祠堂，一座是为纪念本县的前任贤官的，另一座则是为当地一位孝廉修建的。祠堂、学校和宝塔，象征着修身、尊崇和德行，而这些正是张涛在他新风化俗的方案中想要培育的品德。张涛也认为有必要在他的道德方案中加入现实的奖励措施，他还改变了原来收纳税款来重修县衙署的做法，而换之以征发劳役去维护当地的基础设施，特别是驿传服务。1771 年的《歙县志》为他写的传记充满了赞语，其结尾评论道："居二年，风移俗易。"[8]——这正是张涛孜孜以求的。如果他知道后人对自己有这样的评价，一定会心满意足。

正当张涛的努力开始在歙县发挥作用的时候，他获提升重返北京。在京城一连串的官职任命中，他平步青云，直到被任命为辽东巡抚时，他的事业达到了顶峰。当时的辽东是明朝东北地区的桥头堡，直至 1644 年整个东北落入满人的手里。[9] 张涛是在 17 世纪的第二个十年中担任这一职务的，这在满人 1621 年吞并该地区之前。[10] 之后，他告老还乡，在黄陂县的家中度过了他一生中的最后岁月。在那里，他因丰富的阅历和学识而享有很高的声望，至少一直活到 17 世纪 20 年代后期。

张涛批评自己的时代，但他也属于那个时代。当他弹劾首辅赵志皋时，他并不是孤独的斗士，而是同时代试图限制首辅权力的众多行动者之一。同样，当他在《歙县志》中抨击商业的时候，他也道出了困扰着同代人中具有改革意识但却比较保守的那部分人的共同忧虑。张涛对商业的猛烈抨击与他同时代人的类似批评所不同的，是他极端的口吻——也因此吸引了我的注意。我是在这样的思考中完成这部明史作品的——试图去理解他的那个王朝的历史，试图理解这种历史对他来说有什么意义。通过将自己置身于与四个世纪前的历史人物的对话中，我尝试着从明朝自身的某个小部分出发去写这部历史，让张涛当我历史之旅的向导。

张涛心目中的明朝历史是一部无情的衰落史。明朝从奠基者太祖（1368—1398年在位，亦称洪武皇帝）所强力推行的稳定的道德秩序，最终滑向一个完全商业化的、在张涛眼中还是道德堕落的社会。张涛似乎敏感地感觉到商业——被拟人化为钱神的罪恶面孔——才是将曾经安定有序的中国改变成一个无序骚动的世界的罪魁祸首，在这个世界中，商业使人们不断地奔波、欲求不断地升级，使社会禁忌彻底倾覆。通过放任消费去推动生产，商业瓦解了张涛认为只有在纯粹的农业社会关系下才能实现的道德团结，引起了竞争，正是这种竞争破坏了社会的共同准则。

张涛对明代历史的这种解释显然是接受了洪武皇帝的说教，后者试图通过彻底和往往严酷的手段干涉人们的生活，来复活古老的道家理想。本书开头所引用的《道德经》中的一章表达了这种理想。洪武皇帝相信，由少数精英分子统治的封闭乡村社会体系会给混乱的王国带来秩序，给他的王朝带来永久的稳定和安宁。洪武皇帝在赤贫中度过了童年时代——在一次饥荒中失去了双亲后，他在一所寺院中生活，直到那里的和尚太穷而无法继续收养他，转而沿街行乞——洪武皇帝将“鸡犬之声相闻”“老死不相往来”的生活，看作是他从来也不曾见到过的天堂。作为一个皇帝，他要不顾一切代价，将那个天堂带到人间，尽管这种理想像我们将会看到的那样，仅仅是一种富有怀旧色彩的人间神话，它的背后是灵活得多也商业化得多的现实社会，当然无论是洪武皇帝还是张涛都不情愿接受这种现实。这位皇帝不无惬意地运用高压和通信手段来强制推行他的理想秩序，并在某种程度上取得了成功。他的后代们并不像他那样励精图治，最终也不再致力于实现他的上述蓝图。到了张涛的时代，洪武的理想蓝图——三分之一的世外桃源，三分之二的严刑峻法——已经大大失色，至多不过是书本中的历史记忆，在现实生活中已变得一文不值。对于张涛来说，重新构建起这样的理想只是将他自己的和这位皇帝的感伤怀旧糅合在一起而已。

从张涛对中国文化所面临的危机的理解来说，这种理想的空想性并不重要；他或许未能抓住历史的主流，但这也不重要，今天我们看到了当时的主流，并且在我们自己的分析中有所强调：有明一代，中国的人口增长了一倍多；商人们正在将生产者和消费者拉进地区性和全国性的商业网络中，没有这种网络，生产者和消费者谁都无法生存；商品出口将日本和西班牙的白银吸引到中国市场，使明朝经济得以良性运转；新的财富影响着信息传播和知识储存的方式。张涛看到的仅仅是一种富人对穷人、贸易者对耕种者、利润对美德的令人痛心的掠夺。这种简单的分析，使得他难以有所作为，也让他感到无力回天。他能做的只是哀惋，在哀怨中给我们以线索，去勾画出他那个世界的主要景观。

并不是那个时代的所有人都赞同张涛关于明代正在经历着的变化的严厉评论。在一篇献给歙县城隍的祭文中，张涛向我们透露，他的观点在当地并不很受欢迎，在这篇文章中他宣称自己本着一副“冰心铁面”，用“直笔”来修志。[11] 他在这里暗示我们，他曾经受到压力，要求他改动自己的稿子，但被他拒绝了。人们不赞同他写的哪些内容呢？他的祭文言辞过于隐讳，不易明了，但很可能是他对该县商业环境的谴责。当地人对 1609 年所修《歙县志》中张涛的评论不满意，这就有了 1624 年取而代之的新志，两者相隔只有十五年（通常都是六十年重修一次）。主修 1771 年《歙县志》的知县将 1624 年的新志说成是“调停之作”。他承认张涛 1609 年的方志体裁最接近史实,但“公言纷嚣聚讧”。至于张涛关于“金令”（以银两作主人）的言论，这位知县以为“语近猥亵，且箴戒缺焉”。[12] 但歙县的良商仍然对张涛的过激言论难以释怀。

张涛对白银的抨击是有先见之明的。白银对张涛来说或许只是那个时代拜金狂热的一个象征。然而，那时白银真的是在从日本和南美的西班牙银矿流向中国，用来购买中国的出口货物。白银的流入带来了轻微的通胀，刺激了商品的流通，某种程度上促成了使张涛悲痛的社会后果。但是白银对明代商业发展的促进作用，并不比它对道德堕落的推动作用明显多少。但愿他知道，白银也只是维持和刺激经济的众多因素之一，而早在张涛出生以前经济已经相当商业化了。“金令”并不是自动出现在中华大地上的。“他”是被卷进并陷入到了一个具有巨大商业能量的经济体系中，而这个经济体系早在西班牙人开采波多西山的银矿和法国人派尼科莱寻找北美西北通道之前就已培育起来了。

明代中国变成了一个商业世界，不仅蔑视王朝初期洪武皇帝恢复农业秩序的努力，而且还借助了这种恢复。洪武皇帝限制人员流动，其经济目的是增加农业生产量。在这方面，他获得了成功。生产量的提高造就了进入贸易流通领域的剩余农产品，剩余农产品的经常性流通促成了从剩余品生产向商品生产的过渡。与此同时，为了军事供给和人员调动（张涛的官事迁调肯定走了至少两万公里的路）的方便，洪武对信息交通手段进行投资，使得各交通系统得以改进，这使商品流通变得更为容易。商人们的货物与政府的税收物资在同一条运河上运输，牙商与国家的驿递人员走的是同样的道路，甚至他们手中拿着同样的路程指南。明朝政府从背后推动了人口和货物的流动——同样也包括思想和社会地位的变动，而市场则加速了这种运动。国家支配的交通系统、国家资助下的自给自足，与洪武皇帝的这些设想相比，商业化并非简单地来了一个一百八十度的大转弯，相反，后者恰恰是前者发展的结果。

商业有它独特的社会和文化影响，因为流动和财富改变甚至全然推翻了多数人的社会期望，尤其是像张涛这样的士大夫的社会期望。这些影响引起了我的兴趣，发掘这些影响的意义——沿着从交通到商业、从商业到文化的轨迹[13]——就是本书的目的。因此你将读到的与其说是一部明代的经济史，还不如说是一部文化史。我们关于明代经济的知识至今还太粗糙，还不足以撰写一部明代经济史。我们现在尚未对离我们更近的欧洲中世纪经济史上同类的经济变动和转折提出令人满意的诠释。这部书中粗线条的描述——沿着从 14 世纪后期到 17 世纪中叶看似蒸蒸向上、势不可当的商业扩张的轨迹 ——只是勾勒出裂变、逆流、地区性变动等主要经济现象，关于这些现象本身，我们尚未很好地给予解释。然而，无情的商业化不断加剧的大背景和它带给明人的与日俱增的不安和恐惧是那样明显，这又使得我们能够有所阐发。

借助方志、文章、墓志铭和当时的书信中留传下来的明人的思想，这本书得以探讨，随着经济对新的消费和纵乐欲望的刺激，中国人的经历在有明一代发生了怎样的变化。那些明代观察家所感受的兴奋和困惑，或许对我们今天来说只是遥远的趣闻逸事，仅仅是中国社会自然发展过程的令人好奇的文化脚注。但是那势必使我们忽视历史的警示。读者的任务应是记住明代的中国处于另一个时空，是一个与我们今天的看法——不管是中国的还是西方的——大不相符的世界和时代。他们对物质文明的疑问和喜悦也许都不是我们的，我们的疑问和喜悦也可能与他们的毫不相关。我们应当聆听，带着他们所有的恐惧和期盼，脑子里时刻记着，像张涛那样的人在哀怨地诉说时，他们怎么也不会想到我们今天的人会在这里倾听他们的绝望悲歌。

明代并不是中国人第一次与纵乐的困惑抗争的时代。社会稳定和经济发展之间的矛盾，作为中国人一个反复出现的焦虑，持续了至少有一千年。时至今日，它还在中国文化内部引发着争论。尽管这种担心延续至今，但今天的情形与明代已经有很大的不同，包括世界经济的巨大变化。与明代经济发展的同时，欧洲人发展起远航到欧洲以外的技术能力，也积累起足够的白银储备，让他们顺利打入那里的市场。但在 16 世纪，世界经济的中心还不在欧洲。这时距离西方人以技术力量和鸦片贸易将中国生产和欧洲消费的交易势态倒转过来的时候还有数个世纪。人们开始认定，“明朝统治下的中国正在失去它的自主性，逐渐依赖于一个不是由它缔造的世界秩序”[14]，但我更愿意将当时的情形说成是另外一回事。与其说“中国经济正在大西洋的浪潮下走向衰落”，我们更应该将大西洋的浪潮看作正在由中国这个月亮牵引着的。如果说欧洲人正在努力在世界经济中为他们自己构建一块地盘的话，那么，这块地盘就是通向中国的。

张涛对他的王朝之外的循环规律和自己之外的世界并不感兴趣。他所关注的仅仅是明朝本身，他将它的兴衰描绘成一条四季更替的抛物线。我用他的这种周期循环的隐喻来编织本书的叙述，为的是能够捕捉明人对于他们身处其中的那个时空的些许感受。他们对世纪的概念一无所知（他们最大的时间计算单位是六十年的周期），也不知道“封建”“帝国”“晚期帝制”等这些在现今中国研究中争领风骚的概念。[15] 他们真正知道的就是他们生活在一个朝代里，各个朝代有兴又有衰，像统治中国的其他一家一姓的王朝一样，他们自己的王朝也会遵循着同样的兴亡循环规律。张涛将这一个周期循环与从冬季到秋季的季节变换联系在一起，这样的想法并不常见。这是他自己捕捉变化脉搏的方式。因为没有很好的理由可以将明代一分为四，所以本书将明代的历史分为三个大致相当于一个世纪的阶段，安排在三个较长的章节里来写：开始（冬），中期（春），结束（夏），每个季节都姑且以世纪中叶作为起讫点。[16] 为了能完整体现出张涛的隐喻，我又拿来他的最后一个季节——秋季，作为一个简短的结尾章节来叙述王朝的毁灭，以及张涛的宣言能在多大程度上经受历史的检验。

从本书来看，张涛的主张并不妥帖。虽然他未能活着看到明朝的灭亡，但他看到了自己陷于没落时代，大势已去，再也没什么事情可做，再也没什么东西可以发现。晚明时期，与张涛一样，许多人都为自己身处衰败时代而感到不满和失落。然而，在本书的最后，我们将会看到，那些不无悲剧色彩地陷身于王朝覆亡危机中的社会精英阶层又重新站起来，立足于更广泛的社会权力基础之上，重新掌握起自己的命运。衰落时期过去了，秩序重新得到确立。当得出这些结论的时候，我们或许应该结束这趟明代之旅了，告别这位倔强古怪的导游。他怀念日渐消逝的秩序，为这个未曾如他所愿的时代而感伤。不过在此之前，我们依然要以他为伴。如果说他发现的那些东西在他看来是真实的，我们需要搞清楚为什么。

本书出场人物

（以出场先后为序）

张　涛　（1586 年进士），湖广人；在京为官，因弹劾首辅而去职；歙县（许多徽商的家乡）知县和方志编纂者；歙县商业风气的批评者；我们明代兴亡之旅的导游。

朱元璋　（1328—1398），来自贫穷的南直隶省北端的一个孤儿；明朝奠基者；热心，但有时极端；在位三十一年（1368—1398）；回顾这位帝国始祖时，张涛带有一种具有怀旧意味的崇敬之情。

崔　溥　（1454—1504），朝鲜官员；1488 年在浙江沿海遇上海难的一群人的头目；《漂海录》的作者，记录了自己沿大运河北上返回朝鲜的旅途见闻；他赞赏富庶的江南，贬低贫瘠的北方。

张　岳　（1492—1553），来自福建沿海惠安县的学者；杰出的省级官员和政治活动家；1530 年《惠安县志》的编纂者。

叶春及 (1532—1595)，广东人；在张岳家乡第一次担任知县；第一位进行实地勘查、绘制本县地图的官员；地方政治复仇的牺牲品，并因此罢官达十七年之久。

黄　汴 (活跃于1570年前后)，徽州商人；商业旅行家；他居住在商业中国的中心——苏州。中国第一本路程指南《一统路程图记》的作者。

张　瀚 (1511—1593)，杭州人；出身于富有的纺织业主家庭；官至尚书；作家、画家、佛教徒；致仕后从事杂文写作；对时代的变迁有敏锐的观察。

李　乐 (1532—1618)，繁荣的蚕丝业地区嘉兴府桐乡人；长期居官；致仕后编纂了《乌青镇志》，乌青镇是桐乡主要的商业市镇；对官场内外的生活作过精明的评论。

张　岱 (1597—1689？)，浙江绍兴人；热爱杭州，家庭极其富裕，其杭州居所十分精致；自视甚高，但凡事浅尝辄止；文学大家，博采众长的历史学家；他不无怀旧之情地记录了明王朝的末世。

第一章

冬（1368—1450年）

家给人足，居则有室，佃则有田，薪则有山，艺则有圃。催科不扰，盗贼不生。婚媾依时，闾阎安堵。妇人纺绩，男子桑蓬。臧获服劳，比邻敦睦。

——张涛

明王朝的第一个春节迎来的是猴年。以公历计算，这年的春节是在 1368 年 1 月 20 日。像今天一样，那时每年的正月初一也是一年中最欢乐喜庆的日子。人们在前一天就把过节的东西都准备好了，此时纷纷出门去给亲戚朋友拜年，彼此祝贺新一年忙碌的春耕和商业活动的开始。在张涛的家乡黄陂，节日的高潮是鼓乐手的队伍吹着长笛，在地方士绅的带领下，吹吹打打地走出村头，来到东郊。在那里，人们抬着郊祭用的泥塑耕牛和土地爷像（句芒）游行，后者将骑着这匹牛驰入新的播种季节。全村的男女老少几乎都参加。[1] 熙攘的人群和喧嚣的气氛使这一天成为全年最热闹和最有生气的时候。

张涛并不怎么关注春节。至少，他肯定不喜欢春天。对他来说，春节前的三个静谧的冬月是最惬意的。在他编撰的《歙县志》中，他选择冬季作为明朝前期安定的乡村生活的象征，冬季代表着自给自足、勤劳和人与人之间和谐相处的精神。在1368年，对秩序的渴求是十分强烈的，因为在此前的数十年中，中国根本就无任何秩序可言。14世纪是过去的一千年中灾害最为严重的世纪之一，不仅中国如此，在全世界也是这样：每三年中就有一年的冬天出奇地冷；发端于亚洲高地的瘟疫同时向东、西两个方向蔓延；饥荒频仍，人口锐减，农业衰退。[2] 在这样的社会环境下，长江和黄河的泛滥平原处在武装战争的风雨飘摇之中。在1368年前的十七年中，各支反元的武装力量展开较量，为争夺把占领中原百年之久的蒙古人驱逐的权力而纷争不已。朱元璋（1328—1398）所领导的部队就是诸多反元力量中的一支。1367年，他打败了所有的对手，宣布于次年春节改元建朔。1368年，他在南京称帝，即“洪武”皇帝（庙号“太祖”）。在1368年9月，孤零的元顺帝在明军的追赶下仓皇逃离北京，蒙古人的统治被推翻。洪武皇帝开始君临中华大地。

中国在上述的灾难期间代价惨重。洪武皇帝知道他统治的是一个“多绝户荒田”的国家。他任命的第一批地方知县走马上任，迎接他们的是荒芜的土地、匮乏的资源和凋敝的生产。“民俱流亡”，1369年一个从首都南京来到长江对岸赴任的知县如是说。他开始着手“招抚复业，建学校，创署廨”。原来的居民渐渐地被招徕归乡，开始重新垦拓那遭受战争破坏的满目疮痍的土地。招抚流民的多寡成为考察地方官政绩好坏的标准。[3]

一旦要重新征收赋税，社会的稳定就必须得到保障。已逝的宋王朝通过取得士绅阶层的效忠、使他们与新政权同呼吸共命运，取得了政局的稳定。早年当过和尚、熬过饥荒灾害的洪武皇帝，有着穷人对士绅阶层的本能的不信任。他转而在一般民众中寻求同盟。在其统治的三十一年中，他制定了严密的律令，干涉个人生活程度之高为其他朝代所不及，在20世纪以前，可以说无人出其右。对于这位皇帝来说，农村和谐秩序的理想蓝图就如道家所描述的那样，由少数德高年长的优秀分子管理自给自足的乡村社会，轻徭薄赋，精员简政。种田者与土地紧密地相结合，手工业者被束缚在官营作坊中，商人互通生活必需品之有无，士兵驻守边塞。政权的管理权掌握在一个由少数人组成的知识阶层中，时刻受到广大民众的警惕、监督。

洪武的目标就是要使他的国家保持静止不变。百姓定居在原籍，只有在政府批准下才能迁徙。这位皇帝想象20里（约12公里）*是所有人活动的最远距离（这正好是13世纪英国的一份法律文书中用来界定“邻里”的距离，因为这是短途货运人员可以在一天内往返市场一个来回的最远路途[4]）。洪武在法律中规定100里（约58公里）是最高界限；一个人要想前往百里之外，必须得到一个路程许可证。要是无证通行的话，会被处以八十下的杖刑。未获官方批文擅自旅行海外者，归国后会被处死。《大明律》，这部本朝基本法律条文的汇编，除了限制物理移动之外，还限定人的社会流动。工匠之子必须为匠，士兵之子必须当兵，对改换职业的处罚像跨越自然界限的处罚一样苛厉。[5]这就是使张涛心满意足的“冬”季。

* 明代1里为0.576公里，但换算标准按时间、地区不同或有浮动，因此本书换算皆作概数。——编注

墙 砖

窑匠

在洪武朝的头十年中，卢立在华中地区烧砖。卢立这样一个朴素的名字，属于一个朴素的人，除了掌握烧制泥砖的技艺之外，他没有受过其他什么教育。造砖是一个手工业者所能做的最低贱的工作之一。但卢立比一般的劳动者地位要高一些，因为他经管着砖窑的操作。这是非常精细的工作，一个窑匠必须确定砖窑里的温度保持在一个适当的水平，使里面的泥砖像熔化了的金银一样熠熠发光。他还必须知道什么时候往窑顶上浇水，以便使烧制出来的砖块表面出现釉质光泽[6]（见图 4）。

承担对技艺要求不高的砖块制作工作的，是那些无名无姓的普通劳动者。他们将水和泥掺和在一起；赶着牛在泥上踩踏，使泥变稠；将稠泥装入木制的砖模（制造出来的砖长 42 厘米、宽 20 厘米、厚 10 厘米）里；用铁线弓弄平砖面；将砖坯从模中取出；在正反两面盖上窑戳，标明砖块是哪里生产、由谁生产的；往砖窑里添加燃料（可能是木柴而非煤炭）；将砖坯摆放到窑里；在窑身还未冷却时将烧好的砖搬出来、打捆后放到砖架上等待装运。工作环境酷热难挨，又脏又累（见图 5）。

实际上，我们对卢立本人一无所知，只知道这个名字而已。你可以在曾称为聚宝门的南京内城南门的墙垛上看到这块砖垂直地垒在墙上。1356 年以后，南京曾是朱元璋的指挥部所在，并于 1368 年成为王朝的都城。早在 1366 年朱元璋就开始建造南京周围的高大

图 4　在一座砖窑前，为了使窑内的砖产生琉璃光泽，助手在往窑顶泼水降低窑温，而陶长在检查砖窑的温度。(《天工开物》)

图 5　画面前端的砖坯制造者将泥装满木制模具，然后用固定的铁线弓上的铁线将砖面戛平。(《天工开物》)

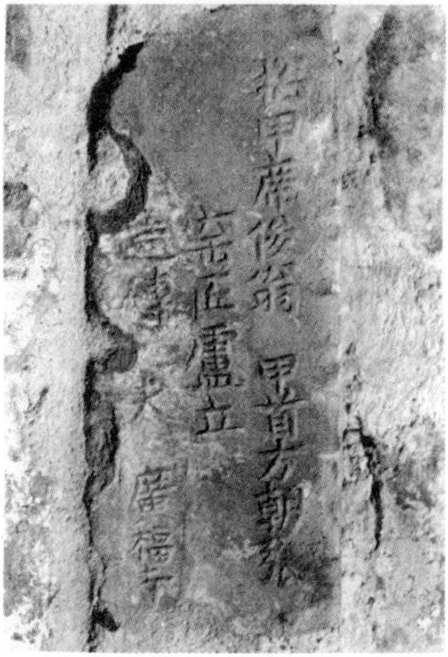

图6　卢立烧造的砖现在就嵌在南京的一个城门上。

城墙，但是今天多数已经坍塌。聚宝门是唯一一座保存完好的城门。据说它的名字来源于埋在门基下的一个巨大的瓷盆。这个聚宝盆原为巨富沈万三所有。朱元璋出于垂涎，将盆据为己有——这或许是一种打击豪强的正义举动，看你怎么想了。他强迫沈万三负担三分之一的城墙修建费用，将其私人园林没收，改做刑部拘收犯人的牢房，将其家产充公，作为家具摆放在皇宫里。最后将沈万三全家流放到边疆做戍卒，使他们彻底湮没无闻，这才完成了他对沈氏的剥夺。[7]

漫步在聚宝门顶部的平台上，你会很快发现许多长长的灰砖表面都印有文字。其中至少有一块是卢立烧造的（见图6）。砖的背面写着：

招甲席俊翁　甲首方朝张
窑匠卢立
造砖夫　广福寺

卢立的名字出现在砖上，并不是说他的作品让人引以为豪。这是法令上的规定，这种做法可追溯到几乎比明朝早一千五六百年的秦朝时期，当时秦政府要求兵器的制造者把他们的名字刻在所制造的武器上。这种签名意味着，一旦哪件兵器被发现不符合标准，可以直接追查到它的制造者。同样的个人责任逻辑使卢立的名字被印在了砖上。

砖上的另两个名字，为我们揭开朱元璋是怎么将南京的城墙建立起来的历史之谜，提供了线索。这两个人既不是政府官员，又不是砖的制造者，而是明朝庞大体制下的地方基层官长，负责人口普查和向各户征发徭役和其他杂役。1371 年，以“里甲”为名的制度在长江流域普遍推行开来。里甲制以十户为一甲，相邻的十甲组成一里（“十户”“百户”也是中世纪英国的农村组织，与明朝的里甲制大致相同)。每甲设一“甲首”，由甲中人户每年轮流担任。但每里有十户富裕人户被专门挑出来做里长，以十年为一个周期，一年一换，轮流担任。在他们之上委派地区性的税收官员“粮长”，人数通常达六个之多。[8]

方朝张是甲首。他的名字出现在卢立烧造的砖上是因为他有责任保证将甲中的一切征收物（不管是粮食还是砖块）移交给他的上级里长，在这个例子中这个里长是席俊翁。席氏前面的头衔“招甲”说明他是处在“排年”的其余九个里长之一，被委派专门负责砖的征收工作，以便使“当年”里长腾出手来专心负责赋税的征收。席俊翁可能在财富和名望上都比方朝张要强，在明初的时候尤其如此，后来农村中的士绅阶层认识到里甲制度加在富有人户身上的沉重负担，于是争先恐后地逃避这一职役。

卢立究竟是哪里人？生活在什么年代？将这块砖从墙上撬出来，我们就能找出答案。因为砖正面的一方印章上印有该县县丞的名字，席俊翁就是要向他汇报工作；也有该府同知的名字，县丞接下来要向他汇报。在将砖垒进城墙之前，每块砖正反两面的文字都告诉我们：砖来自哪个府、哪个县，造砖时的在任官员是谁，这样就可知道这砖烧制的大致时间。[9] 但是，除却扳开砖头之外，我们没有其他的确切方法可以确定它是哪里生产的，被运到这里走了多远的路。这里只有一个线索，就是砖上刻在卢立名字旁边的寺院的名字。

寺院也像普通的民户一样，作为里甲中的一户承当赋税，也要向国家提供同样的劳役服务。广福寺肯定是方朝张管辖下的十户之一。在这次造砖的徭役征派中，它的任务可能是给在卢立监管下的制砖人手提供饮食。看起来劳动者并不像是和尚，他们很可能是被征服役的该甲民丁。因为明朝的赋役制度并不给那些服役的人任何工钱，但却为他们提供食粮，广福寺的任务很可能就是为这些劳动者提供食物，或许还要负担部分运输费用。这一负担相当重，因为每块砖重约二十公斤，一般平底船的装载量最多四十块。[10] 成千上万的砖，每次装四十块，运到南京，所需的船数和船工数肯定相当庞大，但费用分摊给了烧砖的各甲，广福寺或许就被分派其中的部分费用。

卢立的砖旅行了多远才到达南京？除了扳开城墙上那块砖，看一看它的正面写了些什么之外，唯一的办法就是努力搞清广福寺的地理位置。不幸的是，“广福”是一个广泛使用的寺院名称。在地图 1 中有八个县都有“广福寺”，这八个县分布在三个省份中，与南京位于同一分水岭内的上游水域范围内。其中两座在南直隶，一座在湖广省，五座在江西。[11] 最近的一座广福寺在距南京沿江上行 100 公里处的当涂。最远的一座在赣县，距离南京 1500 公里，但这么远的距离很可能是要被排除在砖块征发范围之外的。那么，让我们假定，卢立的砖是从距离南京第二远的广福寺运来的（见地图 1）。

那座寺院坐落在江西东部山区的永丰县。从永丰到南京，水路 1060 公里，这条航线常被用来运输谷米到京城，运砖的平底船很可能也走了这条路线。1544 年《永丰县志》的编纂者丝毫未提烧砖的事，但他说他不愿意费神去记那些普通的地方产品，砖头显然是最为普通的物品了。他也没有提到任何有关永丰县里甲制运作的情况，只是说直到 1544 年它作为一种税收制度依然存在。[12] 毫不奇怪，像卢立这样普通的无名之辈是不会出现在方志里的。所以我们就无从知道这个县的广福寺究竟是不是为卢立手下的烧砖民工提供食粮的那个广福寺，也不晓得卢立是什么时候烧的砖，除非哪一天聚宝门被拆毁了。

地图 1　1370 年前后的华中地区，图中显示出江西及南京上游长江沿线周边省份的各县地理位置，它们可能是卢立那块砖的来源地。

在里甲制落实之初，它重新塑造了农村原有的社会组织形态。但是，几乎不可避免的是，这一制度最终未能实现其背后的理想——建立起一个紧密不可分的社区，并整齐划一地把它们复制到整片中国大地上。在1395年春天下发礼部的一封诏书中，洪武皇帝也承认了这一点。在诏书中，他说到“一里之间，有贫有富”。里甲制度下的“里”并不是他想象中的那种以机械团结方式联结起来的毫无差别的基层社会体，而是被财富和亲属关系阶层化了的自然村落。让最富有的人户负责赋税的征收，并没有在多大程度上实现财富分配的均衡，尽管一些里长确实发现这样沉重的职役负担可能会把自己搞得贫穷破产。谁知道席俊翁的遭遇怎样呢？里、甲是由不平等的成员组成的社会体，他们之间的不平衡与这一制度的平等化原则背道而驰。1395年，洪武皇帝只能苦口婆心地劝告人们，如果里甲中有人面临破产的难处，应当“富者助财，贫者助力”。他没什么说服力地总结道，这是他在这片国土上消灭贫穷的政策。[13]

在明初，当洪武皇帝下令各级官员必须严格按照法令办事的时候，里甲组织的理想并非完全不能实现。南京的城门和城墙就是借由里甲制度推行的国家财政税收得以建造起来的，只要将之置于严密的监控之下就行了。但是当封闭的村庄对外开放、交换行为在贫与富间发挥作用的时候，里甲模式中的机械团结不可能再给人们的日常生活带来活力，甚至再不能保证赋税的有效征收。洪武对忠顺的社会秩序的深厚感情使他企图改变村庄形态大小各异的现实，将之纳入他的自动十年一循环的理想秩序中去，这无异于削足适履。在1449年以前继位的四位皇帝统治时期，现实在慢慢地反弹。到了明代中期，里甲制度至多不过是一种名义上的赋税征派制度而已，1544 年永丰县的情况就是如此。

户口统计

里甲制度完成得最好的一件事（至少在洪武朝）就是提供了一种使人口统计得以妥当实施的机制，这是高效率征收赋税的基础。第一次户口统计是在 1381 年，当时里甲制度已经全面实施。历史人口统计学家坚信，除了西南部分地区之外，里甲制度掌握了当时居住在明朝国土范围内的大多数人口。官方的统计数字是 59 873 305 “口”。（为了清楚起见，我们拿当时的英国作一对照，黑死病袭击后的英国，人口从六百万降低到二百二十万。）利用里甲制度统计口数的唯一问题就在于这种统计与赋税征收直接挂钩：一户拥有的口数越多，它的赋税量就越高；一个县的户数越多，它的赋税额就越大。因此，这在很大程度上诱使人们隐匿户口，在各个层面上少报户数和口数。

1381 年规定隐匿户口要处以死刑，但这并未阻止随后在 1391 年十年一次的人口调查中至少三百万的人口被隐匿未报。当中央政府核实各省数字时，发现了严重的统计错误，两年之后重新公布的修正数字是 60 545 812 口。[14] 这一次的修正是极其保守的。实际人口至少有 6500 万之多；[15] 或许接近 7500 万。[16] 人口数量持续增长，但是官方统计数却未随之上升，1393 年以后的统计数一直在 5100 万至 6200 万之间徘徊，完全与实际人口数脱离了联系。

因为人口增长是一个国家社会安定的标志，明显的人口数量停滞不前就意味着政治状况不容乐观。1428 年宣德皇帝对他的臣僚们说："其盛也，本于休养生息，其衰也，由土木兵戎。"[17] 宣德统治时期，人口实际上在增长。实际情况是人们纷纷离开户籍所在地，逃避国家的赋役征收：有的寻求"大户苞荫"，游离于国家户口簿籍之外；有的"豪匠冒合，丛聚两京"，消失在城市的无籍贫民当中；有的声言为持文引之人（从事盐、茶贸易），为商为贾而云游四方，居全家老小于船舶之中，"莫知踪"。[18] 到 1432 年时，转贩商业贸易、城市手工业和地主经济得到了长足的发展，南直隶巡抚周忱向宣德帝汇报了这种情况。洪武皇帝的社会理想蓝图看起来只不过成为存留在立法者脑海中的记忆而已。政府将人民推向一个方向，与此同时，生存的需要将他们拉向另一个相反的方向。事实上后一种拉力确实在将人们拉向人口稀疏的内陆地区，并逐渐改变着中国的人口分布状况，将华东地区的人口慢慢地向内地疏散。[19]

对新政权来说，局势非常明朗：长江以北的许多土地抛荒，没有任何赋税收入。洪武和他的儿子永乐皇帝（1402—1424 年在位）过分关注于"填补"真空地带，而不是放手让人口资源的自然流动去解决问题。根据元朝 1290 年的人口统计数字，黄河以北的人口数量少得可怜，只占全国总人口的 6%；而长江以南地区则占全国人口的 85%。[20] 这种人口分布的极端不平衡反映了人口统计的失真现象，因为士兵和没有人身自由的工匠是被排除于人口统计数目之外的，再加上北方地区也确实遭受了蒙古人的蹂躏。北方人对蒙古统治的反抗不仅丝毫没有缓解那里的贫穷和人口锐减状况，而且在很大程度上使得长江流域的情况进一步恶化。为了使人口和资源相协调，明廷在1364年至1405年间实施了一系列的移民工程，其中一些是自愿的，但多数是强制性的。[21]最早的强制性移民工程（1364—1389）是将长江以南的人口移置到洪武的老家凤阳府，一个位于黄河和长江之间的历史上贫穷落后的地区，元明之际的王朝更替使那里的人口进一步减少。后来洪武帝很快放弃了建都凤阳的梦想，决定将政权的中心建立在长江下游地区，人们通常以那个不怎么严谨的词“江南”来称呼这一地区。第二次移民潮是将人口迁入洪武皇帝的首都南京周围地区，他将这次移民的打击目标指向了浙北的豪族大户。（与此同时，洪武处心积虑地要处理掉滞留在南京的士兵遗孀，1370年和1373年两度鼓励她们重返家乡。）[22]

北京是强制性移民的第三个目的地，最初（1370—1389年间）是为了填补和充实对抗蒙古人的缓冲地带，后来（1403年后）则是为了替未来的都城创造地方人口基础。然而，被迁移的人有逃跑的诀窍，瞅准机会就溜，靠钻户籍统计制度的空子游离于国家户口簿籍之外。中国北部其他的移民工程都以垦辟荒地为目的，其中多数是迁移相对安全的山西地区的农民到河南北部和北直隶南部地区。[23]这些移民运动改变了北方人口分布状况。但大约在1416年前后，这些移民工程就被放弃了。政府放弃了原来借由支持人口迁入（如果贫穷是由于劳动力不足导致的话）和迁出（如果贫穷源于人多地少的话）以发展贫穷地区的办法，代之以鼓励本地发展的政策。鼓励号召和强制性移民只是解决战后社会问题的短期手段，就地发展本地经济才是政府的长期选择。因此，人民还是要留在原地不动——待在国家和它的赋税征收者的可视范围之内。即便是化缘的和尚也要被检查是不是有合法的度牒，以免那些想要迁徙他地的人将头发剃光装扮成和尚来逃避桥头、关卡处的政府官员的盘查。[24]

这种限制根本行不通。穷人依然在寻找土地，濒临绝望者依然在寻找生存的机会。[25]一些人别无选择，只有逃跑，留下羸弱老小，任其倒下，最终死在路上，就像 1421 年大规模的饥荒袭击华北后一个政府官员向永乐皇帝描述的那样。当时国都正在从南京迁往北方。[26]到了 1436 年，当政府命令全国各级府、县编造逃亡户口帐籍的时候，洪武皇帝所梦想的行政单位和村庄自然边界间的联系已经模糊不清，很难搞清楚哪些是逃亡人口。1436 年的设想是要将这些各地统计的簿籍汇总成一部全国性的非法移民统计簿，然后分发给全国各地的知县们。这一规划从来也没有完成过，因为存在太多的空间重组、太多的人口流动。正像五年后这位皇帝沮丧地看到的那样，利用当时明朝政府所能利用的通信手段不可能搞清他们的行踪。[27]至于运送砖块到南京，则不曾为发生在游离于中心之外的一个世界里的偶然历史时刻。

交通的负担

问题部分在于明代的中国太大了。7500 万的人口还在稳步增长，面对这么多的人口，要想使里甲制度在户口控制上做到疏而不漏是不可能的。它的国土如此广阔，穿越一次需要几个月的时间（一个外国朝贡使团走过的最长路线——从云南边境到北京，据说

图 7　这幅供奉在太庙的洪武像，将朱元璋本人容貌上的缺陷美化了。本图蒙台北故宫博物院惠允，据该馆藏品复制。

花了九十六天的时间）。[28] 王朝的长治久安，或者以一种夸张而不失文雅的方式来说，控制一统“天下”，保住王朝的“万年”江山，是所有王朝的理想。纵横皆如此广阔的领土，需要规模同样庞大的通信手段。要想理解中央集权统治的沉重通信负担，让我们看看下面四则洪武朝的诏令。

1370 年，洪武皇帝（见图 7）做出决定，这个国家里的每个人都要戴所谓的“四方平定巾”。他下令将样品传布全国，以便每个人都知道这种特殊的头巾是什么样子。[29] 洪武渴望全国整齐划一。

但我没有发现任何文献有记载是否每个人都戴这种头巾，或者说有没有人戴了。洪武也同样地渴望上下有别。他将妇女服装的式样传行全国，规定政府官员的夫人应该穿什么样的衣服——除了出于他说的“革胡俗”之外，也是为了有别于一般的老百姓。这一尝试肯定是失败了，因为在1390年他又重新发布了同样的命令，并且提出为所有没钱制作规定式样服装的官员家庭提供津贴，来保证这一命令的贯彻执行。[30]

同样在1370年，他宣布在私人信件中使用诸如“顿首”“百拜”之类的恭敬语为“非礼也”，下令礼部设计出在正式场合使用的更合理的格式传布全国。在这一命令之后，他又于1373年继续下令禁止在颂赞文章中使用骈体，这并不是说要人们直言不讳，而是让他们不要使用文化修养高的人才能使用的高级文体。他下令礼部将唐朝柳宗元和韩愈的文章传布全国，作为人们写文章的范文。[31]

1375年，这位皇帝接到了刑部主事茹太素长达17 000字的奏章。他让人高声念给他听。当朗诵者念到第16 370字的时候，洪武帝被其中的两处恼人的话激怒了。他将茹太素召来，在朝堂上用朝杖责打他。第二天晚上，洪武又让人在他的床头将那篇奏章全部念完，他觉得其实茹氏奏章中的五项建策有四项都相当好。在第二天的早朝上，他下令将这四项建策加以推行。他承认自己发脾气不对，但还是责怪茹氏不该将奏章中的实质性内容写在最后的500字里。他说一个真正忠诚的官员不应该用16 500字的无关痛痒的废话来烦扰皇帝。他将最后的500字截出，作为奏章写作的样板，再加上一个说明他厌恶华丽辞藻的序，下令发布全国，告诉官员们应当怎样写文章。[32] 在如此庞大的官僚机构的运转中，信息交流的清晰度确实很重要，但谁又清楚洪武皇帝是不是成功地将其他臣僚的繁文都整齐划一地改造成了简洁准确的文体了呢。

最后一个例子是1394年，洪武皇帝下令工部向他的子民发布告示：必须家家栽种桑树和枣树；每里要拨出二亩地用于栽种桑枣。[33]

上述这些事例之所以让人感兴趣，不仅在于它们显示了这位皇帝心目中的治世理想和他对为君之道的看法，而且还在于它向我们展示了他认为国家应当控制的交际方式。这些诏令的下达，不仅包括制作和发布命令、样本以便他所有的臣民都能知道，而且还要收集和处理反馈的文字材料。1394年栽种桑枣的诏令——关于这一问题，我没有找到任何该诏令得以推行的证据——并不仅仅是一次单向的信息传布。或许由于赋税征收的缘故，诏令规定，凡是栽种数量超过分配份额的，都要向县级政府汇报多种的数量。凡是未向官府汇报的，都要发配到西南边境从军（这通常意味着英年早逝）。此外，还要求县级政府将这些汇报材料汇集入档，随奏章一同上交工部。工部收到来自一千多个县的汇报之后，要检查数据有无出入，然后加以汇总，写出汇总材料上报皇帝并平发相关各部；最后，将所有材料存档，以便当有新的超出定额的桑枣种植情况从各省上报上来时，可以随时找到、更新存档的数目。

为了处理京城和地方政府之间繁重的来往通信信息，1370年成立了专门的“察言司”来接收官员的书面呈文或给皇帝的奏章。1377年8月，这一机构进一步扩展，重新命名为“通政司”。此前一个月，洪武皇帝宣布：只要是事关重大，所有的人都可以直接上书皇帝，不管是平民百姓还是政府官员。（实际上，仅仅是在告发当地父母官时，平民百姓才可以直接上书皇帝。有些人也确实这样做过。）[34] 通政司的扩展或许是希望这一广开言路的法令能够将更多的信息反馈到皇帝那里。

奏章收到后，要先誊写一份，然后把原件送呈皇帝。复件移交通政司。皇帝批阅奏章，在上面写上批敕，简要提出政府部门的处理办法，然后将批敕和奏章一起交给通政司，通过它送发各有关部门进行处理。这样通政司就成为联系皇帝和他的臣民的重要一环——永乐初年，通政司长官成为可以直接面奏皇帝的权力很大的朝官。[35] 通政司收到奏章、文件后不上报皇帝被认为是很严重的违法行为。这正如一次永乐皇帝发现几个有关琐细小事的奏章没有上报他而大发雷霆时所说的那样："盖上下交则泰，不交则否。自古昏君，其不知民事者，多至亡国。"[36]

皇帝批阅奏章之后，连同批敕一起编入朝报。据此拟出摘要供邸报刊登。邸报是一种定期发行的政府公报，以手抄本的形式传播。这些奏章和诏敕占去了邸报大半的篇幅，但除此而外也报道与国务有关的其他消息：官员的升降、军事、外交、自然灾害，等等。京师以外的地方官员非常热切地想知道作为政治中心的京师发生了些什么事，所以一些行省衙门在京城设立了专门的办公地点，雇人抄写邸报后送到省城，供那里的地方官员传抄。邸报的抄本在两京存档，以备编修实录的人使用。实录记载朝廷的法令和政策，在皇帝死后开始编纂。[37]

为了处理政府急于收集和发送的数量庞大的信息和物资，明政府启动了三种在一定程度上相互联系的服务系统：驿传（信使）、急递（邮政）和递运（运输）。通过这些服务系统，国家管理中央政府和各级地方政府间的信息传播、谷物和其他赋税征收物的运输，以及士兵和服役人员的调遣。驿站制度还负责外国使节的护送，一些外国使节写下了在明代中国旅行的详细记录。其中两份保存到了今天，使我们有机会一睹明代驿传制度的生动画面：一份是波斯外交使节 1420 年从西北边境到北京的陆路行程记录；另一份是 1488 年在东南沿海遭遇海难的一行朝鲜人沿河道和大运河进入北京的旅途记录。

护送波斯使节，1420—1422

1419 年，波斯帖木儿王朝的统治者米尔咱·沙哈鲁（Shah Rukh Mirza，1404—1447 年在位）派遣庞大的外交使团到永乐皇帝那里。使团的成员之一盖耶速丁·纳哈（Ghiyasu'd-Din Naqqah）奉命写下了出使日记。虽然他的日记原件未能保存到今天，但其中的部分内容被哈菲兹·阿不鲁（Hafiz Abru）删选编入了波斯的宫廷史。哈菲兹·阿不鲁在选编时，细心地保留了原著中的观察。

波斯使节一行于 1420 年 8 月 29 日抵达长城最西端的嘉峪关。那里的官方人员清点人数、记下每个人的名字后，他们继续前行 45 公里到肃州——中国西北角的第一座城市。临近肃州城，西门外的大驿馆远远地就映入了眼帘。从边关通向北京的驿道上有九十九个驿站，肃州驿是第一座。从此以后他们的行程就完全由驿传服务系统负责了。

驿传系统由兵部管辖，为衔命出使的官员、外国使节和携带公文进出京城的官府使差提供食宿。在元朝，蒙古人将这种通信制度加以扩展，以便将帝国幅员辽阔的领土连接在一起。[38] 明朝继承了这一制度，并使之得到巩固和加强。驿传系统借由从国都南京向四周辐射的官方水陆驿道得以运转。上述波斯使节到达时，北京也已成为这样的交通中心（见地图 2）。驿道总长度达 143 700 里（约 82 800 公里）。每驿为持券乘驿者免费提供食宿和搬运人手，每隔 60 或 80 里（约 35—45 公里）设一驿站。这样的驿站设置使乘驿的官员可以按规定每天走一定距离的路。洪武时期全国有驿站 1936 个，但在随后的两百年中，由于财政吃紧，朝廷几乎减掉了原有驿站的近半数，这点我们在以后的章节中还要提到。[39] 多数驿站都写明是马站还是水站，或者有时既是马站又是水站，视地理位置和所需提供的服务内容而定。

驿站多倾向于设在人口集中之处，比如说县城。在不是县城的地方，驿站周围也会很快出现新兴的小市镇。在大多数驿站所在地，盖耶速丁 · 纳哈对当地市场的丰富供应感到惊讶。当他看到第一个市场——肃州的中心市场时，简直不敢相信那是真的。他这样写道：“中心市场宽有五十标准码，用水喷洒，打扫得干干净净，以致油倒在地上也能收起来。”并排挂着羊肉和猪肉一起售卖的肉铺和各类工匠搭起的店棚特别吸引他的注意。他在日记中三番五次地谈到他们精美的手工制作。

在肃州和甘州之间，波斯使团经过八个驿馆和一个军营，大约每隔 45 里（约 26 公里）一个，每处都为他们提供服务。每个驿馆

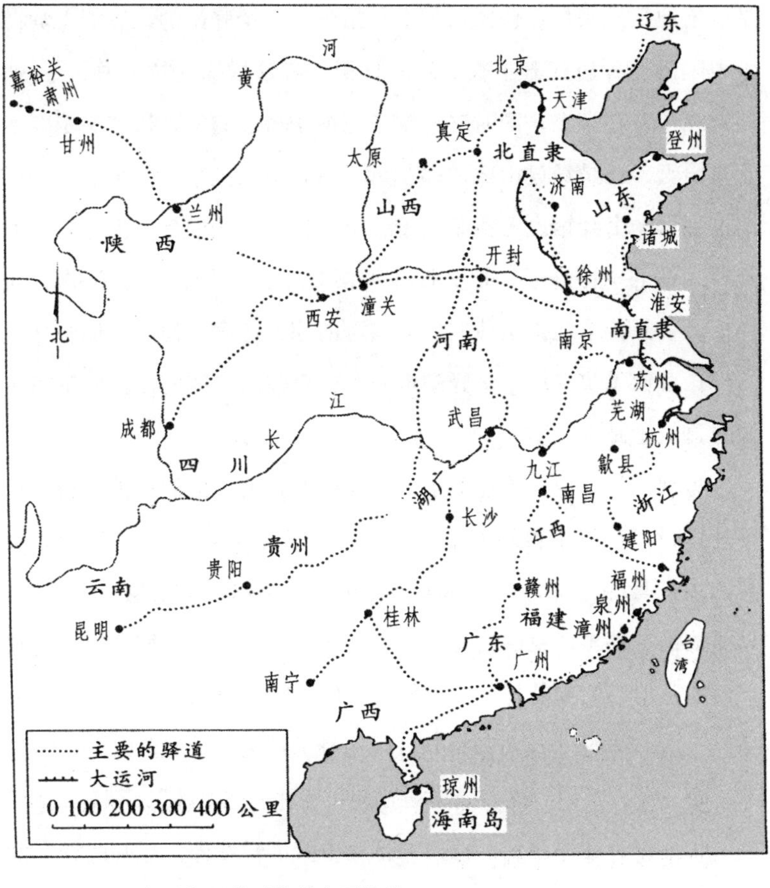

地图2　1587年明朝驿传系统的主要路线

都要配备 450“骑”（马和骡）、五六十辆车。“管马的童子叫马夫，管骡的叫骡夫，而那些管车的人叫车夫。”所有这三种服务人员都是从当地征发来护送使团从一个驿站到下一个驿站的。波斯人觉得坐中国的这种轿式车子很好玩。日记作者这样描述拉车的人：“他们把绳子系在车上，同时这些童子把绳子搭在肩上，拉着车走。不管是雨天，还是经过山区，那些童子用肩使劲拉车，把车从一个驿馆拉到另一个驿馆。每辆车由十二个人拉。童子们都很俊秀，耳上戴着人造的中国珠子，把头发在头顶上打上一个结。”日记作者同样惊讶于驿传系统护送他们一行前进的惊人速度。他说，那些马上的护送者们飞快地从一个驿站跑到下一个驿站，速度比波斯帝国最快的急差还要快。

每到一处驿馆，盖耶速丁 · 纳哈对该驿馆为他们提供的物品都感到惊讶。在阿不鲁的书中，盖耶速丁是这样描写的：“使者们所需的诸如马匹、食物、床铺等种种东西，全部由驿馆供应。每晚，只要他们在那里，就供给他们每人一张卧榻，一套丝绸睡衣，还有一名照应他们需要的仆人。”至于饮食，“除了驿馆供应的其他必需品外”，使团的每个成员都得到“根据身份规定数量的羊肉、鹅、鸡、米、面、蜜、米酒、腌在醋里的葱蒜和各种醋泡菜蔬”。[40]

日记作者还注意到，他们的行程中除了驿站外，还有两种其他形式的建置，也由兵部管辖。一种是边境地区特有的，即烽火台。每座烽火台定编十人，他们的职责是在边境上发现敌情时点燃烽火。一连串的这种烽火台构成连接边境和内地的一种初级通信线路。“依靠这种方式，在一昼夜的时间里可以得知三个月的旅程外发生的事情。紧跟着烽火点燃之后，所发生的事被记在一份信件中，由骑马疾驰的急差从一个人的手中交到另一个人的手中。”

这些马背上的急差属于另一种建制——急递铺，它是用来传递紧急信息的。急差是“从事耕垦”的铺兵，“他们唯一的工作就是一得到消息就把它送到下一个急递铺”。急递铺是与驿站不同的一种通信服务系统，起源较晚（元时才有）。为了在地方政府间迅速地传递信息，“铺”或“急递铺”10里（约6公里）一设，不像驿传间隔距离那样远。铺马从一个急递铺到下一个急递铺的驰行速度定在每昼夜300里，大约每一站需时45分钟，以每24小时300里（约170公里）的高速率递送邮件。这样，与空间上分布稀疏的驿传网络相比，急递铺就构成了更广泛、更高效的通信系统。在实际操作中，急递铺和驿传的路线和人员配备往往有许多重叠之处，尽管各有不同的严格规定。[41]

从甘州出发，使团开始向兰州行进。行程1060里（约610公里），于10月22日渡过黄河来到兰州，黄河上的浮桥与波斯人见过的任何桥梁都不同。桥“由二十三艘船组成，壮丽坚实，用一条像人腿那么粗的铁索连接，铁索两头分别拴在一根腰粗的铁桩上。铁桩牢牢地固定在地下，伸出地面的部分十腕尺长。船用大钩固定在铁索间。船上铺有大木板，坚固平坦，所有牲口都可毫无困难地从上面通过”。像这座建于1372年的铁索桥一样的浮桥在中国很常见。明朝前期最好的桥是由石头筑成的永久性建筑，但许多时候也通过廉价的木构件、由船只连成的浮桥、季节性的土堤或渡船来完成横渡河流的任务。

驿道穿越陕西省，南下到达省城西安——让人迷惑不解的是，尽管西安城中有中国穆斯林居住，日记作者却绝口未提西安这个地方，然后沿着连接西北和北京的干线东行。11 月 18 日，使团在潼关第二次渡过黄河。他们这次是乘船渡河的，并未意识到这与他们在兰州从浮桥上渡过的是同一条河流。他们继续东行，经河南进入北直隶，于 12 月 3 日进入真定府府治。潼关到真定间的官道长 1540 里（约 890 公里），使团是以每天 60 公里的速度走完这段路的。真定以北到北京的最后 585 里（约 340 公里）路，有十一个驿站，他们用了十一天的时间走完。使团“在 12 月 14 日很早就动身上路，天还没亮就来到北京城城门下”。[42] 这些波斯人总共用了三个半月的时间，走完了从嘉峪关到北京的九十九站驿路。根据已公布的里程统计，全程长 5042 里（约 2900 公里）。使团整个行程的平均速度是每天 30 公里——大致是大部分驿路上从一个陆站到下一个陆站的平均距离。

在北京他们受到永乐皇帝的接见和款待（他们的谈话下面还要详细提到）。在京城停留五个月后，波斯使团于 1421 年 5 月 18 日离开北京，踏上归程。日记作者对他们的归程几乎没有任何记载，只是提到在大多数时间里，他们都是每天走一站地。到达陕西西北角的时候，由于蒙古人的袭掠使路途很不安全，他们分别在甘州和肃州耽搁了两个月。唯一的逃脱办法就是放弃大路走山间小路，但即使这样，对那么大规模的使团来说要想不被发现也是不可能的，于是他们就在那里等着。

除此之外，日记作者费神去记的唯一一件事就是在到达兰州前的一些地方，有人检查他们的行李，看看是否夹带了政府禁止出口的物品，比如说贵金属或茶，茶是政府向游牧民族换取马匹的主要贸易品。[43] 最后，在1422年1月13日，在中国境内行走了大约6000公里之后，波斯人一行越过嘉峪关。使团里每个成员的名字都被记录下来，并与一年半以前他们到达时记下的名字相对照，看有没有出入。当名单被证明完全一致时，一行人获准离境。

护送朝鲜一行人，1488

波斯使团离开中国六十年后，遭遇海难的四十三名朝鲜人也同样由驿传系统护送到北京。然而，这一行朝鲜人是从一个完全不同的地点——东南沿海——进入中国的；以完全不同的方式——船——在中国境内穿行；沿着不同的路线——大运河——被护送到京城。这一行人的首领崔溥（1454—1504）将他在中国的经历记录下来，他主要的关注点是旅行本身。与波斯人不同（他们对中国文化一无所知，只能通过翻译与中国人交流），这些朝鲜人精通汉学（显然是旧式的）、熟知中国历史和文学（凭借这种知识他们偶尔还可以取笑一下当地谈话者的无知）。尽管他们不会讲汉语，但他们通晓古汉语，可以通过将字写在手掌上的办法与当地文人交谈，或者我们可以说是"笔谈"。崔溥的日记与那位波斯人的日记不同，不是由后人重写的，它为我们提供了对15世纪中国旅行经历的更直接准确的描述。[44]

1488 年 2 月 28 日 *，浙江沿海台州府一段几近废弃的海岸上正下着大雨，朝鲜人的船漂到了港湾里。这艘船很快被其他六艘（中国）船只包围起来，直到第二天早晨中国水手才决定登上那艘朝鲜船。当他们走近时，崔溥（通过写汉字）向他们打听距离最近的“官道”有多远，他知道那是为驿卒和急差准备的道路。很快，他得到三种不同的答复，有说离台州府 150 里（约 86 公里）的，也有说 240 里（约 138 公里）的，或两者之间的。他将这不同的答复看成是被欺骗的信号，而不会想到情况可能是这样：在沿海的船上干活的人们即便是去过内地的城市，也去得很少。这使他们对去台州府的路根本就不熟悉。接下来，中国人抢去了他们所能找到的所有的朝鲜人的东西，但当雨越下越大时他们返回到自己的船上，没有人留下来监视。朝鲜人害怕中国人再来到船上他们会丧命，就借雨幕的掩护向岸上跑去。经过数日的陆上跋涉，他们被遣送到负责这段海岸线防卫工作的桃渚千户所（见地图 3）。

为了知道桃渚在什么位置，崔溥又一次问到路程的远近。一位长者告诉他，那里离北京 5800 里（约 3340 公里）。事实上，北京比那人想象的要近 1200 里（约 700 公里）。当那人估计那里离长江两千多里时，他又多算了大约 1/4 的路。或许这些数字来自当地的民间知识：对沿海偏远地区的人来说，这样的地方看起来肯定极其遥远，只有将数说得大些才不会出错。但那人确实也心里没谱，补充道“未敢得知”。毕竟，这些距离仅仅是兵部掌握的数字，而不

* 此日期系据阳历换算，据阴历当作正月十六日，以下同。——编者注

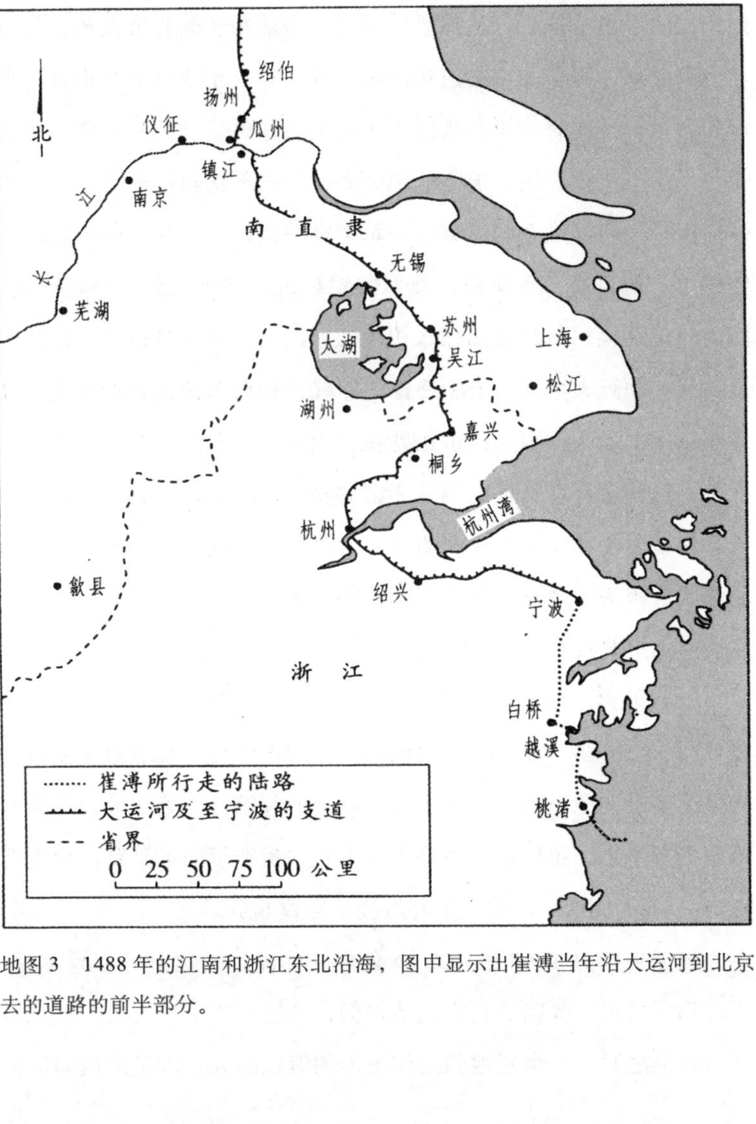

地图3　1488年的江南和浙江东北沿海，图中显示出崔溥当年沿大运河到北京去的道路的前半部分。

是人所皆知的常识。

桃渚千户所的指挥官派他手下的一个军官翟勇护送朝鲜人一行到绍兴的军事总部去，从那里他们将首先被转送到省城杭州，然后北上到北京，再由北京被遣送回国。这一行人于3月6日出发，崔溥和官员们坐在轿子里，其他人步行前进，但遇到山路，轿子里的人也得出来步行，因为道路状况太差，轿夫无法再抬轿子。沿着边疆地区唯一得以维系的道路——军事交通线，一行人于两天后抵达健跳千户所。第二天早晨，他们乘船越过三门湾来到越溪巡检司。因为越溪巡检司与越溪铺隔水相望，他们与急递铺取得了联系。次日早晨，朝鲜人出发，沿急递铺的路线来到白桥铺，在那里又与驿传系统接上了头，因为白桥正处在台州到宁波府的驿路上。从这里开始，这些旅行者就可以得到驿馆的物资供应了，尽管一些驿馆的长官由于急于让朝鲜人快速前进，多次表示当地驿站所能提供的物品和服务极为有限——四十三人再加上护送者，队伍异常庞大，沿途供应负担着实不小。

一行朝鲜人在那天继续向前赶路直到夜里二更，来到北边60里（约35公里）外的下一个驿馆。3月10日的狂风暴雨使他们无法继续前进，他们就待在这个戒备森严的驿馆里。第二天，尽管暴风雨仍未停止，翟勇还是坚持不顾天气恶劣继续向前赶路。他告诉崔溥："我大明法令严敕，少有迟缓，必致罪责。"

那天他们赶了60里（约35公里）的路，到达下一个驿馆时，浑身都湿透了。驿馆的长官同情他们，为他们生了一堆火。但正当他们烤火之时，一个把他们当作被俘的海盗的人，闯进来愤怒地将火踢灭了。在众人的要求之下，翟勇写了一份关于这次遭遇的证明，派人送到知县那里。次日，也就是3月12日，他们坐轿子来到北渎河边，然后登船开始了水上旅程。他们沿水路最终进入大运河，一直到达北京。按照官方的说法，大运河不是从这里而是从杭州开始的。但从北渎往西到杭州的水道，中间仅在绍兴以前有两次短暂的陆上间隔，实质上又将大运河延长了465里（约270公里），使宁波成为真正的大运河最南端。通常水路是驿传的首选路线。崔溥解释说："凡往来使命、贡献、商贾，皆由水路。若或因旱干闸河水浅不能通船，或有火驰星报之事，则由陆路。"

那天一行人穿过海外贸易城市宁波（"奇观胜景，不可殚录"），又穿过慈溪（"江之两岸，市肆、舸舰坌集如云"），于次日行抵绍兴的海防总兵府（"其阛阓之繁、人物之盛，三倍于宁波矣"）。地方军官就有关情况详细盘问了崔溥，对护送者翟勇更是严加查问，并因那次踢火事件对其处以杖笞，理由是他未能很好地维持秩序。两天以后翟勇在杭州将再一次被杖责，那是因为他送朝鲜人从桃渚千户所到省城用了太多的时间。驿传制度有极为严格的时间规定，视距离远近而定。凡有延误都要受到责罚，就像延误军情一样。延误一天要处以笞刑二十下，每多误三天加一下，最多不超过六十下。如果关涉军情的话，要在原罪的基础上加半治罪。[45] 翟勇对延误时间的恐惧是完全在理的。

"真所谓别作天地也。"这是崔溥初到杭州时对这个城市的印象。他以前从来没见过这么繁忙的商业城市。"接屋成廊，连衽成帷；市积金银，人拥锦绣；蛮樯海舶，栉立街衢；酒帘歌楼，咫尺相望"。

崔溥仔细地观察，他注意到杭州城外沿河停泊的许多船只，多数是从南方来的商船，这说明，在由南向北经浙江进入江南经济区的贸易活动中，杭州扮演了商业中心的角色。在杭州，崔溥听说那里的走私贸易很猖獗，出海贸易者将在此售卖他们从东南亚、印度洋地区进口的檀木、胡椒、香料。海外贸易风险很大，他听说出海的船舶能安全返航者仅有十分之五。

3 月 23 日，杭州府为崔溥一行人重新派了一个护送者，发给他们一道公文，上面写明他们到中国的原因，授权他们使用沿途驿站："及行所属驿递应付差去官员廪给、站船，并伴送军余及崔溥等口粮、红船（官船）、脚力合行，前路官司，一体应付。"递运所是国家交通系统的另一种组成部分，不同于驿站和急递铺，尽管在运作过程中三者相互间联系很密切。递运所创立于 1376 年，大约一府一设，任务是承担驿站服务范围以外的大规模运输任务，比如说国粮的漕运、公共工程项目所需力役人员的运输等。

崔溥一行滞留两天后于 3 月 25 日出发，开始从杭州到北京的旅程。他没有解释滞留的原因，肯定是与一种普遍的信仰有关：有些日子是出门的吉日，有些日子则不宜出门。所有的官员和驿卒出发前都要看《大明官制》。书中有一个圆形的图表，可以用来计算一个月中哪些天是出门的好日子，哪些不是：吉、宜、凶（意味着会因暴力、失误或犯罪而丧命）。[46] 后来葡萄牙多明我会修道士加斯巴尔·达·克鲁兹（Gaspar da Cruz）1575 年在福建就曾看到旅行者在"每次出行前"都要使用这样的书"卜问吉凶"。[47]《大明官制》中还包括各主要驿道上的驿站、县治名称，各驿站、县治间的道里数。

崔溥从官方那里得知从杭州到北京大约要用40天。负责护送他们到京城的那位官员接到了必须在5月11日以前到达的最后期限，这就是说如果他不能在该期限前到达，就要被处罚。3月25日早晨开始上路，这一行人还有47天的时间从杭州赶到京城。那段距离官方的统计数是3621里(2090公里)，他们必须以每天77里(约44公里）的速度前进。实际的旅行时间，除去在苏州参观一天的逗留和因天气恶劣耽搁的一天外，是43天，这就是说旅行团每天行程约85里（约49公里）。他们于5月9日抵达北京，比最后期限提前了两天。

离开杭州后，一行人用了两天的时间行走195里（约112公里）到达嘉兴（崔溥发现这里与宁波极为相似），又用了一天的时间前行145里（约84公里）到苏州。在崔溥看来，这个城市比中国其他任何城市都好。当他乘坐的船沿大运河北上向苏州进发时，他可以看到“两岸市店相接，商舶辏集，真所谓东南一都会也”。因为几乎没有机会在城里逛，没机会亲眼去观察，他转而引用当时流行的诗歌来描绘这座城市。他亲眼看到的是停泊在苏州的商船来自南(福建)、北（河南、北直隶）各地，这印证了它的全国性贸易中心的地位。崔溥还注意到苏州及长江三角洲其他城镇周围城郊居民点的膨胀。“至若镇、若巡检司、若千户所、若寨、若驿、若铺、若里、若坝所在附近……或至二十余里间，闾阎扑地，市肆夹路，楼台相望，舳舻接缆。”

四天之后，崔溥一行行抵长江，他们是从著名的岛中寺院金山寺（见图8）逆流过江的。在本世纪初，大运河投入使用以前，姚

图 8　金山寺建在大运河与长江的汇合处。(《水浒传》)

广孝（1335—1418）在金山渡写的一首诗描述了该地区驿道交通的艰难。[48] 到 1488 年，在崔溥一行横渡长江的时候，金山渡的交通条件已大为好转，无数的船商替人运送过江的商货，服务极为周到。[49] 这些朝鲜人遇到的唯一困难就是江潮。他们于次日上午渡江到达江北岸的瓜州，开始大运河北段的旅程。

大运河北段在元朝时已废弃不用，当时税粮是由海道运抵北京的。直到洪武时期，这段运河仍处于荒废状态；1403 年，永乐皇帝决定迁都北京，这就使得运河的重新疏浚和使用十分必要，为的是将每年四百万石（每石 107.4 公升）从南方各省征集的“税粮”漕运到北方去，这一数目相当于全国地税收入的七分之一。起初粮食是由大型河船（每船载粮三百多石）装载逆淮河上行，然后换成浅船（载重二百多石）穿越山东南部，再换装成大船运抵黄河。在那里卸船，由河南的车夫陆运到卫水，再装船北上运到北京。频繁的装卸使人力极为紧张，济宁知县在一份给永乐皇帝的奏章中请求重新疏浚元朝时废弃的旧运河，以便消除陆上运输的拥挤、堵塞问题。[50]

大运河并不是一条连续的水道。长江以北部分被称作会通河，是通过开凿一系列短小的人工河渠将原有的自然河道勾连起来。开凿工程的工作量被减低到尽可能小；但要控制淤积以保持至少三尺（将近一米）的最低水位——这是吃水浅的粮船装卸时所需的深度，需要工程设计人员极具聪明才智。山东西南的最高河段在 1411 年被整个重新设计，成为那年重新恢复大运河的整体工程的一部分。在那里建造了一座水坝，将汶水向西南分流，使其百分之六十的水量向北流入大运河，百分之四十的水量向南流。在山东境内还修了四个大水库以调节水位，这样就无需汲用当地的地下水了。1411 至 1415 年间，动用了十六万五千的民工清理山东境内的河床，修造新渠、河坝，并在运河低洼地段建水闸，使水道全部投入运营。设计者们出色地利用了运河所经地区的许多自然水系，但不同的水利环境的连接意味着系统上的任何一点发生泛滥都会使整个网络陷入瘫痪。极易泛滥的黄河（直到 1492 年，黄河都是从山东南北两处入海，今天只有北部一个出海口了）是整个运河的薄弱环节。运河与黄河交汇处是这一地区的咽喉所在，正如一位官员在 1447 年所说的那样，像人的咽喉一样很容易被卡住窒息。[51] 当 16 世纪官员们倡议重开旧时的海道时，这一观点又被再次提出。

大运河需要大量的人手来维修设备、维护堤坝、开闭河闸和指挥过往船只。根据清初学者顾炎武的统计，明时需要 47 004 个整工来维持大运河的正常运转。维护运河的人手来自里甲正役的摊派。运粮到北京去的漕船都由军队负责，15 世纪中叶有漕粮船 11 775 艘，用于运粮的官兵达 121 500 人。[52] 以徭役征发为基础的漕运制度，无需中央的财政维持。然而当运河的运输负担增加时，更为“现代化”的商业贸易原则成为原有徭役征发原则的补充，水手们除了自己的物品之外还可以在他们驾驶的官船上携带少量的其他货物。这些货物可以是贸易商品，也可以是替他人运送的物品，其中所得可以用来支付漕运的费用。当然，水手们运输的私人货物要远远超过他们的合法运载量，这已成为公开的秘密，只有那些笨拙的、故作虔诚的官员才会费力去检举和处罚。这种“走私”和纯粹的私人货船一起，使大运河成为南北商业交通的大动脉。不管是以此种方式便利私人贸易，还是刺激商业网络向南直隶北部、河南和山东省区的大运河腹地延伸，都不是政府的初衷，但两种结果都出现了。其实这种结果完全在意料之中，因为运河并未被限定在官用交通之内。11 775艘的官有漕船仅仅是运河交通的一部分。政府的规定仅仅要求官船较私船享有过卡的优先权。这样徭役征发和商业就一起承担了官私货物运输的部分费用。

大运河既是漕粮运输线，又是驿路，运河上每隔35至45公里设一驿站。各站名在政府的公报中可以找到，但不识字的人都依赖口诀帮助记忆。可能产生于15世纪的《两京路程歌》，以半押韵的歌诀描述从南京到北京的道路：

> 两京相去几千程，我今逐一为歌唱，付与诸公作记行。
> 南京首出龙江驲，舟到龙潭同一日。
> 过却仪真问广陵，邵伯孟城相继觅。
> 从兹界首问安平，淮阴乃是驲之名。
> 前途清口桃源渡，古城驲下舟暂停。

口诀下面的二十一行在继续列举黄河以北大运河上的其他驿站的名称后，总结道：

> 已曰驲名四十六，江水湾湾盘转曲。
> 诸公于此驲之名，一路往来宜熟记。[53]

崔溥一行人从扬州沿大运河北上，于4月13日抵达吕梁洪——南直隶北端的两个急滩之一。那日，船在十头一组的牛队的牵引下渡过吕梁洪。为了使所有的随员安全地通过随后的徐州洪，动用了上百名纤夫。前一任皇帝在位时，这里修建了以石板铺成的纤道，并用钢钉、石灰泥进行加固。渡过急滩之后，崔溥对维持运河水位的复杂的河闸、水库系统感到十分惊奇。闸是嵌在石堤狭窄处的相对简易的挡水木板。闭闸储水，开闸放水，以便有足够的水流可以牵拉船只通过浅滩。

临清是运河上的主要港口，也是山东北部的关税征收点。这里地势险要，船工们得设法将船只从运河转入湍急的黄河北部支流卫水中。[54] 据崔溥记载，临清是“商旅辐辏之地，其城中及城外数十里间，楼台之密，市肆之盛，货财之富，船舶之集，虽不及苏杭，亦甲于山东，名于天下矣”。向北行四日，下一个主要港口是位于山东边界上的德州，那里几乎与临清一样繁荣和充满生机。“土广人稠，商旅所会”，在崔溥看来，这些是他心目中贫穷、落后和死板的华北风景仅有的闪光点。在日记的末尾，他举出了一连串令人沮丧的鲜明对照：长江以南是宽敞的瓦顶房，而北方则是低矮的茅草屋；南方是轿子，而北方则是驴马；南方市场上用的是金银，而北方却用铜板；南方人勤于农工商业，北方人则颇为懒惰；南方人性情开朗，北方人脾气暴躁、容易争吵；南方教育发达，北方知识贫乏。然而南北方唯一的共同点就是“人皆以商贾为业，虽达官巨家或亲袖称锤，分析锱铢之利”。

在从山东向北直隶的行进途中，崔溥看到一长串摆渡兵、刑、吏三部官员的船只。他打听发生了什么事，有人告诉他是新上任的弘治皇帝（1487—1505年在位）正在裁汰朝中不称职的冗官。这位皇帝允许他们乘官驿返乡，通常被解职的官员是不该享有此种特权的。这样舒舒服服地离开京城，温和而坚定地说明了，他们被遣返回乡并不丢脸，它反而是一件好事。一行人越过华北平原，十一天后来到北京东边粮仓的所在地通州。然后一半骑驴一半步行地来到京城，寄宿在会通馆。会通馆的意思是各方交通汇集处的旅馆。除北京外，在南京还有一个，是驿传网络上的两个中心枢纽。

将官方公布的各驿站间的距离加起来，联结宁波和北京的内陆水道总长4064里（约2340公里）。崔溥一行跨越这一距离的实际旅行时间是四十九天。穿越北直隶的平原地区行程最快，每天61公里。从杭州到扬州，每天旅行49公里。其余的旅程，平均速度是每天44公里。与波斯外交使团乘轿子旅行的日速(30公里)相比，乘船旅行的朝鲜人的旅途既快捷又舒服。不管是哪种形式，明代中国一天的旅程与奥古斯丁时期罗马的日行速度都不无相似之处，在那里日行45公里被认为是合理的平均速度，而30公里仅是一个尚可让人接受的最小日速。[55]

6月3日陪同崔溥一行去朝鲜边界的中方官员通知北京的递运系统，总共需要三辆马车及若干驴、马。次日清晨，车马准时备好，朝鲜人出发上路。崔溥很高兴离开北京。他不怎么欣赏当地人的做法。他谦恭但不无优越地写道：“业商贾，不业农；衣服短窄，男女同制；饮食腥秽，尊卑同器”。旅行者沿驿道向东北边界行驶，每日行程 31 公里,于 7 月 2 日抵达辽东首府。四天后他们离开这里,于 7 月 12 日渡过鸭绿江进入朝鲜境内。

交通手段

波斯人走的大多是陆路，朝鲜人走的多数是水路——大致上与那句“南资舟而北资车”的古谚相符。在道路状况良好的情况下，个人陆上旅行的最快交通工具是马。因为朝鲜人从北京到中朝边界不怎么急于赶路，所以他们没有骑马而是骑驴或乘马车前进。国土另一端的波斯人则在享用坐轿子的特权。这种旅行方式（通常都是由两人抬轿，而不是十二人）是新近的发明，只是在元朝才被作为政府官员旅行的手段（见图 9)。

在明朝前期，乘轿旅行是身份地位的标志。所以 1405 年当一位检查官员整理对一个贪官的诉状时，将那人的所作所为描述为“乘轿于市中强买物货”。[56] 只要负担得起，人人都可乘轿，只要不违反政府对颜色的规定就行：红色是禁止使用的，五品以下不能用绿色。法律同样禁止强迫他人抬轿。抬轿的活儿被认为超越一个奴仆对地主的例行义务之外，所以地主让仆人抬轿必须另外付钱。到明代中叶，轿子成为上层社会生活的重要组成部分，以至于轿子的使用被糅合到了住宅建筑中。苏州的大户人家多在大门内建一轿厅，作为在室内落轿的地方。另一相应的调整是公文箱的设置，一个长长的带盖的盒子，置于轿柱之间，供旅行者在途中读书或办公使用。[57]

远距离交通的最佳工具是船，不管是载人还是载物。独轮推

图 9　乞丐杨一虽然身份卑微，但由于他是个孝子，因此死后能坐在轿子上，被两人抬着进入仙界。这幅画出现在一本清代流行的宗教册子上，从画中传令官戴的插羽毛的圆锥形帽子，可以断定该画创作于清代。

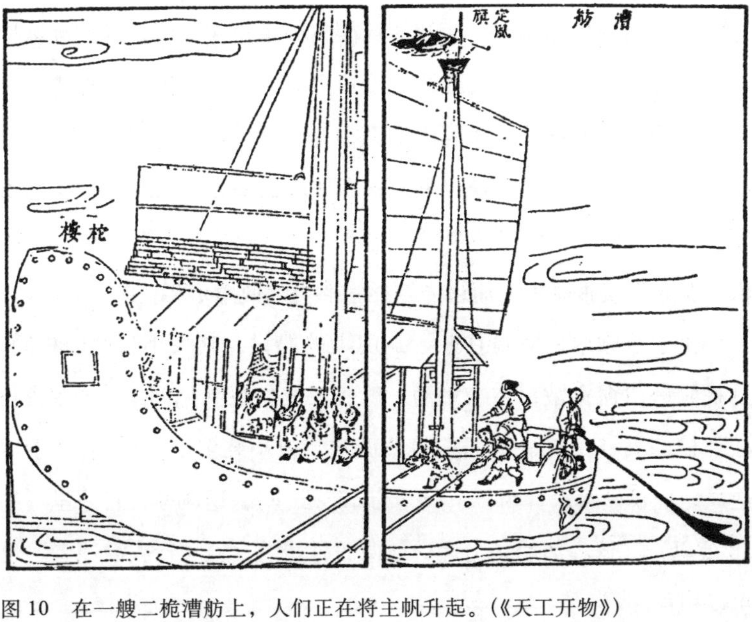

图 10　在一艘二桅漕舫上，人们正在将主帆升起。（《天工开物》）

车只能承重一百二十公斤，且“遇坎即止，最远者止达百里而已”。四轮骡车可承重三千公斤，但顶多可行 300 里（约 175 公里）。相较而言，大运河上漕船的标准载重量是三万公斤，黄河上一艘顺风满帆的粮船可载重十八万公斤（见图 10）。正像明后期一位聪明的观察家所总结的那样，车仅是在“无水之国所以济舟楫之穷也”。[58]（见图 11）

因为明代中国是个舟多于车的国度，各种各样的舟船让人眼花缭乱，每种都是精心设计而成，以随时适应不同的水文环境。大运河上标准的运输工具是漕舫——一种适用于内陆水道浅水区航行的单桅平底运货船。根据政府的规定，漕舫长 22 米，宽 4.4 米。帆与船身同宽，形体笨重，由藤席和竹条迭错编织而成。为了降低成本，有明一代船身越造越大。明初的标准载粮量是 472 石，以后渐渐增至 780 石。这样做降低了总的运输费用，但若发生沉船，损失就大了。随着时间的推移，船的质量也在发生变化。王朝建立之初，以冷杉制造漕船，后来以松代杉。松木成本低廉，但易腐烂。松木漕船的检修次数是杉木船的两倍，前者三年一大修，后者六年一大修。松木船五年就报废了，而过去的杉木船可以使用十年。[59]

至于装载政府官员往来于运河上的船只，其大小与漕舫相同，只是舱房门窗宽敞，装饰华丽，船身漆成红色（见图 12）。在像长江那样的大江中行驶的船造得长而窄，帆小桨多以抗风浪。“不遇逆风，一昼夜顺水行四百余里（约 235 公里），逆风亦行百余里（约 58 公里）。”这种河船是为运送盐课而打造的，但“行人欲速者”也可以租用。[60]

在江南水乡，船舶名目繁多，数不胜数。帆、桨、舵、吃水度之间组合各异，以适应各种可能的不同行舟环境。船的种类成千上万，每种都有各自的地方名称。据16世纪一位观察者的记载，太湖上的船只各种各样：有运石头的“山船”，运商品的“驳船”，装载旅客的“塘船”，用于军事目的的“巡船”“哨船”，还有“渡船”。最适于风浪中行驶的是渔船，这些渔船一年四季日夜穿梭于江南的湖面上。这些船的大小依桅杆之多少而定，从二桅（载重不超过六千公斤）到六桅（可载重十二万公斤）不等。二桅和三桅最为常见，但四桅船集载重量大与灵活性于一身：大可载重六万公斤，而船体又足够小，可以在多数港湾停泊，夜间两艘系在一起，成为一个小型的水上堡垒，一般海盗不会袭击。此外还有“江边船”，从二桅到五桅不等，载重量可达十二万公斤；“厂梢船”，载重量达四万公斤；“小鲜船”，载重不足六百公斤；“剪网船”，船身窄但速度非常快；“丝网船”，仅可乘三人，但在风中行驶相当快；还有划艇，三四人划桨，比“剪网船”还快，可在一般船只无法进入的水域行驶。[61]

太湖及其周围水域船舶交通的便利并不完全在于优越的自然条件。这一地区的水利交通设施在明朝前期经历了大规模的重建。最主要的重建工作是南京东坝的修建。大坝是户部为了控制太湖水位而修建的，过去在多雨季节，太湖湖水经常泛滥，淹没附近的农田和以东350公里的苏州城。大坝还通过水道，将苏州与南京上游的长江港口芜湖连接起来。尽管这条水道上的船只在通过下游闸坝时还需人工牵引，船上货物在上游闸坝处还要换船西行6公里，这一内陆交通线大大改善了苏州与整个江南地区市场间的水路联系，确

图 11　这种小马车用于优雅的短途出行。(《南柯记》)

图 12　一艘装饰华丽的平底河舫遇袭。(《水浒传》)

保了它的区域经济中心的地位。[62] 1403 年，苏州以东的水道建设工程开始，最终成功打造了江南水系的高效水运网络。[63] 这一工程改善了国家交通，加强了国家的控制力，但从中获利最多的还是私营商业。

集思成文

识文断字

像许多识字的和不识字的人一样，王履不止一次地在这个王国的道路上旅行。王履于 1332 年出生在长江口昆山的一个医生家庭。寻求医学知识的愿望驱使他踏上旅程，在明王朝建立的第二年，他北上陕西省，师从一位著名的大夫学医。今天，王履更多地是以一个画家的身份而闻名。留居北方期间，对自然景观的热爱促使他来到陕西最著名的风景区——华山。1381 年，他携家丁艰难跋涉，登上了华山。登上归隐崖（这里是道德典范希夷拒绝入仕、归隐的地方），他在崖正面的一个角落处看到一条狭缝，让家丁进去察看这条缝可以通到哪里。家丁出来后告诉主人：内有四行字。王履在他的游记中写道，由于不识字，家丁并不知道上面写了什么。

这个家丁和明朝前期的多数人一样：看到字时知道那是字，并且知道那是一种重要的文化符号，但却不认得。他甚至连自己的名字都不认识。王履只是称他为张一。作为一名仆人，张一生活在这样的社会环境中：一些事物，包括人名，不需要写出来甚至都不需要命名就能相互理解。张一这个名字，除了表示出生的先后次序之外，也许还代表着别的什么东西，但即便如此，他的父母可能也无力将之以文字的形式表现出来。或许是王履没有称呼他的真名，这可能是因为：称呼他的真名就意味着主人在邀请他跨越他们之间的严格社会界限。

在张一那边，王履面对的是社会阶梯的另一端。虽然算不上富有的士大夫，毕竟也是出身于体面的医生家庭。王履不仅精通医术，而且还通晓传统经学；还是一个作家，撰有医学著作和文学作品。与那个家丁不同，文字对王履来说是截然不同的一回事。在告诉读者家丁不识字之后，他承认自己看不清楚，所以读不出那些字。王履还在著作的其他地方提到自己的近视，说如今老眼昏花，不能作画。这对一个卓尔不群地声称思想仅存在于可视的形式之中的艺术家来说，确是一种非常奇怪的率真自白。王履并不把他自己的弱视看作缺陷，相反却将之视为一种优势。他声言，在靠在明窗的一方净桌上展卷品读旧画，他完全看得清晰，沉静其中，而又不必纠缠于琐细笔法，以致东施效颦。[64] 只是到了 17 世纪，来华贸易的欧洲人带来眼镜之后——1637 年，六艘装载着 38 421 副眼镜的轮船来到中国[65]——这种道家的超然态度才变得不那么迫不得已。

有文化的人和没文化的人之间的社会鸿沟如此之大。明朝政府通过召集抄写者和公众演说家，传布政府所希望人们了解的信息，填补了这一鸿沟。洪武皇帝并没有把这种信息传播的事留给地方政府去办，而是建立了一种公共宣传亭制度，在那里地方官员或他们的代表张贴布告或口头宣传地方事务。在旌善亭张贴和诵读本地道德模范的名字，并在旌表上定期更新新选出的模范百姓名单。在申明亭公布犯罪人的名字和恶迹，以儆效尤。此亭还是解决与婚约、田产、斗殴有关之纠纷的集会场所。[66] 地方长官有责任使这些宣传亭避免流于形式或因时光流逝最终被彻底废弃。然而在明朝的头一个一百年结束之前，大多数亭子已经废弃了，正如 1432 年一个行省官员汇报的那样："今亭宇多废，善恶不书，小事不由里老，辄赴上司。狱讼之繁，皆由于此。"[67]

不识字的人也不仅仅是国家法令的被动听众。他可以在县衙中与政府代表交流意见，洪武皇帝准许那些不会写字但想写状纸的人向衙门里的书吏口述，由书吏写成"口告文簿"拿给知县看。[68]

毫无疑问，不识字的人多得难以计数。但明代前期的许多零散材料证明，当时流行文本书写。比如，洪武帝禁止臣民在信件中使用古代的敬体称谓，这说明那些臣民之间是有相互书信往来的。像明初普遍使用《翰墨全书》那样的信件写作指南，说明人们确实在写信——只是需要一些入门书来教导他们怎么写。

文字也有它的经济用途，经济文书是明代通俗文化的一个组成部分。政府依靠文档掌握土地占有状况，与此同时，个人也通过撰写买卖土地契约文书——这种做法已有数个世纪的历史——来确定买卖土地的面积、地望、成交价格、买卖条件、结果、随土地交割转移的法律责任等。契约文书写明买卖双方、见证人及受雇撰写文书的书手的姓名。每人都在自己的名字下签字画押，保证文书所写的内容符合他本人的意愿、与双方约定的条款相一致。不识字的人画押：只要简单地画一个叉就行了。尽管文书中所见的参与土地买卖的任何一方都不代表国家，但国家在公堂上承认这些材料为土地所有权的最有力证据，借此保证了此类文书的法律效力。唯一可以否定这种签字文书所规定的土地所有权的方法，就是另立一份修订文书或更有效力的文书。

地契并不是明朝的首创。它的最早原型可以追溯到汉代，唐以后开始广泛使用。在关于土地文书历史的著作中，韩森（Valerie Hansen）认为，元代是"契约的语言与理念均已深深地渗透到中国人日常生活中"的时代。[69] 如果她说的是正确的话，那么明代正是以大量的契约文书证明了这种渗透，因为明朝以前的契约保存下来的寥寥无几。现存明朝前期的土地契约中，最多的是徽州地契，那里是许多明代商人的故乡，也是张涛做知县的地方。研究者在当地收集到近千件明朝以来的土地契约文书。（与之形成鲜明对照的是，保存至今的宋元时期的徽州契约文书仅有十几份。）这些文书被人们精心保存了多个世纪直到今天，是由于文书持有者觉得它们值得保存。如果没有这样一份契约文书，他们对某一块或许在他们的家族中已经承继了数代的土地的所有权就会受到质疑，甚至丧失或被取消。拥有这样一份文书，土地所有者就可以最大限度地保证他对生产资料的支配权。

以下是中国学者已经发表的一份明初契约文书，时间是1400年。它来自毗邻歙县的休宁县：

十二都十保胡荫，承祖父户下有田壹号，坐落本都玖保，[鱼鳞图册]玉字柒百捌拾壹号田，取捌分肆厘捌毫。其田东至路，西至李资衮等田，南胡祖寿等田，北汪彦伦田。土名亭子头。

今来为无谷支用，同叔母朱氏商议，自情愿将前项壹号内田，尽行立契出卖与王猷干名下，面议时值价谷壹拾秤，其价当成契日一并交收足讫。

其田今从出卖之后，一听买人自行闻官受税，收苗管业。如有四至不明及重叠交易、内外人占拦，并是出产人自行祇当，不及买人之事。

所有上手来脚，与别产相连，缴付未便，日后要用，本家索出参照不（无）词。今恐人心无凭，立此卖契文书为用。

建文二年九月 日出产人　　　　胡荫（押）契

叔母　　　　朱氏（押）

见人　　　　王丑干（押）

叔　　　　胡隆舟（押）

依口代书人吴志高（押）

今领契内价谷并收足讫。同年月日再批。（押）[70]

关于撰写这份文书的书手吴志高，没有任何其他文字留存下来。他的名字也没有出现在保存至今的同一时期休宁县的其他契约文书中，他也没有写下其他形式的让人觉得值得保存的文字。尽管吴志高会写东西，但他只是照葫芦画瓢，套用书写地契的一些行话。他写的这件文书还不是完全机械地照抄照搬，因为他还知道将这桩特定买卖中一些特别的条款加进去，变更契约的格式来处理一些例外情况，如在这份地契中，胡荫事先与叔母商量一节。很可能是后者从胡荫的祖父那里继承了这块田产，因为她自己没有子嗣，所以将之传给了侄儿。看起来买方很刻意把叔母同意一节写进田契，因为胡荫的任何亲属，尤其是他的长辈，一旦宣称土地是自己的，这桩买卖即宣告无效。这种担心就足以解释为什么在田契上还有朱氏和叔父胡隆舟（可能是她的兄弟）的签名：保证长辈这一关已经过了。以后的地契倾向于使用一种更简单的形式，说明卖方已经征得所有亲属的同意，任何人都不会说土地是自己的。

吴志高不是休宁县唯一的书手。像其他县一样，休宁县里这样的书手没有成千也有上百，以满足人们录写文字的需要。明朝前期有成千上万的职业书手，分布在全国各地，他们的存在极大地便利了明代经济生活中的文书书写。士人读书，是为了参加科举考试并借此爬上社会阶梯的顶端，是为了给他们的学识赋以更永久的使用价值，同时将自己的名字留在保存相对完好的材料中，与他们不同的是，这些书手多数都已消失于我们的视野之外，只是他们写的那些薄命的文书凭借偶然的机会生存了下来，才打破了原有的沉寂。吴志高很可能也是怀着为国效力的初衷开始读书写字的，但却考场失意，最终以这种形式服务于社会。

还有最后一个问题：朱氏的签名。如果那是她的亲笔签名的话，就说明一个普通的妇女也会写字。现存的大多数文字都出自男性之手，但一些妇女也同样识文断字。提到明朝前期女性的识文断字，就让人联想到她们的有学问的父亲。何慧莲的父亲教她读儒家教育的基础课本，如《论语》《孝经》，并且将她的婚期拖延到她二十岁时，最终将她许配给一个穷书生为妻，何氏后来还卖掉自己的珠宝为他买书。[71] 海南卫镇抚程凯的女儿十七岁嫁人，据说她除了“有德容”

之外，还“颇涉书史”。[72]

在大家闺秀的小圈子之外，一般妇女大多仅具有基本的读写能力而已。当洪武帝于1372年派太监到苏杭选征有文化的成年妇女进宫教嫔妃们读书写字的时候，发现了这一点。四十四人被选中带到南京，但后来仅有十四人通过了为她们出的考卷；其他三十人都未达到考核要求的知识水平而被遣送回乡了。（他的儿子永乐皇帝好像不怎么关心宫廷里的文化水平。1423年，当他选征节妇到宫中去教他的嫔妃时，条件是无子女，而不是有学问。不到一年，又一次降低条件，规定这些人也可以结婚，只是不能把她们的孩子带到宫中去。）[73]

刻印

如果说明代前期文书数量很多的话，同样，这一时期书籍的印刷数量也很大。这一点，在前述关于买课本、诵经典、使用印行出版的尺牍指南写信等部分中的零散材料已有表明了。像契约的撰写一样，雕版印刷在明朝以前就已发展到了很高的水平。明朝之所以在印刷业发展史上占有突出地位，在于这时印刷的数量和品种大大地增加了。明代的印刷水平，仅就其技术过程来说，除了一些细枝末节之外，其实较前代并没有多大变化。但从组织印刷材料生产的整个社会过程来说，印刷水平确实提高了。纸墨被大量地生产出来，书版雕刻队伍激增，工价很低，为提高印刷速度发明了新活字，出现了新的排版方法以将更多的知识压缩到书页中去，广泛的印刷品流通网络建立起来了。对此，明朝政府也功不可没，早在1368年明朝建立之初，政府就不再对书籍征税。

即便如此，明朝前期印刷业的发展还是比较缓慢。画家兼医生王履就是一个很好的例子。他写了许多关于医学、天文学、风水和社会生活的书籍，然而仅有《医经溯洄集》一书存世，还是后来补印的。在明朝前期，知识都未能转化为书籍的形式，还有许多知识仅是一方一地之学，这就是王履踏上旅途拜师学艺的原因。书籍还不普遍——相应地，书籍价格也很昂贵——这在明朝前期的许多著作家那里都有提及。[74] 那些渴望读书但又买不起书的人别无选择，只有手抄。只要他们与私人藏书家有联系，而且藏书者认为他们不会赖账，他们就可以去抄书。洪武帝早年杰出的谋士宋濂（1310—1381）这样回忆他在14世纪20年代时抄书的情景："余幼时即嗜学。家贫，无从致书以观，每假借于藏书之家，手自笔录，计日以还。……不敢稍逾约。以是人多以书假余，余因得遍观群书。"[75]

除了书籍印行之外，印刷术还被用于其他用途。根据史书记载，坊间成功仿造了政府印行的印刷品，这成为明朝前期印刷技艺发展水平的标志之一，其中最著名的，就是对洪武朝曾一度试行的纸币的仿造。伪钞印制数量很大，据说只有极具眼力的人才能辨别真假。被委派监管纸币发行的，是朱元璋的太子朱标，据说他尤善于鉴别伪钞。[76] 同样的问题困扰着国家的盐、茶专卖制度。政府卖印制的盐、茶引给商人，作为准许他们经销这类国家保护性商品的凭证。每张引券上都印有伪造盐（茶）引的可怕后果的警告和对告发者的慷慨奖励："伪造茶引者，处死，籍没当房家产。告捉人赏银二十两。”[77] 很可能茶引伪造的规模很大，才使这种警告成为必要。

印刷术也用于处理地方官员的公务上。地方官员要印制每年的年历，因为制定日历是一种国家特权，不允许书商操作。他也可以印行其他的基本材料。根据一本1404年私人刻印的手册《牧民心鉴》的建议，地方官员可以草拟两个简单的表格，分别标明王朝的主要礼乐仪式和法律，然后印制出来，发给各个家庭挂在后堂，使人们每天都能看见。[78] 更为普遍的是，地方知县还要印制多种档案文件，比如里甲的各种登记表格。洪武帝向他的地方官员印发了一种登记样表，要求他们复制后做成印版。知县们首先要按照本县的户口状况制成一个草表，确定表格与当地情况相符后，将表格印制出来发给各里长及他的属民。表格填好后，交回县衙。由各县装订成册，名为“黄册”。（另有土地统计清单，根据形状名之为“鱼鳞图”，印发和回收也遵行同样的程序，装订成册后称“鱼鳞图册”。）这些黄册每隔十年向省城的布政使司上交一次，然后再汇集到南京的户部。户部对黄册进行检查，然后转交到专门的后湖黄册库进行存档。这种制度需求的文本存档量很大。1550年的户部志记载“明初”（可能是指14世纪90年代）该部收到黄册53 393本。[79] 省一级的布政使司也有自己的黄册架阁库，存放汇集到省的堆积如山的印刷品表格。[80]

制造这些文册给各县带来了沉重的抄录任务。（它也同样给里长带来相当的经济负担，在一个明朝后期地方官员的心目中，若将这些花费用在他处，足可“富国强兵”。[81]）如果只是刻印原始的表格，那么不识字的人也能干，但表格的填写和校对就需要一批识字的人来完成了。一本广东方志告诉我们：为了编造本县黄册，知县必须向乡一级派遣书记手。此外县一级还要有一个总书记来抄录、校对和总结上报的材料。在基层，他命令各里长推选本里能书会算者一人做书手。[82] 明朝前期的知县基本可以征募到足够的识字人来编制这些黄册。

洪武皇帝完全明白思想能在社会中自由流通的方便之处。他从来都没有想过要垄断出版业，或是由国家控制出版商，或是像宗教改革时期的欧洲国家面对新技术革命时所做的那样，禁止某些特定书籍的出版。[83] 与欧洲人不同，这位中国皇帝是通过大量印行他想要人们阅读的书籍的方法来控制出版业的。这些书籍包括：各类学校课本的标准版本（以儒家“正”经为内容）、行政手册（法律、礼仪、行政规则、为官百科知识）、[84] 初级道德读本。汇集他个人的劝谕和斥责的书籍被列入必读书目。在连续出版的《大诰》三编中，洪武抨击了他所认为的政权中存在的无限罪恶和腐败行为。该书在1385 年 11 月至 1387 年 1 月间连续印行，被指定为国子监及其下各级官学生员的必背书目。之后，在他统治的最后一年中，又出版了他的《教民榜文》，在这本书中，他号召人民与他一起铲除恶官。洪武的这些书传播范围很广，这可以从《大诰》发行数年后出现的一首诗中看到：

天语谆谆祸福灵，
风飞雷厉鬼惊听。

挂书牛角田头读，

且喜农夫也识丁。[85]

这种勤勉农人的形象充其量不过是一个美丽的神话，以此说明国家权力的高峰不是完全向普通人关闭的。再者，假如文盲充斥整个国土，这种神话本身也就没有意义了。而事实并非如此。这里有足够的读书人，国家可以通过书籍出版，将他们的壮志与其统治捆绑在一起。通过私人出版业，一个读者的世界逐渐形成，它将比国家的通信王国更加广大、更加多样，但此刻时机尚未成熟，直到十六世纪它才正式出现。

经济和贸易

洪武皇帝心目中的农村社会理想是一座座稳定的、相互孤立的村庄，经济上自给自足，生态上循环自生。王朝末期，张涛以一种浪漫的旋律重奏着这种理想。妇女们待在家中生产家庭所需的布匹，男人们出门去照料田里的庄稼，男耕女织，村与村之间不相往来。但与现代人对工业社会前的农业社会的错误理解正好相反，中国的村庄从来就没有完全与外部世界隔离过。中国的男人和女人们也不总是按照为他们设计好了的理想的性别角色生活。方志编纂者们很喜欢能够这样向人宣示："男务农桑，女勤织纴"，或"一女不织，民有寒者"。华北平原上的一位方志编纂者很高兴能够这样向人介绍他笔下的两个乡村色彩更浓的县。[86]

然而，在他所处的地方经济中，女子足不出户坐在织机前为全家人的衣着而织作的形象似乎只是一种神话。洪武年间一部江西方志的编纂者这样写道："男女少长，惟留一二守舍，余悉在田。"同一作者还提出这些男女生活在一个多变的世界中，他对此很不满意。"邑境倚山"，本应使当地人与外界的腐化影响相隔离，但因"当驿道之交，民性无常"。他注意到有一些当地人成为热忱的学者，一些以禄仕而显贵，但也"有逐纷好竞、嚣玩不遵者"。[87]

从远古一直到今天，犹如田园牧歌般的农村生活不断重复上演，迎合了统治者渴望长治久安的政治心理。但即使在明朝前期，这也仅仅是一幅理想画面而已。农村社会生活的现实与此大相径庭。不仅仅是女子下地劳动，而且不论男女，都在国家维系的通衢中交换产品，各取所需。一旦明政府恢复了贸易所赖以发展的交通系统，从而改进了人与物流动的速度和环境时，商业只会变得更为活跃。到 15 世纪的第二个二十五年，为数可观的生产者将他们的剩余产品卖给地方市场，一些货物甚至被长途贩运到别的地方。

经济领域中的国家

不管他在诰文中怎样礼赞静止不变的自给自足，洪武皇帝并不是不知道商业的经济功用。他很愿意给商人一定的自由度，从事少数几种国家垄断商品之外的物品的收购、转运和出售。他最关心的是商人的注册登记，尽管他并没有像对待工匠和士兵那样，为商人建立专门的以原籍为标准的户口登记簿，以便将他们和农民区别开来（工匠和士兵另立户籍是为了保证特定的财政赋役征收）。与工匠不同，商人的注册登记是以一种承认他们的流动性的方法进行的：他们要向各地政府特许的商行经纪人提供自己的名字和所携商货的状况，经纪人将这些情况登录入册，每月一次上交知县审查。没有材料表明，这种可操作性极差的自我申报制度曾经被切实遵循过。

地方经纪人是明代中国商业世界中的重要人物。14 世纪的一份货运合同显示，一个经纪人或“保人”会替想要运货的商人筹办雇用船商事宜。经纪人不仅以交易双方中间人的身份出现，草拟合同，还要负责向商人担保在运输过程中船商不会敲诈勒索，一旦由于疏忽而造成财物损失，船商要负责赔偿（晚明时期的一本历书保存了这份合同，同时提醒商人只和那些可靠的经纪人打交道）。[88] 即使是在明以前，大规模批发贸易也包括三个独立的法人：拥有货物但不亲自运输的商人；为商人租船、雇水手、安排运输的船商；既无货物又不负责雇船，只是依靠他熟知地方市场状况的知识来安排对双方都有利的商业合作的经纪人。

在商业领域，洪武皇帝确实想要控制物价。亲身经历了元末恣肆的通货膨胀，这位皇帝将稳定商业价格作为他的政权的一个主要目标。但是，他并不试图规定某种商品的价格，而只是要求商人做到平买平卖。《明律》规定，商人哄抬物价，行同贿赂，要依照相关法律治罪，处罚的轻重视他所卖的高价偏离市场价格的程度而定。囤积居奇、操纵地方市场、从中牟取暴利，要处以杖刑八十。为进一步保护消费者，规定商人只能使用标准的度量衡工具，必须做到货真价实。[89] 每当发生价格争议时，要由地方官员来确定一个公平的市价。地方官员无论如何都要在每月的上旬内根据实际市场行情拟出一个市场价目表，作为管理地方市场交易的依据。1404 年的一份手册提醒各县的父母官要观察掌握市场价格行情，以免统治区内的人民觉得他是在有意欺瞒。[90]

洪武皇帝干涉商业经济最不成功的一招，就是试图使白银退出流通领域。白银是明代经济的主要交换媒介。铜也在使用，也在铸造铜币，但价值很低。高额款项的支付是以非铸币形式的白银（以两计算）完成的。市场上的银匠将银分割、称重，然后熔铸成规定价值的银锭。洪武帝希望通过限定银的开采量限制白银流向市场，像蒙古人那样以纸币（宝钞）代替白银的方法，人为地迫使白银退出流通领域。但纸币从来都未在明人心目中确立起威信。政府所能做的，至多不过通过法律赋予其类同于盖了官印的政府文件的效力，同时规定破坏纸币属违法行为的方式，来保护那些纸票的实际存在而已。例如，1384 年一对夫妇打架时撕毁了一些纸钞，法官援引上述的模拟法，认为应该打一百大板。8 月 16 日这天，案子告到了洪武帝那里，他那天肯定是心肠一下子变软了。“彼夫妇一时私忿耳，非有意于毁钞也”，分析案情之后，他做出决定：“宥之。”[91]

尽管这些法律千方百计地保护纸币，但人们还是宁可使用贵金属而不是“宝钞”。对白银的需求没有减弱，走私白银的诱惑也没有从这块土地上减退。急于增加国库收入的永乐皇帝一反他父亲的白银政策，授权在整个中国南部和安南交趾、缅甸地区的宣慰司重开银矿，提高白银开采限额。白银生产盛极一时，至 15 世纪 20 年代，白银的年产量达到了一万公斤，并继续保持强劲势头直到 40 年代

(这些数字仅仅反映合法银冶中的国家白银收入，不包括遍布华南山区的小银坑中私人开采的少量的白银)。[92] 由于国家机器对贵金属的庞大需求量，永乐提高了白银的生产额。永乐比他的父亲更好大喜功，不仅发动多次大规模的军事行动，而且还派遣以太监首领郑和（1371—1433）为首的船队六下西洋，进行大规模的海上探险。在郑和所到的东南亚和印度洋地区，这些海上冒险刺激了当地的生产和贸易活动，他们带回了各种各样的既有利可图又让人惊奇不已的物品；但是船队并不能保证自负盈亏，还得由国家支付所需费用。对白银的需求和相对开放的海洋边境使外国白银开始渗入中国经济中，这反过来又在一定程度上刺激了15世纪的商业繁荣。

洪武统治时期和此后的一段时间内，商业的发展很大程度上是由于他本人恢复经济的措施。一旦稳定的社会秩序在农村重新确立之后，那些自给自足的生产者发现，如果年景好的话，生产还有剩余，他们很愿意出售这些剩余品。假如商人仅仅是买卖这些剩余品，以有济无，而不是像那些多疑者通常认为的那样操纵市场、欺诈生产者和消费者的话，他们就会在道德理想的建设中发挥经济作用。使商人有能力超越上述简单的角色，发现并填补丰与歉的自然间隙、从贫与富的不平衡中获利的，不是他们的机智和贪婪——与儒家的抱怨正相反——而是财产的可让渡性和交易的自由度。洪武将农村重建为一个封闭社群网络的规划，或许是在重复那个古老的社会理想——保证耕者有其田和限制地方统治阶层的扩张，这一理想可以一直追溯到汉代，在唐宋时期又以各种形式不断重复出现。但只要他不禁止买卖，上述的丰歉之别和贫富不均就会带来物品的买与卖，并最终导致劳动的买与卖。洪武设想商业将始终保持在城市范围内，他从未想到要在农村开辟一个合法的贸易场所。但在中国农业社会系统之内，农村正是商业活动中最基本的商品来源地。

除了被动地裁决商业纠纷之外，政府并未建立专门的机构来服务商业交换、监控商品交易，或者保证财政平衡。政府主要通过以下方式进入商品流通领域，确保社会稳定和筹集政府所需资金，包括：对有关国计民生的几种重要商品（盐、茶和矾）实行垄断贸易并规定其价格；征收直接税项（商税的征收标准是3.3%，比较适度）；在国家水运网络上设一定的榷关征收过境税（比如，1429年在从北京到南京的大运河上设钞关七处，用以监控漕粮运输和对私人货物收税）等。与传统的看法相反，洪武政府其实并非有意压制商业。这位皇帝确实希望，通过限制商人在公共场所显示财富，商人的社会力量可以有所抑制，他在1381年下令禁止商人穿用丝绸就出于这种初衷。[93] 但除此之外，他并未对货物的商业流通给予多少关注。

生活在商业化环境下的人多持此种态度。尽管按照儒家的传统说法，地方社会中商人的存在是社会病态的象征，但明朝前期那些居住在市场经济发达地区的作者，大多都轻松自在地面对商人的存在，并未表现出任何忧虑。14世纪晚期，在长江以北大运河上的扬州，其地方志编纂者这样写道："江都（即扬州）当江淮之冲要，俗喜商贾，不事农业，四方客旅杂寓其间，人物富盛，为诸邑最。"[94]

粮食供应

商品中，明朝政府最关心的是粮食。问题并不在于是不是从事粮食贸易可以挣钱，而是在于粮食歉收会危及政权的稳定和安全。像著名文学家徐渭（1521—1593）后来所写的那样：唯有衣食无忧，百姓才会忠顺。[95] 这正是1420年永乐皇帝询问波斯使节他们国家粮食的贵贱时脑子里所想的。当波斯使节告诉他本国谷贱粮丰时，永乐回答说，谷贱粮丰是由于波斯统治者真正心向上天，他的所作所为符合上天的意志。[96] 他正是希望自己能成为那样的君主。

官仓储粮，是确保人民可以得到粮食并且让人民负担得起的传统做法。通过存储粮食和在需要时分发，遭遇荒年时政府官员可以提供直接的赈济。他们还可以通过向市场投放储粮的办法抑制粮价的上涨。在他统治的第一年，洪武就下令全国所有的县都建"预备仓"四座，以备荒年。[97] 这一命令几乎得到了普遍的遵行。然而，到了明代中叶，没有几所预备仓存留下来。预备仓的衰落或许像洪武皇帝所期望的那样，是地区粮食实现自给的反映；或者更可能是各地知县过于忙碌而无暇顾及，或是经费压力太大而无法继续维持粮仓的建设。

预备仓的衰落或许也恰恰表明，当粮食紧缺发生时，可以通过其他方式得到缓解，主要是鼓励商人从其他粮价低廉地区粜进粮食。或许会像1432年南京刑部右侍郎那样抱怨道，由于储粮过少，苏州在生存危机面前可能会不堪一击，[98] 但他并没有注意到苏州在这种情况下往往应付自如，因为那里的商人支撑着一个足以保证那座城市粮食供应的商品粮市场。明朝前期的京官们还没有完全适应粮食市场的现实，与其说是由于儒家思想对商业的藐视，还不如说是由于那时的粮食市场还未发展到王朝后期的水平。

商人

关于明朝前期商人的来源，一般认为，人们转而从商是由于他们无法待在家里，无法像通常所想象的那样靠耕种土地为生。面对饥饿，他们走上了商贩的道路，如果幸运的话，还可以从事更赚钱的买卖。来自明时山西省的报道——这个地方以当地人善于经商享誉全国——反映了这一规律："（泽）州介万山中，枉得泽名，田故无多，虽丰年，人日食不足二鬴。"于是，当地"无寸尺之地"者转而从事商业、锻铁业和食盐零售业。再有，上党地处群山之间，极少商人会到那里，但土地是如此贫瘠，人们只好从商。由于当地几乎不生产什么，每十人就有一人离乡。[99] 由于生产水平低下、不足以维持当地人口的生活，在未被卷入发达商业网络的地区，那些最贫穷的人背井离乡，到外地做小本生意来营生。既无先例又无经验，他们选择商业，完全是绝望情况下的一种迫不得已的行为。仅有极个别人能够发展到更高水平的商业经营。绝大多数始终都停留在商人阶级的最下层，为商业提供便利，但却不能操纵它。然而，正是他们走街串巷的零售贸易保证了明朝前期经济的顺利运行。

从事批发贸易的商人都会面临长距离运输的困难，特别是在明朝前期，交通运输业的各个子系统处于恢复发展阶段。商业旅途是要付出代价的。明朝前期的列女传常常提到她们做商人的丈夫死于交通事故。14世纪扬州一列女传说，因"夫出经商溺死"，她成了寡妇。在扬州，遭遇此种不幸命运的妻子并非只此一人，另有一寡妇，据载丈夫是在溯江去南京的途中淹死的。[100] 经商途中被水淹死在商人圈中是相当普遍的事，或者至少可以说是相当可怕的事，所以在明代一般的木工手册中都把这看作恶毒的房屋建造者制造符咒的结果。“覆船藏在房北地”，书中警告说，房主人“出外经营丧江内”。[101]

儒家思想对商业收入的否定态度更增加了从事贸易者的艰辛。商人处在古代“四民”的最底层，商业是最不受人尊敬的职业。四民的次序是士、农、工、商，地位依次递降。这种整齐划一的模式至迟可以追溯到东汉，到蒙古人统治时期曾一度瓦解。蒙古人为了控制统治下的汉人和南人，引进了数十种新的户籍划分类别。洪武和他的智囊团又恢复了四民之制，将它作为固定社会劳动力划分的模板。1385 年，这位王朝的奠基者命令他的户部尚书“申明天下：四民各守其业，不许游食”。[102] 洪武并不是寝食难安地想要利用四民的划分来界定人们的职业，或者是创立一种严格的种姓制度，而是把它当作一种简便快捷的手段，去维持应当在地方社会中普遍存在的、稳固的社会等级秩序：是一种道德意义上的而不是硬性规定的类别划分。所有的人都会注意到，还有许多人是怎么也塞不进这一模板的。比方说，那本地方知县手册《牧民心鉴》就将民之正业概括为“官、军、医、筮、士、农、工、商”，遗憾的是，它仍然将商人排在最后。[103] 洪武在其中为他个人寻找位置时，就不再遵守四民之说了，有时他还将僧、道加在商人之后，成为六民。[104]

明朝前期的方志编纂者固守原有的职业划分，继续侮辱蔑视商人。他们将地方社会描绘成一幅幅四民各守其业的图画，好使得这种对商人的污蔑显得可信。最好是将之描绘成仅有士人和农民的地方社会图景。因此，一位方志编纂者这样夸赞山西东南部的潞安府：

"民多俭质而务农，士尚气节而务学。"工、商干脆就从这幅图画里消失了。在邻近的沁州，工商是被提到了，但被缩减到了最小的程度："其俗勤俭朴实，专力耕农，少事商贾。"[105]

明朝前期，除了极为偏远落后县份之外的所有地区，有时甚至是在这些偏远落后的县份，商人的力量都在增长，尽管他们的社会地位极为有限，士绅阶层连看也不看他们一眼。洪武通过限制奢侈性消费这种温和的做法，将商人置于相对于其他职业更低的社会地位。我们已经知道，他禁止商人穿用丝绸——为了回避这一命令，富有的商人采用只在家穿用，出门时换掉或者在外面再罩上一件别的衣服的办法。如果这位皇帝觉得有必要人为地限制、阻挠的话，那恰恰说明人们只要有机会便巴不得弃农从商。士绅强加给商人的污蔑或者微不足道，或者根本就不存在，至少在讲求实际的穷人那里是这样。

市场

明前期商人们正在营建的日益扩展的贸易网络上，市场是真实可见的结点。凡是有商货流通、集散或大规模运输的地方，都有市场出现：通常是县治每天都开的永久性市场（在明初，仅有为数很少的内陆县治没有这种永久性市场。到15、16世纪之交，所有的县治都有了）；也有定期开放的集市（各地开放频率不同，从每月三天到十五天不等），它们分布在河流上的军事要塞，沿着交通干线伸展，或者位于道路或河流交汇的地方。地方官员在这些市场内收税，偶尔也承担监控的角色；有时也参与市场的建设，但多数情况下还是将市场的维持和运转留给商人去解决。

像南京那样的少数几个大城市有多个全天开放的市场，每个市场都有不同的分工。1395 年的南京地方志列出了十三个市场。市中心的大市场是经营各类商品的总市场，那些分布在城门外的市场则各有分工。买当季的水果，要到三山街市；买鱼和菜蔬，到洪武门的新桥市或北门桥市；买衣料、茶、盐、纸张，到清凉门外的市场；买竹子，到聚宝门（卢立的砖就嵌在这里）外的来宾街市；买木炭，到金川门外的龙江市；买粮食，到西南郊的江东市；买盖房子用的木料，到西北角仪凤门外的河边市场。[106]

市场网络将各种资源集中到像南京那样的主要区域性城市中，这种能力以明朝政府意想不到的方式塑造着明朝前期的社会。苏州就是一个典型的例子。该城市曾经是洪武的主要对手张士诚的基地，也是蒙古统治下士族地主势力的主要聚集中心。在他统治之初，洪武皇帝加派几乎难以承受的赋税，同时实施强制性的移民，试图使苏州屈服，并企图通过大量投资建设南京，赋予它国都的殊荣这些办法来压倒苏州。但他的计划最终流产了。由于商业化经济的强大力量，苏州最终还是坚强地承担起了这位皇帝加在它身上的赋税负担。事实上，这个赋税负担迫使人们不得不寻找新的赚钱方法，或许还进一步刺激了苏州的商业化。

永乐皇帝放弃了他父亲的计划。他将主要都城迁到北方，很快放弃了洪武将南京建设成区域性经济中心的宏伟规划。虽然大运河同时将苏州、南京两座城市与北京连接起来，但连接南京和大运河的仅仅是一条次要的河道。运河的主干道经过苏州。大运河的重修有效地将南京置于二流位置，确保了苏州发展成为跨区域经济联合的纽带。到 15 世纪中叶，苏州完全恢复了王朝建立伊始它被剥夺了的繁荣。[107] 南京慢条斯理地成为一个政治和文化中心，但缺乏苏州那样的与剩余产品生产区的经济联系，仅在个别商品范围内可以与苏州相抗衡，最明显的就是奢侈品，这我们在后面还要提到。江南地区在商业上堪与苏州抗衡的另一座城市是杭州，但它位于沿大运河南下两百公里处，离长江三角洲的中心地带就更远了。像崔溥觉察到的那样，杭州看起来更多是苏州市场的商品供应者，而不是与后者并驾齐驱的地区性商贸中心。

奢侈品贸易

由于缺乏系统的研究，对于明朝前期像粮食、衣料这样的基本生活必需品市场，我们所知甚少。今天比较容易重现的是奢侈品贸易，因为一些士人有这方面的记载。明代前期的城市市场都出售有钱人所需的昂贵物品，如高档家具、高级丝绸、妇女用的装饰品，甚至还有用西伯利亚进口的黄桦皮制作的剑鞘。[108] 这类商品仅在少数地方生产，也只有在像南京、苏州和成为国都后的北京这样的城市中服务士族消费者的市场中才有销售。[109] 尽管我们对这种贸易的规模一无所知，但至少可以知道上层士绅阶层认为它是怎么运行的，透过这种运行足可窥见有钱人商业生活之一斑。

皇室是精湛手工制品的最大消费者，或是通过市场购买或是通过赋税征收的方式，消费数量相当可观。一些手工业品的生产是在京城的官有作坊里进行的。比如说，景泰时期（1450—1457）在宫廷内深受欢迎的铜胎掐丝珐琅（景泰蓝）酒杯，是来自云南的穆斯林工匠专程来到皇宫里制作的。[110] 皇室也从京城外的特色手工制品生产地的私人作坊里购买手工产品。这种活通常都交给宦官去办，通过驿传系统船运回京城。从苏州运来丝绸，从杭州运来刺绣，从福建运来纸张（西山纸），从江西运来瓷器（景德镇瓷）。宫廷需求刺激了这些手工业部门的发展，还创造出一大批产品的新式样。为满足那些热衷于追逐社会地位的有钱人的需求，私人作坊争相仿造这些式样。

上层士绅阶层是昂贵物品的热切消费者，但他们分散在各个地区，使我们很难估计他们的需求给生产带来的影响。但他们渴望得到的物品是哪些，又是如何获得这些物品的，在《格古要论》一书中有记载。《格古要论》是一本关于高档文化手工制品的消费指南，反映了明朝前期奢侈品贸易的许多方面。该书作者曹昭，出生在松江的一个富人家庭，他家里有各种各样的文化产品，他的鉴赏指南就是基于这些收藏而写的。他的著作于 1388 年首次在南京刊印，15 世纪 50 年代由王佐（1427 年进士）增补。王佐出身于江西一个盛藏古董的富人家庭。增补本（上有写于 1459 年的序）三年后在杭州印行。《格古要论》一书关注的对象是古董：古青铜器、古字画、古代金属制品、瓷器、漆器。越古老的东西，其文化价值越高，因为它们将拥有者与让人无比崇敬的过去联系在一起。这些古物的实际售价也很高，这一点曹昭在书中多次提及。作为一个热忱的古物收藏家，曹昭对当代的手工制品几乎不感兴趣。[111] 他也确实提及一些当代手工匠人，如江西泰和的墨条制造者龙忠迪、浙江嘉兴杨汇的漆器制造者等，但通常都对他们的作品持批评态度。他对这些作品的贬抑可能是古物收藏家对当代作品的偏见；也可能是由于明朝前期的手工艺品生产还没有达到明以前的最高水平。王佐在谈到当代的手工艺人时似乎就没有那么不耐烦。[112]

这本书从审美的角度组织文字，但曹、王二人也并不仅仅沉湎于款式、格调的品评，他们还很热情地提醒读者，古董商人并不总是值得信赖，他们出售的也不都是高质量的真品，宣传自己的货品时也常常掺有水分。为了使普通的对象有销路，他们使用的方法之一就是冠之以错误的但吸引人的名字，比方说将极普通的霍州瓷称作“新定器”（定瓷很名贵，而霍州瓷则毫无名气）。曹昭还讲到南京的古瓷器商人都有他们自己的行话：称有残的物件为“茅”，称打碎了的物件为“篾”，称釉色不好的物件为“骨出”。凡是卖得好的产品肯定会被人仿造。明初最精美的镂花红漆器来自云南大理，但别处的生产者仿造得极为成功，这些仿造品在南京市场上很畅销。同样，13 世纪嘉兴彭君宝制造的戗金漆器非常有名，到 15 世纪时，南北两京的工匠皆能仿造类似的产品，只是更简化。

工匠们挖空心思仿造昂贵的真品，制作出廉价的替代品，明朝前期的奢侈品市场也以同样的方式寻找进口商品的替代品。因为市场上流通的许多昂贵物品都是用中亚进口的原材料制作的，这就诱使生产者设法以低成本生产同类物品。比方说当时流行钢制器物，曹昭说优质钢是以比白银还高的价格从国外进口的，但产于甘肃的定西钢，是一种相当不错的国内替代品，中国北部的工匠用这种钢制造锋利的刀剑，成本比进口钢材低了好几倍。王佐说，在他那个时代仍有定西钢生产，不过使用的是广东、福建和湖广南部的铁矿，但湖广钢性脆，不可用。[113]

奢侈品贸易对生产发展的刺激，还来自对奢侈替代品的需求。生产者工匠想把产品卖给富有者，稍次一点的富有者想买富有者买的东西，两股力量不约而同地聚合在一起，一个活跃的奢侈替代品市场由此产生了。精明的生产者和商人通过使用次等原料或加快生产过程，制作出成本较低但足以以假乱真的时髦商品，悄然跻身于这一有利可图的市场中。当商品保持在原始价位时，市场鼓励进口的或同等质量的替代品，因为便宜的替代产品可以降低产品过分高昂的原始价格，当真品买不到或买不起时，赝品就会挤进来填补市场空白。当然，这一趋势需要富有的收藏家警觉起来，因为随着奢侈品消费而积聚起来的社会资本，会因购买赝品而有所损害。王佐提出了许多防止购买劣质物品的建议。假如你想要得到一件上漆嵌螺钿家具，他建议你亲自监视工匠在自己家里打做，这样才能确保货真价实。[114] 高雅文化通过可获得的物品来确认不同的社会地位，这一特征决定了上层士人别无选择，只有和市场打交道——并且要警惕市场上可能出现的危险。

《格古要论》一书所包含的知识也成为它自己所品评的商品之一，正像柯律格（Craig Clunas）所评述的那样："所有那些想要探求如何将经济实力转化为文化地位的人，都可在市场上买到这本书。"[115] 明朝初期，《格古要论》对新王朝的士族教育来说尤为实用，因为他们大多数并不是出身于具有良好的文化品位和鉴赏力的家庭。得有人告诉他们，古锦帐"虽富贵可爱，但可装堂遮壁，非士夫清玩也”；景泰蓝“香炉、花瓶、合儿、盏子之类，但可妇人闺阁中用，非士夫文房清玩也”。[116] 因为“博古博物，君子所当务”，新一代的士家子弟就得接受这样的教育：应该收藏哪些物品，如何获得这些物品。曹昭的秘传鉴赏知识使他有资格取笑那些花高价购买定瓷的财主，因为近期生产的定瓷工艺质量太差，在真正的鉴赏家眼中，它已经不值钱了。当提及一位南京的侍郎家中的一副屏风上镶嵌的劣质石头时，王佐头脑清晰得简直有些残酷。他说因为石头质量太差，这位侍郎不得不用化学药品染、用刀子刮，这才使那屏风看起来像回事。[117] 通过这种夸张的辞藻，这部著作为自己创造了一个读者群，即那些不愿因购买令人作呕的定瓷和使用化学药品来润饰嵌在屏风中的石头而让人当笑柄的人。这种手法同时强迫读者将自己摆在被动位置上，完全接受作者在所有古董鉴赏品位上的权威地位。谁不想把自己摆在无论在文化品位还是商业头脑上都优于那位粗俗得连自家的屏风都选不好的侍郎的位置之上呢？

因此，贵重物品的商品生涯在构建明朝前期的社会等级阶梯中发挥着举足轻重的作用：以这种方式将新富们置于传统士大夫家庭的权威之下，因为他们首先得向这些家庭学习，获取文化的“准绳”，转而又沿着绳子往上爬，超越那些在他们看来已落伍于士绅标准之后的士大夫家庭。具有悖论色彩的是，《格古要论》重新界定了士绅的身份，从生来就是士绅的人们那里，转移到了那些有钱购买但尚需学习应当买些什么的人当中。一旦这种知识以昂贵书籍的面目出版、流通，所有渴望获取士绅身份的人都可以找到攀登的门径。

贫富差距

如果说文化财产的占有和阐释有助于强化上层士绅间的身份差别（并且允许人们通过一定的途径进入这个阶层）的话，土地财产的占有则提供了整个社会等级阶梯赖以建立的基石。土地被尊为传统社会等级秩序的基础。它是食物和财富的源泉，也是明朝前期将富人和穷人联系在一起的社会关系的纽带：那些拥有土地或可以通过其他手段获得土地的人，统治着那些没有土地也无法获得土地的人。但它并不是固定的社会关系的稳定基础，因而也无助于营建一种固定不变的社会关系。像古董一样，土地也是一种商品。你可以买，也可以卖，还可以抵押，以市价出租，甚至可以以此赚钱，全然不用顾及那些拥有者和非拥有者赋予它的文化意义。

洪武皇帝深知，在这样的社会条件下土地占有量肯定不平均，对此他仅仅采取了温和的手段来弥补。他建立里甲制度肯定是基于这样的理解：里甲中的所有人户应有足够的土地维生，尽管他还额外另立了一个类目来登记无地户。他希望将甲首、里长和粮长的沉重负担加在富有人户的头上，随着时间的推移，这种制度将使各户向着土地平均化的方向发展。为了反对地主土地所有制，他所采取的最强烈的干预手段，就是实施各种各样的移民工程，以及在江南大地主身上强加沉重的赋税。当他在 1380 年减轻赋税负担最重的四府（苏州、松江、嘉兴、湖州）的赋税任务时，仍然不忘提醒当地政府官员要警惕逃避赋税的欺诈行为，因为那将意味着——用张涛将在“夏”季里使用的那句话说——“富者愈富，贫者愈贫”。[118]

所有这些措施和警告都未能阻止明朝前期一个占有大量土地的士绅阶层的成长。1432 年一份给户部的冗长奏章，讲到了困扰南直隶财政制度的种种问题，巡抚周忱证实了洪武的担忧。他说，“大家”多荫庇本应是独立纳税户的人口。[119] 四年后给皇帝的一份奏折批评江南“常熟、江阴诸处富豪军民粮长之家”——均是大土地所有者——参与贩运大量私盐到内地的江西和湖广去。[120] 这一记载表明，土地并不是明朝前期贫富分化的唯一途径。为了说明富人何以变得更富，食盐走私仅是上奏者选取的一个例子而已，我们应当从更广泛的意义上理解它，并且注意到：江南的一些富有的土地所有者为了增加以土地占有为基础的财富，开展商业经营活动，虽然这是以走私的方式进行的。

科举考试制度，是以经济地位获取社会地位的重要门径。当一个人跨越这一门槛时，他就将财富转化成了社会名望和地位，这不仅使他个人而且使他的整个家庭都拥有了士人的身份。由于科举制度是由国家建立和控制的，科名拥有者享有的优越地位来源于皇家的恩赐。但是皇帝和士族间的交易是很划得来的。在最低水平上，那些被录取进入县学的贡生可以获得蠲免徭役负担的特权，这不仅提高了他个人的地位，而且还减轻了他家庭的赋役负担。他还有望获得入宦的机会，这会给他带来巨大的个人财富和政治权力，尽管只有屈指可数的少数人才能获得最高的“进士”名衔。经历过新王朝奠立之初的“大清洗”，明初留下来的精英阶层基本都是在 1368 年以后发家的。元朝的一些显贵家庭通过传统的政治手段，比如将女儿嫁给皇家子弟为妻为妾，使他们的社会地位得以永固。[121] 除此之外，与其他王朝嬗变时期相比，元明更替之际的士绅阶层似乎延续时间要短得多。新的士绅阶层要被认可为当地社会的精英，所需的广度和深度尚要几代人的时间来完成。

当士绅阶层形成和发展之时，社会的其他组成部分也不是静止不动的。15 世纪的第二个二十五年中，宣德皇帝感觉到了这一发展的势头，担心社会会变得越来越没有秩序。1429 年他对礼部尚书抱怨说，“凡内外官员、士庶，服饰仪从皆有定制，近多越礼犯分”。[122] 这种不稳定局面尽管并不乐观，大多数人不得不面对更为直观真实的、近在眼前的灾难：干旱、洪涝、蝗灾，尤其是饥荒。这些灾害在 1434—1448 年间席卷北方大片地区、西北、长江流域和东南内陆地带。[123] 士绅和下层平民按照洪武农业社会秩序的要求，逐渐内化各自的身份义务和依附关系——在明王朝第一个世纪的大多数时间里，这种关系确实是稳定和经得起考验的，但在灾难面前，对他们中的一些人来说，这种关系开始变得难以忍受。[124] 裂痕首先在福建沿海的山区出现，众多难民都逃亡到了那里。而他们的领导者是邓茂七。

被革职仅是邓茂七起兵的部分原因，另一个原因是白银。当商业活动将越来越多的白银投入流通中的时候，官员们纷纷要求以白银而不是粮食来支付薪俸。尤其是军官，他们经常需要兼管减轻赡军负担的事务，因此更热切地要求这种政策变通。1436 年，政府决定首先将南方各省的税粮改征白银，这就是“金花银”的实行。改革的目的是方便交通困难县份的赋税外运，同时也是为了减轻土地所有者的赋税负担。[125] 它承认了经济运转主要是通过货币而不是通过物物交换而完成的现实，人们可以很容易地换取白银完纳赋税。在以后被称作“一条鞭”的赋税制度改革中，财政征收将进一步从劳动和实物转变成货币。

面对由于纳税和商业活动而日益增长的白银需求，政府的反应是限制白银流向市场：干脆扼制白银的开采。1438 年，少年皇帝正统（1435—1449 年在位）下令关闭合法银矿，取缔浙江南部和福建北部非法进行的小规模开采和冶炼活动。[126] 任何人违反禁令，一经发现，立即处以死刑。但市场的需求使白银开采有利可图，许多失业的矿工和山区边民不顾危险，继续从事非法开采活动（见图 13）。从 1440 年开始到此后十年之间，为了打击所谓的“矿贼”，朝廷陆续颁布了一系列日益严苛的法令，这表明，明朝政府发现自己越来越无力控制白银的流通。失业，加上人口稠密的东南地区残酷的土地竞争，和由此产生的耕种者在地主的高地租和其他苛征下的不堪一击，迫使许多人加入非法开采的行列中来。

面对 15 世纪 40 年代中叶福建农村银矿盗采的蔓延，明朝政府的反应是将里甲组织军事化，创建几乎与里甲组织合二为一的自卫组织“保甲”，以十家为单位。1446 年，倡导这一计策的监察御史柳华（1430 年进士）建议每村建一个小型武装兵器库，以便一有需要地方民兵就能武装起来。在本地人中遴选“总小甲”指挥这些地方军队、组织夜间巡逻。这样的自卫组织网络在福建地区普遍建立起来，从而使得地方治安得到了保障。

这些总小甲常常是一些桀骜难驯的人物，他们利用职权，以牺

图 13　矿工们在山中开采小银矿。(《天工开物》)

牲国家利益为代价，为他们个人或他们的地方团体谋取利益。邓氏兄弟茂七和茂八，就是福建内地沙县的这样两名总小甲（见地图 4）。邓茂七利用他的职位向当地地主的特权提出挑战。尤其是，他要求普遍废除春节时供给地主的粮食、家禽、燃料。这在当时叫作“冬生”，是在规定地租之外地主加在佃农身上的一项例行征派。他还坚持要求地主亲自去收地租，而不是派人去收，因为被派去收租的人在正租之外还要征索额外的收租费。1447 年，被惹恼了的地主要求知县逮捕邓茂七，但邓茂七和他的支持者武装拒捕，于次年春天杀死知

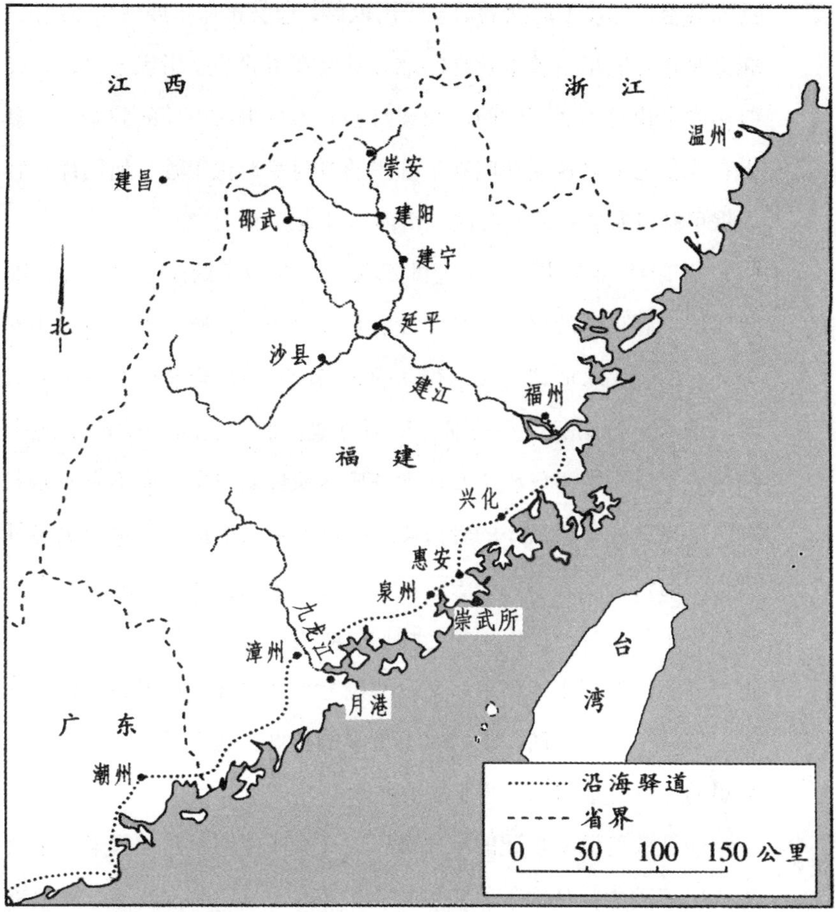

地图 4　15 世纪的福建省

县和县丞。邓茂七起兵的消息传出以后，起义迅速扩展到相邻地区。起义军正是利用了政府建立的地方基层军事武装来组织自己，且武装速度之快足以在短时间内积聚足够的力量击溃当地的驻军。许多人将邓茂七的迅速成功归咎于柳华的乡村军事化工程：他们说，假如保甲制没有实行，所有这一切都不可能发生。[127]

到 1448 年夏末，邓茂七的军队已经攻占了两座县城，开始围攻府城。起义军的宣传人员向该府官员宣布，是有钱人迫使这些安分守已的良民采取这种极端行动的，当地官员应当替他们向皇帝请愿，请求皇帝蠲免三年的徭役以便重建他们所说的“家资”。皇帝的反应是试图消弭危机，使地方秩序尽快恢复正常，而不是使冲突升级，将地方等级秩序的轻微震荡扩展为更大的威胁。皇帝决定答应他们的请求作为罪已的表示，不仅允准了他们提出的蠲免力役三年的要求，而且还提出蠲免一切逋欠赋税。这一让步虽使一些人觉得很满意，但却未能结束起义。邓茂七将他的部队扩展到了数十万人，继续扩大占领区。他们攻下更多的县城。起义军所到之处，县衙里的户口簿籍和赋役黄册都被烧毁。

明朝政府调集福建的军户镇压起义军，使明初建立起来的军屯失去了劳动力，从而使军屯制度走向崩溃。[128] 地方豪绅，从地主到各村长老，用起义者曾经使用的保甲组织将当地的青年组织成地方武装。但不管是屯军还是地方武装，都未能将起义镇压下去。最终，在地方豪强的粮食赞助下，明朝政府动用了五十万的政府军去镇压起义军。1449 年春，自称“铲平王”的邓茂七被捕并被处以死刑，这使起义军遭到极大的损失。在他堂弟的领导下，起义一直持续到秋天，直到被一位耆老出卖。起义军余部散入内地和沿海山区继续活动，[129] 动乱一直持续到 1450 年，但由于这一地区已被军队驻扎，他们再也无法联合起来进行全面的反抗。被派往该地镇压邓茂七起义的军队发现，当地的平民百姓成为这场起义的牺牲品，正像一位当地作者所写的那样，“死者无算”。[130]

田中正俊对 1448—1449 年起义进行分析，随后得出结论：起义的失败是由于邓茂七过分坚持要与中央集权的专制政权谈判，而到明朝统治的第一个世纪末时，这一政权已无意于保护耕种者免受地方官员和地主的压迫。为了表明他对皇帝的忠诚，邓茂七在应该进一步扩大军事优势的时候没有及时发动主动进攻，他还幻想着维护地方利益的正义要求会得到明朝政府的保护。在田中看来，邓茂七应该迅速控制交通动脉，为进一步斗争建立起广泛的地方根据地，阻止政府军的侵入，使地方豪强无法调用他们的人力物力对起义军组织进行反扑。尽管起义失败了，田中仍将邓茂七起义看作第一次反对租佃制的阶级关系的农民起义，它有别于历史上夺富济贫的政治性斗争。因此，这次起义是中国历史上第一次真正的以阶级为基础的“农民战争”。[131]

15 世纪 40 年代这场战争燃烧了整个福建山区，这说明，随着商业的发展和对白银需求的增长，地主和佃农关系的性质正在发生变化。佃农不再愿意将他们与地主的关系看作个人依附关系，这种关系的标志之一就是佃农负有为地主供应“冬生”的义务。现在它已成为一种纯粹的契约性关系：一种除了租佃契约中规定的内容外不应再有任何额外要求的经济协议关系。随着佃农对地主以往强加在他们身上的封建领主性义务进行反抗，有明一代租佃关系的人身依附色彩越来越少。越来越多的地主开始抱怨：拥有好土地不如拥有好佃户。赋税征收的“舍人税地”加速了人身依附的松弛化。在未来的历史进程中，以白银为量度的更为纯粹的经济关系，将决定中国社会的权力等级结构——正如张涛将要提醒我们的那样。

第二章

春（1450—1550年）

出贾既多，土田不重。操资交捷，起落不常。能者方成，拙者乃毁。东家已富，西家自贫。高下失均，锱铢共竞。互相凌夺，各自张皇。

——张涛

在张涛看来，这是明朝一个纷扰而多变的春天。明初“冬”季安稳因循的农业生活开始解体，因为商业贸易吸引农民离开田野，导致经济基础动摇，社会生活失序。对于生活在1450年的人来说，“混乱”事实上早已在他们的脑海中存在，只不过现在它变得更加具体而已。前一年的9月，二十一岁的正统皇帝在一次计划不周的北伐中被蒙古瓦剌部首领也先俘虏。对君主制度而言，失去皇帝是一件可怕的事情——突然之间权力中心下落不明。没有了皇帝，整个制度将面临分崩离析的危机。皇帝驾崩是可以应付的，因为有皇位继承的法则可以依循。但战争中天子被俘的情况则并无先例，当时也没有皇帝失踪后填补帝位的规则。

没有皇帝的北京于1449—1450年冬季陷入合法性危机，因为官僚们在是赎回作为人质的正统皇帝，还是另立他率军亲征蒙古前任命为摄政的异母弟为帝的问题上竞逐政治利益。最终支持后者的胜出。正统皇帝被正式废黜，景泰皇帝取而代之。蒙古人所扣押的已是一个没有利用价值的人质，于是将正统皇帝交还给明廷。正统皇帝度过了六年的软禁生活，直至发生夺门之变，景帝被废，他才重登皇位，改元天顺。

中央衰退

当张涛撰写《歙县志》时，他对上述这段在明朝中期上演的帝位更替大戏并不感兴趣。回首往事时，他担心的是别的事。他更为关注的是另一个中心的消失：一个洪武皇帝赖以重建明代社会的自给自足的农业经济。土地作为经济价值的基础正在转弱。商业贸易的技巧和强烈的竞争意识被证实比农业更具吸引力。由于人民追逐商业贸易中的有利机会，洪武皇帝渴望农村重建的机械式团结逐渐减弱。

甚至正统皇帝被俘亦含有商业上的意义。一位在北京任职的低级官员指出，正统皇帝被俘之前，请名人撰写祭文，每篇润笔银二三钱即可求。然而事变之后，“文价顿高”，涨到五钱，甚至一两。[1] 官员们皆视此价格变动有如废黜皇帝一样恐怖，它是世道日非的证据。对张涛而言，此事的震撼性更大，因为它暗示一种更加危险的沉沦：不是由于政治不稳而导致价格上扬（那可能是短期的），而是经济竞争引起天下混乱。有关润笔费于1450年间上涨的报道，也在另一方面使张涛烦恼。它是一种令人不快的提示：即使在一个上流的社会里，所有的东西也都有价格。

关于明代中叶传统农村生活的衰落，张涛所言大致上是正确的。明代中叶政府接受了这种转变，又通过对以里甲制度为基础的徭役制度的一系列改革推动了它。自15世纪30年代中期开始，刚刚建立的正统政权开始想办法增加中央税收。然而，当大部分税收是以人力来评估的时候，增加国家的岁入几乎是不可能的。直至力役能被转换为可以流通的货币，才能为中央政府带来实质的收益。收取实物地税也有同样的困难，虽然程度较轻。如有需要，漕运制度会运送更多的谷物到首都，但用船只运载大量农产品横跨半个国家既困难又昂贵。里甲制度可能对建筑南京的城墙产生效用，但强征力役及物产并不是政府税收的可靠基础，特别是首都已迁移到遥远的北方，而平民又善于逃避里甲的户籍登记。

为满足税收方面不断增加的需求，明朝政府将一些课税转以白银收缴，其中一部分——而且这部分在不断增长——必须运到北京。这个转变过程的开端，可以追溯到1436年金花银的征收，此即前一章“冬”季结尾所提及的南部七省将部分粮税折钞上缴。明代中叶所推行的徭役改革，也制订了其他税收兑换的措施。“坐办”为“岁办”所取代，后者要求供应物产到京师的地方官员，在他们的财政预算中承担有关运输费用，并以白银上缴应课税项给中央政府。地方驿站的强制性力役逐渐被“役银”所取替，是项转换过程始于1490年，至1507年全面实施。这些变更和其他改革渐渐地将国家税收转移到以货币为基础。至 16 世纪末期，实际上所有通过里甲制所征收的徭役,都已经转换至按田亩征银,此即“一条鞭法”。[2]

徭役的原则因此渐渐地消失于 15 世纪的新货币经济的旋涡里。从北京税收的角度来看，中央政府的力量并非在消减，它只不过是将税收的渴求压向地方政府。可是，在另一方面，中央政府正退出税收的行政管理，交由地方官员去处理如何增加税收的问题。收税官员被迫要自己去想方法征集金钱，而这又不能正式记录于县里的账簿里。中央政府并不关心幕后所进行的一切，只要地方官员收足定额税款就行。[3]

与洪武年间皇帝致力安排农村生活的每一个细节相比，这种情形是何等的不同。表面上看，显示洪武皇帝所确立的秩序已不复存在的证据并不多。他的《大诰》依然享有不可侵犯的正式权威，而后来的明朝皇帝与中央大臣也经常提醒地方官员要确保每一个人都能背诵他们伟大祖先的训谕。[4] 然而,《大诰》所描绘的那种畸形的农村生活，似乎已变得愈来愈不合时宜，平民百姓和地方官员一样，把记诵它作为纯粹的例行公事。

中央力量的衰退并不表示地方县官可以无所事事。恰恰相反：如果知县要使他的县在不断增加的行政真空中持续发展，积极活动和进取精神是必不可少的。而他要想积极进取地打造自己的辖区、满足国家的财政定额，就要越来越多地考虑货品的流动和流动性越来越强的财富形式。经世之道是需要的，但张涛的僵化形式已非此道。

芜湖的行政管理

徐节——并非那个名利兼收的内阁首辅徐阶，本章最后会提到他——是活跃于15世纪90年代的一名地方官，他被任命为太平府知府。从南京出发，沿长江而上即可到达该府，府治坐落于距离南京100公里的当涂，离它上游35公里处是一个更加繁忙的芜湖港，它逐渐取代当涂成为太平府的经济中心。芜湖位于一片肥沃农田之中，是东坝工程所设置连接苏州内河的西面终点站（前章曾提及），也是进出江南的稻米贸易的一个重要销售点。它也是徽州巨商由歙县（张涛曾任该县知县）南下的天然出口。正如一个歙县居民描述该市与其家乡的关系时说："芜湖扼舟车关市之吭。"16世纪时，由歙县到芜湖的陆路交通相当繁忙，旅客可随时按个人喜好雇用轿子或马匹，虽然他们在计算旅程时间时，可能要考虑其他影响交通的相关因素。据一位熟悉该路线的徽商所说，旅客可以预计每5公里便有人搭讪。前来打扰的究竟是何等人士，则要视旅客上路的时间而定："早有闷棍，日有调包，夜有盗。"虽然这些都是当时从事贸易的状况，但贸易为芜湖注入了生命。正如后来一本地方志的编纂者论及明朝时指出："自昔俗尚贸迁。"[5]

知府徐节并没有被明确地要求去促进贸易，事实上在儒家的治理传统中，这种想法是不足取的。但是，让我们看看这位知府在府志中被推崇的四项工作[6]：

"造浮桥"

浮桥是一条立于浮舟上的大型木构建筑，横跨在流经芜湖城门、汇入长江的河流上。明初各地都积极地重建桥梁，以恢复在战争中被损毁的基础设施。桥梁建筑的第二次高潮出现于15世纪末，特别是1465年中南部大水灾之后。[7] 建造浮桥要比固定桥更便宜，因而明代中叶时受到地方官员的欢迎。他们面对中央资金需索的压力，被迫想办法在官僚架构以外安排支持基建的投资，这时候他们往往会寻求地方豪富的资助。很多明朝中叶的桥梁兴建或坍塌，取决于地方官员能否成功地寻找一些愿意出钱资助的人。

尽管明初桥梁的兴建，官方与民间的工程相若，但到明代中叶时，地方人士所建桥梁的数目远比官方为多。[8] 在地方志中，很多桥梁的赞助人被称为"义民"，那是对富商的雅称。对于那些执意认为政府应当是所有基建投资来源的人来说，找寻商人资助桥梁和道路的兴建无疑是一件令人诧异的事。然而，明代中叶的人们肯定不这样想。

这里可参考著名士绅张岳（1492—1553）的意见。他在1529年请假回惠安县家乡居住时，编纂县志并于翌年刊行该书。张氏在书中抱怨本地桥梁道路的维修比宋朝还差。他推论该地区在宋朝时有很多很好的桥梁道路，因为当时沿海贸易给当地带来了富裕。环顾当时惠安正在复苏中的商业经济，他认为这正是地方商人出钱资助基建工程的时候。他指出："国家承平日久，民物殷阜，宜有余力以兴百务也。而桥梁之修反不及宋季世。"[9] 正如本章结尾所述，商业贸易在16世纪20年代只是刚刚复苏。张岳未免太急躁了。但是，二十年后一个被俘的葡萄牙海员，遭受押解途经泉州至福州（惠安在泉州北部）的沿海大道，却有不同的感受："道路齐备而平坦：当我们走水路时，我们问前面的道路是否也一样便利，得到了肯定的回答。”此行中的另一人也注意到：“除了在缺少石源的地方用砖头，道路都是用方石堂皇地铺筑起来的。”在通往泉州的滨海山区的道路上，“只要需要，便将路段用锄修整得平平整整，很多路段不亚于平原地区”。至少以欧洲的标准而言，这些都是好路（见图14）。[10]

“建学官”

知府徐节不只是重建桥梁。洪武二年太祖曾下令全国（以一县一校的比例计算）建立或重修学校。学校即使不是那些作为生员的学生的听课之所，至少也是他们必须登记注册的机构，所以其重要性在地方士绅的世界中尤为突显。到徐节生活的年代时，很多官办的学校已非常破旧，因此明代中叶人们开始修葺旧校舍，并设立捐地以用于日后的修葺费用。[11]地方官员们必须在每年的财政预算以外，为这些工程另觅资金（同样地，中央政府不愿拨款支持他们）。至于求助的对象是谁，取决于他们在哪里可以得到精神或财政上的支持。虽然没有证据显示是谁为徐知府的学校付款，但可以确知的是，当此后十年内芜湖知县为其学校加设图书馆时，他是向商人而不是士绅募集建筑费用的。[12]到明代中叶时，地方政府在财政上越来越依赖商人的财富。商人可能会积极支持建筑一所学校，期望他们的子弟可以借此跻身于士绅的行列。

图 14　一位官员和他的随从骑马走在砖路上。将砖块排列成一道道倾斜的平行线，这种轴测投影的表现手法是自汉代以来中国建筑绘画的传统。(《紫箫记》)

“修郡志”

徐知府在1497年完成了府志，它的刊行使得本书的研究得以进行。在明朝的第一个世纪里，很少地方志能够幸存，因为真正刊印出来的不多。但是，大约自1500年以后，这些地方志开始大量存留。[13] 很多地方志充满了仇商的倾向，因为这些方志的编纂者，大部分是失意的道德主义者，他们没能从科举考试制度的底层向上爬，转而致力使自己的人民依循儒家端正品行、遵纪守法的传统观念。他们急于使该地方看起来民风淳朴，因此贬低和淡化商人对本地社会的贡献。我们不知道徐节所招募的编纂者如何在那本1497年的府志上描绘商业活动，因为此书只有零碎的部分保存在三座中国图书馆中。[14] 然而考虑到该府不断增长的商业财富资源，我们倾向于相信，徐节是依赖商人的捐献去刊印那部方志的。

“均驿递”

“均平”是明朝将力役转为银税的一种委婉说法，因为这个程序的推行往往是按照税收负担更能平均摊分的原则进行的。在这种情况下，徐知府推行的驿银转换，使他能够支付经营驿传的费用而不用强征本地居民的力役。作为诸如驿银等力役转为银税的变换结果，明代中叶的知县们能够每年征收数十万两白银，并以此支付本地的劳动市场。货币化增加了白银储备的压力，但中央政府并没有准备配合这一发展。1450至1490年期间，官方生产的白银并不多，每年涨落介乎六十万至八十万两（两千至三千公斤）之间。当驿银的征收开始生效时，合法的白银生产却减少到这个数量的一半。财政上支持政府运作的白银供不应求。这种不平衡状态刺激了对日贸易在16世纪第二个二十五年里逐渐增长，因为中国商人用本国的产品换取日本银块，并把白银注入本国市场。[15]

徐节并没有把他任何的成就看作一些促进贸易、满足商人需求或参与经济货币化的措施。作为皇帝的奴仆，上述任何一个目的都不在他责任之内。他只是被朝廷委派负责维持交通路线的开放，以方便政府官员、税收物品及讯息到达首都。作为一位关注并维持其管辖范围内交通及财政持续发展的地方官员，徐知府正在推行所有的上述措施。而在推行这些措施的同时，他恰好也在推动有利商业发展因素的力量。他这样做，并没有考虑那些因素，也不一定了解到太平和芜湖等地正被卷入更加商业化的环境之中。

游民与女性

阅览官方的人口统计数字，谁也估计不到芜湖在明代中叶是一个繁荣的地方。1391年的人口调查，表明该市人口为33 318人。但到1522年时，芜湖登记人口只有25 594人，减少了四分之一。并没有任何环境因素可以解释这一人口流失的情况。1426至1547年（两次长江泛滥）期间，地方志内并没有显示任何天灾足以解释这个人口数目减少的情况。直至1557年，芜湖的第一次重灾才真正出现。当时长江泛滥非常严重，“由当涂至芜湖，陆路无复存者。舟行屋上，禾麦不收，民劚草根树皮以食”。[16] 甚至当天灾在明代中叶侵袭长江上游地区，它也并没有带来很高的死亡率。一位省级官员在1505年注意到长江中游地区“水旱相仍，民力告乏”，[17] 然而地方官员并没有报告居民因饥饿而致死。

明朝中叶，天灾稍止而商业兴起，此皆意味着人口会有增加。但是，每十年一次的人口调查显示，芜湖的人口并没有增长，而且，这样的现象不只出现在芜湖。长江上游距离芜湖 700 公里的南昌，*1412 年的人口数目为 1 126 119。八十年后，它上报的居民人数竟完全一样。是时“地窄民稠，多以手艺教书为生，趁食四方”。[18]经世学者丘濬相信，超过半数的江西男性已向西移往湖广一带成为商人。[19] 弘治皇帝（1487—1505 在位）清楚地注意到，“生齿日繁”的同时，出现了“户口军伍日就耗损”的情况。[20] 明代中叶后期，全国的登记人口数目停留在 62 531 295。

真正的人口数目可能是此数的两倍，只不过是游民在逃避登记注册而已。[21] 其中部分人逃入省县之间的边缘地带。正如 1530 年福建《惠安县志》所述，人口日多，土地不足，导致游民和骗子的出现。不只是惠安居民要四处流浪，甚至泉州和漳州居民也沿海而上，进入惠安以逃避本地的人口压力。为了生存，山区的穷人伐木制炭，沿海的则烧蚝壳以制石灰。[22] 在山东，贫民伐木、制炭、烧罐、织席和编篮以糊口。[23] 在内陆地区，人们流徙于省际的边境山区，“林菁丛密，地既纡回，利堪樵给，流民生长，莫隶版图；家占土田，不知租税”。[24] 当低地人民被迫迁往高地，一股新的而且更加密集的伐木潮使得山陵裸露，生态环境受到严重的破坏。

那些逃入山区的人们为了能在贫瘠的土地上养活自己，或耕种

* 原文疑有误，芜湖到南昌陆路里程约为 500 公里。——编注

耐寒的作物，或利用他们自其他地区引入的耕作技术。曾经在一定程度上推动宋朝长江下游地区迅速发展的早熟稻米，在明朝时向河南、湖广、四川、广西和云南等内陆省份的高地延伸。[25] 早期移民占据这些荒地，后期移民则充当他们的佃农或雇农，时间的痕迹不断堆积在这些省境土地上。15 世纪 60 年代旱灾侵袭湖广时，这些边境地区的人们转而采取掠夺性策略求生存。政府以武力镇压，遭到流民们的反击。1464 年，刘千斤与石和尚带领在边境地区谋生的数千居民向政府军队开战。1470 年李胡子又再次领导他们对抗政府。但这些起义都未能遏制住政府军队。后来在 16 世纪 30 年代，湖广高地不同团伙的居民除了互相劫掠之外，并无其他策略。[26]

由一个明朝的僧人去领导一支武装部队，这是甚为少见的，但不一定使我们感到惊奇。石和尚是明代中期数以万计的游方僧之一，他们游荡于人群之中谋生计。其中少数可能在追寻宗教智慧，但大部分则是找寻可以容身的庙宇，所有僧侣都以乞求布施为生。早在 1394 年，曾经做过和尚的洪武皇帝下令僧人留居其所登记的寺院，不许入城，以此限制僧侣四处流浪。只有那些正在找寻师父或专门替人做法事的才可豁免。至 1477 年，政府颁布了一系列的规定，对流浪僧人施以进一步的限制。[27] 1465 年副都御史王恕就湖广的治安问题向皇帝上书时，宣称僧人和道士皆与那些移居山区的士兵及手工业者为伍。“私造庵观者拆毁，无度牒者解发问罪还俗，无文引者不许擅入前项山场，则关防严谨而盗贼渐消矣。”[28] 然而一种与之相反的过程似乎在起作用，当流民安顿发展成村落，那些地区变得更加稳定。1500 年以后，对流浪僧侣的忧虑渐渐从官方文件中消失。

明代中叶，君主最终放弃了明初政府迫使僧侣以及其他流民返回原籍的希望。以南京附近的一个府为例，明初大批被迫迁徙到那里的人逃离该地。成化皇帝（1464—1487 年在位）下令官员编订逃民的名册，但并没有采取任何其他步骤将他们遣返原籍。继位的两位皇帝——弘治和正德——进一步放宽了对逃离户籍所在地的富户的惩罚。当嘉靖皇帝（1521—1566 年在位）得悉无户籍注册移民的流动情况时，他的反应并不是将他们遣返原籍，而是要他们在居住地注册户籍。[29] 中央政府因而放弃这一问题的主动权，并将处理问题的权力下放给地方官员。明代中叶的地方官员接受了这种非正式迁徙是不可改变的事实。他们将流民与县内其他居民一起注册登记，并调节税额负担的分配以纳入这些流民。[30]

女性的数量本来应该占登记人口的一半，但这种情况极少。少数按性别记录人口的地方志编纂者，曾报道男性人口远比女性为多。以北直隶为例，大名府在 1502 年的人口统计，列出 378 167 名男性，但只有 226 982 名女性。5∶3 的男女比例是已严重偏离了人口的生态平衡。在大名府的清丰县，男性以 2∶1 的比例超过女性的人数。甚至人口不平衡状况最轻的内黄县，男女比率的记录为 7∶5。[31] 表一展示了其他五省的情况，证明了明代中叶人口记录渐渐产生的歪曲程度。女性正在从人们的视线中消失。

这种扭曲的情况反映了什么？可能有三种不同的解释：成年女性人口正在减少；大量女性逃避注册登记；户主拒绝登记他们家

表一　1391—1614 年间部分人口勘查中的男女比例

地区		年份	男	女	男女比例 %
湖广省	景陵县	1391	11503	12116	94.9
		1452	13025	10840	120.2
	沔阳州	1391	23109	24301	95.1
		1442	21041	14215	148.0
	汉阳府	1413	15322	17096	89.6
		1532	19486	12505	155.8
河南省	尉氏县	1482	27985	14676	190.7
	新乡县	1502	36760	20511	179.2
南直隶	上海县	1391	278874	253929	109.8
		1432	182978	170182	107.5
		1472	177139	80513	220.0
	华亭县	1391	292559	269304	108.6
		1432	229019	167912	136.4
		1472	273651	112045	244.2
北直隶	内黄县	1502	22867	16264	140.6
	大名县	1502	13052	7573	172.3
	魏县	1502	24951	13257	188.2
	元城县	1502	35993	18642	193.1
	清丰县	1502	38070	18749	203.1
	开州	1502	56440	33243	169.8
浙江省	上虞县	1586	23259	12378	187.9
	会稽县	1586	40613	21391	189.9
	新昌县	1586	8800	4516	194.9
	萧山县	1586	63374	29640	213.8
	嵊县	1586	41203	17514	235.3
	诸暨县	1586	112616	45776	246.0
	山阴县	1586	82399	33110	248.9
广东省	徐闻县	1614	9804	4952	198.0
	遂溪县	1614	15079	3780	398.9
	海康县	1614	18620	4553	409.0

数据源：《汉阳府志》（1546），卷五，页 1a 至 3a；《沔阳志》（1531），卷九，页 1b，5a；《尉氏县志》（1548），卷一，页 21b；《新乡县志》（1506），页 22a；《松江府志》（1819），卷二八，页 2 下至 4 下；《大名府志》（1506），卷三，页 21 上至 27b；《绍兴府志》（1792），卷十三，页 30a 至 31a；《雷州府志》（1614），卷九，页 6b。

中的女性。成年女性人口减少是一个因素，但并非事实的全部。社会习俗的确会迫使很多家庭杀害女婴。虽然男女婴儿皆会被“溺”，但当他们的家庭无力供养的时候，女性更有可能被杀害，或者不闻不问，任其自生自灭，或于饥荒时候被卖为婢女或妓女。在她们出生的家庭里，女孩比男孩更容易被牺牲掉。尽管如此，依然很难想象杀害女婴和不闻不问两个原因足以在一个世纪之内于 1502 年将清丰县的男女比例变为 2∶1，海康县的男女比例在 1614 年甚至达到 4∶1。

第二个可能性——大量女性自己逃避登记注册——似乎更加难以置信。流徙者的行列中的确有女性，但从文献中屡次提及流动的单身男性来看，她们的人数应该较男性少。女性也有往来于道路上做商贩谋生的，但人数也不及男性那么多。她们面对更大的人身危险，同时在强大的传统文化束缚下，她们不得不留在家里。明代中叶的《金坛县志》提醒读者：“妇人耻出门户。”[32] 因此，尽管不少女性夭折，也有些成年女性逃避注册登记，但导致她们从人口记录中消失的最主要因素，可能是户主不愿意报告女婴的出生或承认嫁入的女性人口。这些户主何必要为了那些最终会离开的女性而使该户遭受加税的影响呢？（因为女性出嫁而要地方官员从户口登记中删减人口数目可能是一件非常麻烦的事。）同时，他们为什么要为一个可能要求离婚的新娘或一个可能夭折或因外嫁而改他姓的女性注册户籍呢？

自 1442 年以后女性在人口记录中的数目下降，既是一种统计产生的假象，也是一个社会事实——女性人口被抑制，正如她们的人口记录一样。人口减少的原因，比起杀害女婴，更可能是没有注册登记，但两者皆证实了一种忽视女性的文化偏见。

甚至在被统计的明中叶时期的女性中，很少有人能为我们所知，也没有任何可供参考的材料。历史学家可以从人口记录以外的材料（如地方志中的传记部分）将少数人从湮没无闻中拯救出来，但他们发掘出来的多数是男性——这也可以解释为何这本书中所提及的多是男性。与女性相比，男性轻而易举地拥有更多载入史册的机会：考试中举、取得功名、担任官职、死节殉难、作文绘画、行善布施、实践孝义。相反，女性只有一种公共角色可以使她们得以立传或扬名：在丈夫死后选择做不再改嫁的“节妇”。

1540 年河南《许州志》中关于刘氏的记载，反映了女性能为世人所知的一个具有代表性的过程。刘氏（她的名字并没有记录）生于 1477 年，下嫁一位有进取心的县学生员。她的生员丈夫由于英年早逝而未能中举，只遗下幼儿待其抚养。

> 刘遂杜门罕见亲戚（节妇被要求与外间隔离。男性认为，独身的妇人容易引起流言蜚语，担心她们会置以男性为中心的宗族关系网络于不顾，从而危害到男性的权威），力躬纺织以自赡（儒家对贞节的定义是妇女摆脱经济上对亲戚的依靠，并认为家庭纺织业是唯一适合隐居女性的生产方式。拒绝再嫁之所以值得注意，更大程度上是因为她们在经济上不再依赖男性，而不是因为性欲的克制），百计抚孤（刘氏打算保持贞节只不过因为她有一个儿子，只要她能养活儿子，便可以倚靠他在夫系家族内的地位，使自己晚年

得到照顾），鞠育成立。二十八而寡，今历孀居三十五年，啜粥茹淡（刘氏不能享受快乐的寡妇生活，因为这样会破坏那种给节妇以精神力量的受苦形象），始终一节，称重余乡评（她的名声必定要超过其夫家以取得公众的赞誉）。嘉靖己亥，知州张良知闻而褒重其事，乃于正月元日榜其门曰："生员袁锡妻刘氏贞节之家。"士夫声诗庆美者不一。今已六十四岁云。[33]

除了说出在地方志刊行时刘氏仍然在世、已经年届六十四岁外，传记作者几乎没有提供其他有关刘氏的详细个人资料。她的个性完全被纳入她所选择的表面形象之内，故刘氏作为一类人是被记录了，然而作为一个人，她却被遗忘了。但这无关紧要。以明代中叶的说法，这是一个成功的故事：有一个儿子，经济独立，又得到地方士绅及官员的公开赞赏。至少在那个时代，一位妇女不能够再有更多的企求了。

国家与市场

丘濬的新建议

明代中叶，人们的经济考量愈来愈受其身边商业机会的影响。这些机会鼓励其中一些人去反思经济社会如何运作，并思考如何使国家的角色适应有关的商业活动。丘濬（1421—1495）是其中一个朝着这个方向思考的人。他出生于海南岛，是一位有主见的学者，官至翰林学士。丘氏是《大学衍义补》的作者，他把这部关于国策研究的巨著呈献给1487年登基的弘治皇帝。丘氏的著作模仿真德秀的《大学衍义》——明初被纳入官学的一本宋代理学典籍。虽然丘濬对洪武年间的很多惯例提出质疑，他的著作还是给弘治皇帝留下了深刻的印象，得以刊发。该书以商品形式大量印行，被公认为国之正典（虽然并非钦定），并广泛地流传开来。[34] 丘氏本人与商业圈子并没有紧密的关系，然而其书提出了关于协调市场功能与国家责任的精湛论点。

书中第二十五章首篇关于市场规则的文章解释道，市场是人们以自己之盈虚去换取他人之盈虚的中心地带。[35] 这比较适合于形容一个以物易物的市场而不是一个商业化的市场：丘氏故意遗漏了商人和国家两者，以便将它们分别列入被视为适当的功能类别之中。对丘氏来说，社会、商业与国家依然处于不同的领域，无论每一方面对其他方面有多大的影响：社会是地区经济的基础，商业为各地区经济制造联系，而国家则介入以调解各种足以威胁任何一方面的正常运作的危机。他并不相信国家能够独自管理经济以成功地确保贫民的生存，他也不相信一个不受管制的市场可以做到这点。他据理反对流行于官场的那种认为商品交易会对贫民构成威胁的观点。在丘濬看来，贫富的分化并非因为商人，而是由于制定错误的国家商业政策。[36] 将商人逐出市场，不会消除贫富的差距，反而可能使问题更加恶化。

市场买卖完全是商人的事务。丘濬承认商人的活动会对民风产生负面的影响，可能会致使铺张浪费的出现，他也认为这种铺张浪费会危害人民的道德素质。但另一方面，他又指出，商人的活动也决定了国家能征集到的所需资源的程度。没有了商人，国家赖以发展财政的经济便会失去其功能。国家接管商人的市场活动将是导致灾难的一个因素。“大抵民自为市，则物之良恶，钱之多少，易以通融，准折取舍。官与民为市，物必以其良，价必有定数。又有私心诡计，百出其间，而欲行之有利而无弊，难矣。政不若不为之为愈也。”[37]

丘濬相信，商人在重新分配货品及平衡供求方面可以做得更好，他进而反对政府所实行的数项措施。首先，国家不应经营手工业而应容许商人管理生产。第二，国家不应垄断日常生活的必需品（如盐）以增加收入。它应该容许盐在开放的市场中流通，并依靠以土地为本的税收来保证自己的收入。丘氏赞同明朝对蒙古人的茶叶贸易进行垄断，因为它有助边防军队获取马匹而不会影响民间货品的流通。在丘氏看来，如有任何因素促成贫富悬殊，那就是从受限制的货品中盈利的手法。第三，丘濬注意到，《明律》只限制未经认可的贸易，但没有禁止海上贸易，他反对禁止海上贸易，相信它更能促进国家利益。这一观点在一个世纪后才开始流行。[38]

最后，国家不应利用谷物贮存去影响季节性的价格变动，反而应该让商人自由地因应需求以市价使谷物流通。谷物贮存只应该用来对付饥荒。谷物不应被贮存在容易受财政经营不善影响的官仓，而应该放入地方管理的非商业性社仓。社仓以收成之后连本带息偿还为条件，将谷物分配给有需要的人。丘氏又响应谷物商品化的问题，进一步解释他对谷物贮存政策的立场。他语带夸张地指出：天下之人，三四成靠自己种植的粮食生存，七八成则是靠别人种植的粮食生存。农民宁愿“变谷为钱，又变钱以为服食日用之需”。“天下之民，莫不皆然。而淮北、山东为甚。”[39] 丘氏所关注的问题是实在的。他担心，依赖市场供应食物会使人民在饥荒时更容易受到伤害，因为他们只有钱而没有谷物在手，而钱并不足以在货品短缺、价格上升的时候购买粮食。

弘治皇帝勤于阅览他那些以经世之道为取向的大臣（包括丘濬）的建议，但他明白，无论丘氏这些官员提出的好政府模式如何值得推许，它们都与明朝已制定的措施背道而驰。当他意识到这些政策实施的可能性不大时，也就认为它们不那么可取了。[40] 关于粮食供应，弘治皇帝在 1490 年要求每个县最起码要有一个运作中的预备仓（重申 1440 年的决定，粮仓由四个减至一个）。他又命令知县在三年内将相当于该县一年收成的谷物放入粮仓。能否达到这个目标，成为每一名知县三年一度的职能考核的标准之一。很多官员很快认为这个贮存比例高得不切实际。这一贮存率要求每年有 33% 的谷物剩余，因而抽掉了商业市场流通的谷物。这个定额可能从来就没有实现过。

1520 年，在一份反映当时官员心态的奏折中，潘潢(1555 年去世)指出粮仓制度过于严酷而又漠视地方的实际情况。[41] 他将谷物生产与贮存的关系形容为“本”与“末”。儒家传统话语中常常强调重本(农业)轻末(商业)，潘氏援引此论，是为了警告不可过于重视贮存粮食。如果国家希望投入资源维持谷物供应充足，它最好改善灌溉系统来刺激生产：切实扩大谷物生产，而不是限制流通。粮仓贮存额最终在 1527 年降低到一个不足以应付大饥荒的程度。[42] 在那个十年间，很多县已无预备仓，而很多粮仓也不再贮存谷物。[43] 1557 年，一位山东御史要求恢复预备仓，[44] 然而此时明朝政府已经放弃利用粮仓去影响食物供应。个别知县，特别是那些远离商业中心的县份的父母官，可能仍会恢复已被废弃的粮仓，[45] 或尝试在地方运营社区性和慈善性质的粮仓。但整体而言，国家对此事的兴趣已大大减弱。

饥荒

商业或国家储粮能力的衰弱，使其不足以应付 16 世纪 30 至 40 年代侵袭华东及华中的天灾。在河南，1528 年的旱灾使当地居民连续两年歉收。在一些地区，超过半数的人口死于饥馑（见图 15），其余的则靠吃人肉为生。一部地方志写道："间有父子夫妻相残。" 1530 年一次丰收之后，第二年旱灾跟随而至。"夏飞蝗遮天蔽日……遗民大荒，相食者甚多。饿殍枕藉于道。" 1539 年旱灾和蝗患尤为严重，并导致春夏瘟疫大行。1545 年的秋天，由于雨水过多，作物歉收，驱使小麦价格上扬和大量人口逃亡（用地方志编者的套话来说：十室九空）；那些不能离开的只能以树叶树皮和人肉充饥。最后，1551 年春天大降严霜，河南的冬小麦苗尽枯。仲夏间连场大雨，尽淹平地和村落。秋天的一场龙卷风吹塌房舍，也摧毁了河南田野里的荞麦。[46] 饥荒的难民，除了吃人肉或逃往外地之外，别无选择。

江南地区也受到天灾的蹂躏。居于浙江北岸海盐县的王文禄在一封 1545 年春致友人的信中，回顾过去七年时指出：

图 15　图中左边的饥民手里拿着一只乞讨用的碗，背上背着一捆柴要卖，这是1516 年苏州画家周臣在他的一幅画中描绘的场景。右边啃萝卜的人，是周臣在苏州街道上看到的千万个东拼西凑过日子的人中的一个。卡特 · 加尔特女士（Mrs. Carter Galt）于 1956 年将这幅画赠予檀香山艺术学院（Honolulu Academy of Arts）。蒙学院惠允复制。

粤海邑旱荒，始于嘉靖戊戌，潮南过而咸水入，田生虫，蝗北来，而遗种害禾为蟹，加以秋阳之烈，又无甘澍之资，于是秀而不实，实而遂粃，长而复缩，缩而为草，竟亩黄陨，弥望萧条，缓不奏闻，逼难蠲账税，且促而产殖益贱，稻不登而米价愈高，先食之以糠粃豆查，继食之以树肤芜叶。己亥、申辰，迭逢凶祲，乡间城市十室九空，妇女儿童一村半卖，只今乙巳春，正以迄季夏之终，寺院之旁，津梁之下，郭门之内，途路之间，饥殍之尸纵横，吁号之声痛彻。[47]

另一海盐县居民徐咸关于1539—1540年的记录可以补充王文禄的记载：

秋田禾槁死并虫食者大半，民间收获视丰岁十无三四。府县既不奏荒，征敛反急。至明年春，饥馑之甚，民间食糠秕豆饼，至草根，树皮采剥殆尽。饿殍盈道，卖子女妻妾者无算，北乡尤甚。长老相传，惟元大德五年吾乡（盐邑）极荒，人相食，到今二百余年来，未尝遇此荒岁也。[48]

1543年，严重的饥荒再次侵袭江南地区。1544年的六至九月间滴雨不下。庄稼枯萎，百姓挨饿，弱者被传染病夺去生命。[49] 米价飙升至非一般人所能负担的程度。往日一斗米的价钱为二十五文，至1544—1545年，价格超过一百文，某些地方更高达两百文一斗。[50]

平民与官员一样渴望大雨降临到干枯的稻田里，祈求神祇的帮助。杭州海会寺内的一尊观音像被普遍视为最灵验的神。1545 年春夏两季皆无雨水，后来知府向民众的压力让步，在观音像前建立一座特别的祭坛。一日之后，连续两天下雨。[51] 然而大的气候规律并没有转变，该地区之后数年继续遭受旱灾，直到 1549 年降雨量才恢复正常。此外，似乎大自然所造成的灾害还不够，海盗开始了在浙江沿海长达二十年的劫掠，仅在海盐县就导致了数千人死亡。观音在这里也有登场——一群海盗正欲前往杭州城外，意图焚毁天竺寺，观音在半路上现身，把海盗吓跑，寺院得以幸存。[52]

饥荒很少是一种突发性的灾难。它通常需要数月的时间去积聚而成，直至天旱或水涝持续的时间超过了农民所能承受的程度，同时私人的粮食贮存以及用作种子的谷物被渐渐地耗尽。饥荒发生时，很多人已无力购买商人运来的谷物，特别是按饥荒时所出售的价格去购买。当饥荒程度加深，甚至连海盐县那样经济高度一体化的地区也不能期望引入商品化的谷物。除非政府或有钱的慈善家出钱资助购买和运输，商品化的谷物才会流入一个饥荒袭击的地区，然而这些津贴往往来得太迟而不能产生作用。在饥荒地区，唯一有利可图的交易是人的买卖，正如徐咸指出，区外的掮客，以每人数千文的价格，大量购买妇人、女孩及少量的男童，然后将他们运往大商业中心——苏州，并将之卖为娼妓、妾侍及奴仆。这是一种有利可图的贸易，而部分被卖出的人也得以生存下来。

如果国家维持预备仓，1544—1545 年间的饥荒的破坏性是否会轻一些呢？当天灾的规模如此之大时，答案可能是否定的。正如一位作者在 1540 年所观察的，人们一般预期，十年间每八九年有一次水灾，每五六年一次旱灾，每三四年一次蝗祸，每一两年一次冰雹，而寒冷的气温使得转耕其他谷物极为困难。[53] 在这些压力下，很难相信几个贮备充足的粮仓可以大大地改变苦难民众的命运。

专利与商税

明代中叶政府持续关注的是北方边境的粮食供应。供应物品给驻守在那里对抗蒙古人的军队是一个长期令人头痛的问题。明初曾力图进行军屯，让军队三分守城、七分屯田，以此解决军队的粮食供应问题。另一方法是设立“开中”，规定商人把粮食运到边境，以换取有利可图的盐引去贩卖官盐。15 世纪中叶，这些政策已经开始瓦解，因为民间的粮食运输逐渐转换为以白银支付，而政府则以此购买谷物。配合这一转变，一个商品化的谷物市场渐渐在西北地区形成。

1492 年，户部尚书叶淇（1426—1501）建议将“开中”贸易货币化，准许盐商直接以白银向政府购买盐引。这一转变恰恰正是丘濬在其政策建议中所提出的赞成国家依靠市场去满足其储备供应的需求。商人不必运输粮食到边境。取而代之的是，政府控制变换率，利用售卖盐引的收入，购买军队所需要的食物和其他军事补给(这一改革也同时扩展到茶叶的专营权)。[54] 正德（1506—1521）以后，军粮的进一步兑换，扩大了市场规模，也增加了参与盐业垄断所需的资金水平和从中所得的利润。它还刺激了白银的使用和流通。

在赚钱的专卖生意以外，明代中叶国家与商品市场的关系只是稍具压榨性。它按照常规在沿着水路和城门的榷关收税。商人由水路运货到北京，必须在沿着大运河的钞关缴付关税（和不断增加的敲诈性贿款）。[55] 除非他们能将在临清或河西务钞关所盖印的缴税收条交给户部，以证明他们已经交缴大运河上的关税，否则需要另外交费才能进入首都。[56] 货品的征税皆有定额规限。虽然当时并没有认为商业税收可以成为国家的一种新的重要税基的想法，这种税收在明代中叶时有增加的趋势。税收定额依然限制了国家从迅速发展的商业贸易中获得更多的收入。在这种情况下，明朝正史对一位工部主事的赞誉一点也不令人吃惊。他在 1521 年被委任为长江中游荆州的税使。这位官员在头三月内的关税达到年税收定额后停止收税，并容许商船经过而不用缴税。他的传记作者的判断准则，并不在于他对国家财政贡献的程度，而是在于他出于同情心愿意让人民的财富留在他们的手里——一种符合正统中国税务思想的美德。[57] 一般人的假定是，一位不断超额收税的官员只会中饱私囊，而不会将所收的税款再投资于基建或交给国家。[58]

当明朝中叶朝廷确实增加商业税时，它是毫无系统地这样做的，也无可避免地因为采取这些措施而被视为贪婪掠夺。例如，正德皇帝于 1515 年下令在湖广汉阳府的主要桥梁和浅滩成立新的税课局，并派遣太监赵田和锦衣卫向往来于该府的商船征税，收益经由太监直接送交皇室。直至正德皇帝死后，才有一位御史敢上书给继位的皇帝，以“病商”为由要求革除税课局。他成功了。为了对这些税课局的停办加上官方认可的标记，这位御史于 1528 年竖立一块石碑，宣告“革除擅立无名抽分”。[59]

除了内部关税外，明朝政府还向零售商收取一种名为“门摊税”的商税。此税于1425年在三十三座较大的城市推行，以挽救政府日渐衰退的纸币流通。明代中叶，当纸币被视为没有价值的时候，一些官员认为是门摊税导致商业活动的萧条。1528年，御史朱实昌上书皇帝，要求让南直隶的苏、松、常、镇及浙江的杭、嘉、湖等府的店铺和货品不用缴税。皇帝同意了这一要求。取消门摊税是对江南商人的一个慷慨让步。16世纪后期的评论者将苏州和杭州的商业繁荣归功于这项决定（见图16）。[60]国家与商业的关系因而摇摆不定，有时忽略它，有时又利用它，却没有将它有系统地纳入国家的财政策略。这样看来，近代中国历史学家所提出关于一个贪婪而又“反商”的明代政府阻碍了商业经济发展的论点似乎有点牵强。明代政府可能并没有按欧洲中产阶级的理想去促进商业，但至少它在相当大程度上让商业按照自己的方式发展。

因为知县需要依赖市场采购来保持其衙门的运作，他与商人和市场不断交往，这些交往可能牵涉大规模的买卖。例如，1459年当福建省同安县学被台风严重损毁后，县丞受命重建。他向知府要求拨款不果。“见海贾所市，林多可为栋梁，乃谋于寅友故旧，贷百金以易之，舟运而返。仍劝邑之殷富好义者量出金帛以助工费。”建筑工程于翌年展开并在两年内完成。[61]同样，当一位湖广的知县在1499年重建衙门时，所用物料皆“发所积市材”。[62]买卖已代替了征用。

地方官员自己也介入商业的纠纷。15世纪60年代后期，当张

图 16　杭州北门的夜市上商店和摊位林立。(《海内奇观》)

弼（1466年进士）被派往江西省南安为知府时，他发现自己的管辖范围是广东省与长江流域主要交通所经之处。本地的经营者长期以来经营搬运业务，经由大庾岭进入广东省南雄府。但来自南雄的搬运工人跨越省界，与本地工人展开激烈的竞争，严重损害着他们的行业。张知府召开了一次南安及南雄两个搬运团体的联合会议，并使双方就越境运输的分工问题达成协议。在调查这项纠纷的时候，他还发现，通向边界中转站的30公里山路十分陡峭，为搬运增添了不少困难，于是他动用府内的商税，将半段破烂不堪的道路铺平，同时掘出一条新路，绕过旧路的其余部分。[63] 正如本章开始时提及的徐知府一样，张知府动用国家资源去扶助一个受到商业激励和塑造的世界。

商　业

商业在明代中叶得到长足发展，不受商业影响的偏僻村落变得寥寥无几。因此，对于士大夫来说，发现一个这样的村落便成为一种消遣，他们也难以判定商业对农民所代表的那种诚实和勤劳的价值会带来怎样的精神冲击。在1530年的《惠安县志》中，张岳成功地在福建沿岸的一处人迹稀少的荒地上找到这样的村落。在那里，只有几个住在茅屋的家庭，村民们在狭窄的河谷上耕作，“田原肥美，无渔盐末作而用常足”。在例行的宗教节日里，他们仅用铜钱和稻米来支付花销。[64] 除非一个地区为外部市场生产货品，否则白银不会流入。明代中叶时，很多农村地区依然属于这种稻米和铜钱的经济体。甚至在商业方面很活跃的上海，1520 年农村人为村社仪式筹募资金，收集的也是铜钱而不是白银。[65]

白银在商业欠发达的地区并不普及，以致成为一种稀缺资源——当以前荒僻孤立的经济社会亦开始与其他地区有商业上的交往时，这种稀缺状态增加了它的吸引力。因此，当一位居住在河南省东南山区的僧人居然过上富裕生活的时候，当地人能给出的唯一的解释就是：他能将贱金属变为金银。当盗贼绑架这位僧人并勒索他的白银时，他郑重声明：那些传闻是虚假的。他提醒他们，像这样落后的边远地区是找不到白银的，因为供买卖的物品只有米和布，而这些东西都是以铜钱而不是白银来交易的。这位僧人事实上确实有一些白银贮藏于地窖中，但这是他替人医病所赚来的。[66] 所以这个地区并非完全缺乏白银，不过比起盗贼的抢夺，一位经营有术的僧人更容易从别人手中赚取到它。

只要能生产一些可以在本县以外流通的东西，边陲地区如河南省东南部和福建省更偏远的地区，也可进入以府治为中心的商业网络。例如，福建西部的建宁县在 1543 年可能只生产“鱼、稻、油、漆、苎布”，但产量足以让商人前来进行交易。[67] 对于一些本地生产不足的货品的需求，也可以将一个县拉进贸易的行列。在光山——邻近那位被绑架的僧人所居住的河南省东南部的一个县，中央政策要求居民以苎布和丝绸缴纳他们的部分税项。这些纺织品都是光山所不生产的。虽然本地居民也有种植可以编织粗糙织品的棉和豆，但对于苎布和丝绸，农民和本地手工匠皆不精，生产出来的苎布和丝绸在数量或质量上都不足以纳税。这些货品由其他地区进入光山，本地居民要用他们的土产与外地商人交换。这些商人来自湖广南部和南京地区，其买卖好得足以令他们买地、娶妻，过着本地显贵般的生活。但在明代中叶，这些商人的人数极少，因而格外显眼。[68]

纺织

假如不把缴税货品的买卖计算在内，光山县当地的纺织生产完全是为了满足本土需要。但是这类例子的数量在明代中叶有所下降，因为纺织物品的生产与消耗更大程度上受交换的需要而不是受衣着的需要所支配。虽然传统的男耕女织的模式，在河南东南部的一些商业化程度较低的地区可能依然可见，但在其他地区，这种性别的分工正在趋向适应商业的环境。1543 年福建《邵武县志》的编纂者指出，该地男耕女织，女子“纺织以衣其夫”。然而他在描述完这一幅农村的简朴生活图景之后，又进一步补充，“其余则贸易以为利”。[69] 这些女性可能看起来是在坚持传统的理想，而事实上她们是在生产一些用来售卖的剩余货品。

当任何人向市场系统靠拢时，为家庭所需的生产与为市场所需的生产之间的均衡会有所转变。例如，在较近江南中心的德化县，妇女“惟事针纫，不解纺织”。[70] 她们专门生产丝线，并购买本地生产的所谓生丝以满足所需。而在潮湿的江南中心地区，丝绸工业正在蓬勃发展。在南宋时，高质的丝绸已在太湖周围，特别是苏州一带的城镇中心广泛地生产。明初，丝绸的生产渐渐由苏州移至周围的县治。15 世纪 70 至 80 年代，需求急剧上升，打破了城市

图 17　劳工面前放着软化蚕茧的水缸。他从茧上找到丝头，将之接到缫丝机上。请注意，缫丝者是男性。(《天工开物》)

的垄断，农村成为丝绸生产的主导。[71] 太湖地区的一部地方志写道，“震泽镇及近镇各村居民，乃尽逐绫䌷之利。有力者雇人织挽，贫者皆自织”。[72] 不仅农民放弃其他生产领域的工作而专事丝绸生产，有钱的人亦雇用劳工生产，以满足迅速发展的纺织品市场需要（见图 17）。

棉织品的生产经历了甚至更为戏剧性的发展。棉花在宋朝时植根于中国南部，并于元朝和明初向北扩展，先至长江流域，再进一步向北进入山东和山西。通过借用元朝纺织的经验，江南的棉布生产技术变得特别发达。在 15 世纪后半期，松江崛起成为工业中心，主要因为耕种者在贫瘠的土地上改种棉花，以期有利可图。[73] 1433 年，棉花明显地成为松江税收中的一个永久性项目，此后更扩展为一种共同的农村副业。1486 年，松江知府开始把部分税收由实物转为白银，进一步推动棉花成为一种为市场销售而生产的货品。同样的税收刺激也在华北产生作用：在那里，原棉的生产扩展到足以满足松江商业纺织者不断增长的需求。[74]

明初，对大部分的中国纺织者来说，棉花由耕种到织布的整个生产过程是一整套进行下来的。长期以来，棉花主要都是由妇女种、轧、纺、织，所有程序都在单一家庭内进行。也只有在生产者自己的家庭不能生产足够原棉时，流动商人购买的棉布才有市场。但这种分工的程度是很小的。然而到了明代中叶，棉布的生产变得愈来愈专门化。1512 年《松江县志》描述道：“纺织不止乡落，虽城中亦然。里媪晨抱纱入市，易木棉以归。明旦复抱纱以出。无顷刻闲。织者率日成一匹，有通宵不寐者。”[75] 虽然从事纺织的依然是农家妇女，但她们依赖城镇的市场，进入专业分工的生产程序。她们并非仅仅生产家庭的剩余物资，而是从事按件计价的家庭工业。

同样，福建内陆的妇女在家中织布，然后出售给活跃于沿海府市一带的商人。这些商人把布转手卖给浙江商人，后者又将商品分销到外省。在兴化府，据说一位熟练的织布者能在四至五日内织布一匹，并在仙游县的市场售得一石稻谷。罗友枝（Evelyn Rawski）对这种市场进行过研究，说“这相当于一亩良田每年收成的六分之一”。虽然这一回报率为妇女的工作展示了一个过于乐观的情景，但就算是以较低的回报率来看，我们依然可以认为，“使该地区的妇女从事机织工作的诱因很大。密集耕作的利润假如不是特别可观的话，是不足以吸引妇女下田劳作的”。一个为商人服务的纺织市场的出现，意味着“沿海农民发觉，种植其他商品作物，用船运载到其他市场销售并输入白米，这种方式更有利可图。沿海地区享有廉价水路运输优势，它使出口荔枝、甘橙、梅子和木材以及纺织品、铁、酒成为可能”。[76]

棉花和丝绸的贸易增长吸引了大量江南人民去种植棉花和照料桑树，其规模已超出了个人消费的需要。例如，浙江北部的丝绸市场十分发达，种桑养蚕的人们不仅可以售卖丝线，连桑叶也成了商品。在崇德县，到16世纪时，有些农民并不是种几株桑树以养蚕度过荒年，而是以获利为目的大片地种植桑树，把桑叶卖给商人。这些商人又将桑叶转售给其他丝绸生产者。商人及生产者皆蓄意利用桑叶在供求改变时的价格波动去谋利。《崇德县志》记录了这样一个个案。1522年，有两兄弟各育蚕十五筐，他们并没有种植足够的桑叶去饲养这些蚕虫，但估计他们可以买到所需的桑叶。虽然他们没有预计桑叶价格的上升，但他们知道在这问题出现时如何应对："时嘉靖元年，叶贵甚，余二兄弟尽欠叶，乃相与语曰：'叶贵难买，即买叶得丝亦不如卖叶得价。'乃相与倾蚕于垃圾潭中。"[77]

因为明代中叶的耕作者开始为市场需要而生产，他们也依赖市场去购买他们所不制造的东西。以商业化程度较低的华南为例，耕作者购买槟榔子、糖、油、蜡、珠宝、木、香、竹叶制成的斗篷，甚至谷物。一部广东的地方志写道：这些物品"均不出于本土，然皆不甚抵价值"。[78] 因此，在商业化程度较低地区的本地市场，必须设法以低价供应其他地区所生产的货品。在江南商业化程度较高的地区，纺织品生产者会到市场购买更为基本的生活必需品，主要是他们不再种植的稻米。他们的需求强大到足以吸引大米沿长江流域而下，进行远距离的贸易，在中部内陆地区的米农与江南消费者之间建立起固定的联系。

商人

随着交易网络规模的扩大，商人的角色日益突出。1540 年北直隶《河间府志》提供了一些关于他们活动的特别记载：

> 河间行货之商皆贩缯，贩粟，贩盐、铁、木植之人。贩缯者，至自南京、苏州、临清。贩粟者，至自卫辉、磁州并天津沿河一带。间以岁之丰歉，或籴之使来，粜之使去，皆辇致之。贩铁者，农器居多，至自临清、泊头，皆驾小车而来。贩盐者，至自沧州、

> 天津。贩木植者，至自真定。其诸贩磁器、漆器之类，至自饶州、徽州。至于居货之贾，大抵河北郡县，俱谓之铺户。[79]

作者进而解释，河间府内哪些县位于大运河沿岸并能用船由水路运输谷物到北京，而哪些县用陆路运输谷物。大运河的商业运输，在明代中叶时繁忙得令官员开始担心其对官方交通运输的阻碍。1530 年一位资深的工部郎中，在一份政府水道维修的指南中声称，商人不仅以驳船阻塞大运河，而且还通过贿赂非法使用驿铺的设施（在驿铺工作的人们大概会发觉，为私人交通运输服务，比处理没有酬偿的政府交通运输更加有利可图）。这位郎中特别挑出竹木贩商，指责他们以货船阻塞大运河，并雇用恶棍恫吓沿岸的地方官员让他们通过。[80]

《河间府志》集中描述地区内商贩的活动，同时也注意到府外批发和零售商人的存在。到明代中叶时，某些籍贯的外来人士已因专门于某类货品或贸易而有一定的名声。《河间府志》的编纂者还提到分销江西省景德镇瓷器的饶州商人。他指出，徽州商人已变成明朝最显赫和富有的商贩（下一章将会详述这些人的情况）。他还提到南京、苏州和临清的商人操纵丝绸的贸易，杭州商人也是一样。他漏掉了那些山西省（特别是来自汾州和泽州）的商人，他们广泛地从事于盐、米和包括丝绸在内的其他货品的买卖。再北上，在位于北京西北 200 公里的边境市镇宣府，丝绸店沿着大部分主要市场街道建立起来，绵延超过 2 公里长，这些店铺不只是由来自南京、苏州和临清的商人经营，还有来自杭州、汾州和泽州的。[81]

虽然有一些人在贸易中获得极大的成功，但商业交易毕竟是带有风险的。代理商和商业伙伴偷取资金，劫匪洗劫商铺，盗贼及恶劣天气封闭道路，甚至搬运工人也偷取他们运送的货品。关于船夫与盗贼勾结的故事多如牛毛。[82] 在商业发展程度较低的地区，人们不参与商业活动，并非由于道德良心的责备，而是因为他们认为商业是一个不稳定、高风险的行业。1531 年，一位在湖广东部的地方志编纂者表达了这种看法，他指出，当地人民“拚淫末，惮远商，宁饿死沟渎，不为盗”[83]，好像商业贸易并不比抢家劫舍好多少一样。甚至在大运河所流经的苏州吴江县，1488 年地方志的编纂者宣称：“邑人不远行，商视去家百里则有难色。父母妻子保守乡土，耕凿为业。视他处离乡别井商游逐利经年不返者，岂不美哉？”六十年后，新版的编辑将此段文字从地方志中删除。明代中叶上海附近的地方志，在正德前后期亦出现同样性质的校改。在 1504 年，上海人认为商业性质的营销是可耻的；二十年后，上海商人营销远至北京、山东和湖广。[84] 到 16 世纪 20 年代，商业对长江下游一带的人们已变得很有吸引力，而上海和吴江人以前的那些观念亦相应地改变。

海上贸易

明代的意识形态并不鼓励中国成为一个远洋商贸的国度。但是如果得到许可的话，明律是准许进行海上贸易的。除了那些被视为战略物资（如马匹、兵器、铁具、铜钱或丝绸）的物品以外，其他货物都可以出口域外。（通过与《大明律》内所列各项货品作类比，司法官员也可以禁止其他货品出海。例如，1524 年，一位官员上书朝廷，反对造船者为外国人打造商船，“如私将应禁军器出境，因而事泄，律各论罪”。[85] 在海上使用船只，意味着它们可以被视为武器。）外国货品是可以输入的，但要经指定的港口进入和评定关税。《大明律》对双桅船只规定某些限制，对较小的船只则没有，其目的在于限制海上贸易的大商贾所能积聚的财富。对不遵守这些限制的惩罚，远比违反境内贸易规则的后果严重。举例来说，任何人购买或贮存未经批核的外国货品，会面临比逃避本地商税者更重的罚款。根据《大明律》的一项注释，这些惩罚措施之间的差异，原意是为了使政府能够在利润丰厚的贸易中分得一杯羹，但这后来转变为积极地阻挠与海外的贸易。[86]

这一注释反映了一种流行于 15、16 世纪之交更大的意识形态转变。在 1487 年，丘濬已表明支持废除海上贸易的禁令，并建议提供一个三年的关税缓征期，其目的正是要促进这种贸易。他的意见很快便失去拥护者。人们对对外贸易投以猜疑的眼光，鄙夷郑和等人率领的西洋远征，而到海外的中国商人也被怀疑假冒朝廷使者以获得东南亚统治者的接见。[87] 一位在 1506 年返回漳州故乡省亲的官员就是这类蔑视外贸的典型人物。当他得知其乡人建了一条大船，打算在福建南岸与外国人继续进行未经准许的海上贸易，他怒吼道：“吾当白诸官。”他并没有报告官府，然而这一威吓已足以阻止其同乡的商业冒险行动，他们都承认国家拥有规管对外贸易的法律权力。事实上，至少在朝廷的圈子里，这种反对海上贸易的态度变得那么强烈，以至 15、16 世纪之交兵部所存放的郑和下西洋图也被焚毁。[88]

但是，海上航行路线的知识以及使用它的渴求，并没有在明代中叶的社会中消失。葡萄牙人与中国航海者接触时发现，自十五世纪以来的路线图及罗盘定向图继续于16世纪在航海者之间以手抄本的形式流传。[89]不顾国家在郑和下西洋之后撤出海上贸易及其不断加剧的反商态度，海港密布的福建沿海的商人，在15世纪期间活跃地与东南亚进行贸易。即使在郑和的地图被化为灰烬，以及那位愤怒的漳州官员命令他的同乡放弃海上航行的梦想之后，他们依然继续进行海上贸易活动。

1617年，一位驻守漳州的海关官员委托别人对东南亚国家及其贸易情况进行调查，并把调查结果刊行了出来。当地作者张燮的调查，反映了他的委托人对于税收的关注，他察觉到：

> 成弘之际，豪门巨室间有乘巨舰贸易海外者。奸人阴开其利窦，而官人不得显收其利权。初亦渐享奇赢，久乃勾引为乱，至嘉靖而弊极矣。[90]

这类报告显示，明代中叶，福建沿海与东南亚的海外贸易在规模及利润方面皆有所增长。这一印象可以从贸易关系的另一端得到肯定。当中国对丁香、胡椒和苏木的需求刺激东南亚的生产和贸易，与中国商人交易的东南亚地区的经济在15世纪后半期经历了一段蓬勃发展的时期。整个地区的转口港涌现了一批华人贸易团体，负责打理生意。[91]

根据漳州的县志记载，来往漳州的贸易变得如此有利可图，以致商人宁愿在台风时冒着翻船和失去货物的危险出海，也不愿延迟出海和失去生意。[92] 这一观察显示出，与东南亚买家和供货商进行交易的商人之间，竞争不断加剧。这种竞争有助于解释为何走私和海盗行为在 16 世纪 20 年代兴起。15 世纪末，商人贿赂官员的目的在于逃避关税，虽然他们想要获取的是一个更为重要的让步——准许他们运入超过规定数目的海外货品的秘密协议。来自漳州的逸闻暗示，至 15、16 世纪之交，从事出入口贸易的商人数量的增长速度，比贸易数额的增长速度还要快。当竞争加剧，冲突和地盘争夺战也同样在白热化；到 16 世纪 20 年代，这种竞争已经变成一种武装贸易。

中国沿海一带商业冲突的兴起，也与葡萄牙人在印度洋的不祥的出现有关系。为了取得穆斯林和中国人在他们到达之前所经营的广大海上贸易网络，葡萄牙人在 1500 至 1520 年间，抢掠或击沉几乎他们所遇到的每一艘商船，以迫使竞争对手离开市场。1511 年，葡萄牙人攻占马六甲的主要贸易中心，屠杀了住在那里的大批中国商人，中国人对于这次屠杀记忆犹新。一世纪以后，张燮在他对东南亚的考察中忆及此事，有下述评论：

> 古称旁海人畏龟龙。龟龙高四尺，四足，身负鳞甲，露长牙，遇人则啮，无不立死。山有黑虎，虎差小，或变人形，白昼入市，觉者擒杀之。今合佛郎机，足称三害云。[93]

葡萄牙人的海盗行为，一度使东南亚地区的贸易瘫痪，并驱使地区性的香料市场暴挫，直到16世纪20年代以后才得以复苏。[94]东南亚商业经济的复苏与中国沿岸海盗行为同时兴起，可能不只是一个巧合，虽然我们仍然所知甚少，不足以有信心地建立两者之间的联系。某种程度上，福建商人赶忙争抢重新恢复的贸易，可能只是对商业机会的一种条件反射。同样可能的是，葡萄牙人所引起的破坏和损失，已对16世纪初期的沿海经济产生一种暂时性的通货收缩影响。对此，中国官员以比他们在其他情况下更严厉的程度封闭了边界。也有可能是葡萄牙人的出现，迫使商人自己武装起来，而这种贸易的武装化增加了参与者的暴力性。

无论怎么解释，事实是16世纪20年代以后，中国官员要求更严厉地管制对外贸易。刑部于1524年颁布一系列新的限制，对与外商贸易、借款和寻衅者加以惩罚。跟随而来的是翌年夏天，兵部颁令拘押、检查和拆毁在浙江沿岸的每一艘双桅船。此令宣布："所载虽非番物，以番物论，俱发戍边卫。"[95]只有渔船免遭拆毁。[96]这项禁令的目的是中止对外贸易，而不是封锁往返南北沿海一带中国人之间的贸易。后者在沿海中国官员的看管下继续进行。例如，1548年初夏，一位官员追踪调查在浙江—福建沿岸船只的航行达三十九天。他列举了1172艘船，注意到其中30艘一直在海上航行，而它们大部分都从事合法的沿岸运输。[97]

对外贸易的禁令产生相反效果，与贸易相关的暴力活动加剧。相当数目的中外商人继续于离岸海岛的避风处，在镇压海盗的官员的视线之外进行贸易。当贸易增加，镇压的行动紧接而来，结果导致1540至1550年间饥荒时期那些所谓的倭寇的侵袭。当时多股中国船民，伙同日本人和其他外国人，袭击那些他们不能进行交易的地方。直至16世纪60年代贸易重开，开放与关闭贸易之间的紧张状态才得以消减。[98] 嘉靖朝的贸易关闭，通常被归因为中国的一种大陆主义倾向，它基于对外部交往的深层厌恶，对东南亚海上联系的种种好处也缺乏认识。海洋是一个外来要素，作为屏障，它把外部世界隔绝在中国人的视线之外，也断了中国对这个世界的念想。按照这种解释，中国人是文化上的大陆本位主义者。我猜想，当以后我们能更深入地了解到当地和地区性经济在贸易影响下的贸易和波动情况时，这种理性解释最终会被一种更全面的认识所取代。明朝的官员和上层儒家士绅可能深信中国以外的世界是低等的，并害怕他们所认为的来自外地的腐化影响。但文化是人们的所作所为，并不是他们认为他们应该做的。漳州人并不认同这种所谓的对外交往的文化厌恶感。

至于那些葡萄牙人，他们首先于1513年乘一艘由拉菲尔·帕利斯特略（Rafael Perestrello）指挥的船只抵达华南。拉菲尔·帕利斯特略扮演的历史角色，像是哥伦布的表兄弟。一个较大的考察队于1517年试图在广州进行贸易。在那里，考察队派遣一个代表团前去朝见中国皇帝，这个代表团是由寻求贸易关系的葡萄牙皇帝所委派的。然而，这次外交上的首创行动失败了，被委派执行该项任务的葡萄牙人遭受折磨，最后死在牢中。但秘密的贸易被证实对双方都有利，欧洲的船只更频密地来到中国的水域。至1549年，中国人与葡萄牙人之间的季节性贸易已变成一种定期发生的事情。当时商人聚集在澳门西南的上川岛（葡萄牙人称其为“São João”）上进行交易。他们从那里踏足澳门，并在1557年建立一个合法的通商口岸——第一个细小但却长久的欧洲对华贸易的立足点。

商业与文化

纯朴之人和刁顽之辈

儒家士大夫致力于在安稳农村生活的基础上维护社会的等级制度，因此，国内与海上贸易的激增着实令他们苦恼不已。明代中叶的时事评论家注意到，充斥着市场和商人的城市生活与专事农业生产的农村世界之间的距离渐渐缩小，他们忧虑前者的侵略扩张会导致后者的堕落。一位山西省的县志编修者描绘了城乡之间的隔绝，直到16世纪中叶这种状态依然更多的是一种想象，而他这样描写的目的是控诉城市居民的流动性打破了社会的稳定：

> 在乡多质朴。城中军民杂处，或尚机诈，服饰尚华，喜作玩具，性质刚劲，小忿辄投崖跳河。遇凶荒，则负担之外境，谓之赴收熟。[99]

混乱和堕落并不像这位编纂者所展示的那样严重。城镇精英分子相信农村可能仍然存在俭朴之士，但事实上，要在村里找到这样的人也是难上加难。农村的生活习惯并不能抑制城镇生活对传统风俗的侵蚀。明代中叶农村的时尚紧随城市。同一时期河南省志的编纂者察觉到，集市和乡村的人们“多夸侈”，只有那些居住在山区的仍然“多粗鄙”。[100] 在下一个十年间出版的广东省志的作者，捕捉到了这种农村时尚风格城市化的情形。他指出，城市和农村妇女只是在她们用来织帽的原料方面有所不同。除此之外，他不无惋惜地指出，甚至来自远乡僻壤的妇女，“妆饰颇与郡城无异”。另一部于较早时出版的广东省志，记述了县城人们的衣服又是如何模仿府治的款式。[101] 城镇生活风尚的散播，正侵蚀着传统城乡的分隔，同时也建构起一个城市享有优势的等级体系。

这些和其他关于农村风格时尚败坏的观察，并不是由反应过度的士大夫想象出来的。明代中叶城市的生活不仅仅在时尚方面远离农村的规范，其中一个不同之处表现在对财产安全的态度上。当时城镇人对偷窃的防范，已经到了一个农村社会所不能理解的程度。明代中叶时的一则传说讲述道，一位独居于杭州城内一处小庙的僧人，外出时总是把门锁上。每次出外诵经时，他把钥匙交给他的小猫。那只猫将钥匙藏在一个洞内，当它的主人回来时再把钥匙取出来。相反，15 世纪下半期一位僧人隐居于扬州乡下，他住的房屋既没闩也没锁。[102] 这种不设防的行为对城市居民来说是不可思议的。

徽州商人

随着转变的发生，那些被视为脱离农村生活的城市商人，也就理所当然地成了道德责难的对象。要想知道当时商人之间正在发生的事情，我们必须考虑徽州商人，这一时期他们在全国范围内已建立起显赫的地位和名声。张涛任职的歙县就位于徽州，在明代中叶，徽州作为一些大商贾的家乡而享有极好的声誉。它的地理位置与其环境并不协调——与人口及消费的主要地区邻近，却又被多山的地形所分隔。但是徽州并非完全孤立，因为它幸运地拥有两条河流，可以运输大量的土产（茶、木材和木制品）进入两个省份。大共水向西流入江西省，向下流入瓷器中心景德镇。新安河于茶市屯溪汇集数条小河，向东南横跨浙江边界，最后流入杭州湾。这两条河流都是徽州的生命线，但外输交通的主要路线通往杭州。虽说暗礁、沙洲、夏洪及不稳定的天气都会使得路途艰难，但取道新安线的运输船还是可以在一周内抵达杭州。因为生产地与销售点之间的这种单线形式，明代徽州的贸易仍是出口导向，它并没有扩大形成一个由不同中介市场点组成的层级体系，而这种结构在高度商业化地区中十分常见。[103] 徽州内部的方言障碍也验证了这一发展导向，直到 17 世纪，徽州某一县城的居民仍然听不懂另一个县的土话。[104] 徽州人流到了州外，而不是在州内流动。

从 12 世纪开始，土地所承受的压力不断增加，在此推动下，徽州农业的早期商业化促使当地转而生产出口货品。茶是其中一种。明初，喝茶品味由茶粉转变为茶叶，从而促进了徽州茶的生产。粉状茶是经过加工程序将茶叶碾磨成粉，再将粉末压缩成为可以运送的茶饼。这些茶饼不会走味或变质，比茶叶更易用船运输。明初江南士绅喜爱茶粉，大众口味却喜爱茶叶。洪武皇帝个人喜爱茶叶，宣称产茶地区的贡品只能是茶叶，尽管他的决定部分是为了打击围绕茶粉税征而产生的各种贪污行径。[105] 徽州从中得益不少，因为比起长江沿岸的其他地区，它的茶叶可以更快地船运到位于南京、杭州和苏州的茶业贸易和消费中心。

使徽商攀登至明代商人财富顶端的，并不是茶叶的贸易，而是供应谷物到边境以换取盐引的开中贸易。随着1492年谷物运输转变为以白银支付，徽商越来越能够操控赚钱的卖盐专利权（以扬州近岸的盐场为基地），进入当时最富有的商人的行列。

宋汉理（Harriet Zurndorfer）对徽州地区的研究发现，与边境运输制度重组同时发生的，是明代政府税收政策的转变。1494年，工部所要求征用的清漆和桐油不再以从地税收益中扣减的方法征收，而是分开作为地税以外的独立年征，这一转变使本地税收显著地增加了3777两。1515年，工部进一步向徽州征收两万株松树；接着，1523年，又增加了砍伐树木的征税。当以前无关紧要的杂项附加税在嘉靖年间（1522—1566）剧增时，从耕地获得收入的成本变得很重，以致很多人宁愿放弃占有土地而选择从事贸易。[106]

徽商所积聚的财富及其生意范围，为他们带来了不少社会关注，但并非所有这些都是值得羡慕的。一般平民心目中的徽商形象，是那些与人争辩不已而且挥霍重金、狎妓猎色的贪婪典当商。不管这一形象如何扭曲，徽商的确操控了典当业。作为旅居者，他们的确比其他人更多地消费于性服务，而且有钱这样做。在土地不足的徽州，他们为产权屡兴诉讼，这样一来，他们也的确将法律诉讼与商业策略结合了起来。[107] 对他们影响最大的并不是市民的蔑视，而是官员对他们的印象。特别是那些涉及专利贸易的商人，总是要努力与官员发展友好关系，以减少官府掠夺的危险，并在与其他商贾有冲突时取得官员的支持。为此，他们努力寻找机会进入官员的文化圈子。他们常常成功。因此当一位徽州盐商决定在15世纪90年代中期从他经营生意的扬州退休时，他获得了几位显要的地方官员和学者馈赠的文集。[108] 他知道，要成功地经营生意，他必须建立这些联系。

徽商善于打进上层文化的圈子，特别是在扬州一带。明代中叶，这个城市得到“俗尚儒雅，士兴文艺，弦诵之声，衣冠之选，夐异他州”的赞誉。[109] 这里描述了奢华的士绅文化生活。假如徽商仍然在这社交圈子以外的话，很难想象扬州如何能够负担得起这些精美雅致的东西。事实上，徽商并非处于士绅社交圈子以外。茶商范继宗（1412—1461）会弹琴。他的表亲，大米商范余庆（1402—1464）在晚年时作过诗。鲍松（1467—1517）藏有超过万卷的稀有书籍，部分经他注释后一并印行。[110] 这些文化事业不仅表明他们的个人兴趣，还展示了他们长期致力于参与到士绅精英分子的文化和教育活动中来。而培养仕宦人才，不过是这种做法的部分动因。在家族内拥有功名是一项资产，但通过与官员打交道确保家族的繁荣，无疑更为重要。

明代中叶，人们开始意识到要世代保持商业财富是一件多么不容易的事。这个时期的广东省志曾记述：“城中商贾辏集，易于生息致富。然故家子弟安分者，但坐耗其资不复加。有生活计其奢荡者，则又狭邪酗酒，聚党呼庐，故少有再承世者也。”[111] 尽管如此，上文所述的徽州盐商依然能够维持家族财富。他们中也曾有人参加科举考试，然而却没能中举。对明代商人而言，在文化上从士绅的圈子孤立出来并没有好处，而跨越商人与士绅的身份隔阂则获益更多。

商业与知识

商业逐渐渗透到士绅文化习俗的圈子里，以一种大多数士绅难以察觉的具体形式——书籍。在明代中叶，非牟利性质的书籍出版赞助仍然很普遍。知县可能会资助印刷一本由本地名人之子撰写的书籍，因为它的出版会为该县带来声誉。[112] 尽管如此，真正日益推动着书籍出版的是商业，那些作备考和消遣之用的书籍在读者之间流通开来。正如一位生活在 15 世纪后半期的士绅所描述的那样："宣德、正统间，书籍印版尚未广。今所在书版，日增月益。"[113] 为了满足当时市场的需要，当时很多书坊重印了明初内府刻印的教科书、不同版本的经典著作和其他参考书目，这些书商也因此声名鹊起。例如，慎独斋在 1505 年出版第一部商业版的多卷本《大明一统志》。该书由紫禁城的经厂于 1461 年刊印。不到三年的时间里，北京的一位出版商刊印了第二版，可见这本书确实取得了商业上的成功。

慎独斋是明代中叶最大的书局之一，专门刊印历史著作。它既不在北京，也不在读者众多的江南商贸中心，而在福建省印刷业集中的建阳县。[114] 建阳位于东南内陆邻近江西边界的山区深处，它的优势不是邻近市场，而是拥有丰富的原料来源。当地以竹纤维制造纸张，成本较低，而且福建、江西交界一带的山区有大量的竹林[115]（图 18 显示了纸张制造的过程）。通过船运，建阳的纸张被送到全省各地，但也有部分留在本地用以出版书籍，特别是在建阳县的麻沙和崇化两镇。该地在宋代以纸张和印刷著名。到明朝时，

图 18　造纸。竹子修砍后在水中沤泡，做成纸浆，然后将浆料荡入夹板中，干燥后就成了纸张。（《天工开物》）

建阳的书商大量印行书籍并零售给全国各地。根据 1553 年的《建阳县志》，崇化镇“比屋皆鬻书籍，天下客商贩者如织，每月以一、六日集”。[116] 尽管从建阳北部到南京的航运距离是 1050 公里，但低成本的原料足以抵消运费。虽然由建阳到南京的路线上有许多地方货物要卸下船，改由人力运输，但道路的情况还算良好。这条路线通常称为崇安线（因为它贯穿崇安县而直达建阳县北）。在南宋时它已被开发出来，方便运送从江西东北到泉州的货品。当时泉州是中国东南部的国际海上贸易的主要港口。[117]

根据张岳（我们在前面提到的那位1530年《惠安县志》的作者，他曾抱怨在桥梁和道路方面缺乏私人投资）所言，书坊如慎独斋重印了经典和内府本书籍，不经意地帮助国家确立了一套核心书籍，且能为大多数学者获得。这套基本系列包括洪武年间校订的儒家经典、正史、《大明律》和《大诰》。[118] 书坊甚至在官学课程以外，大量发行各式各样廉价的大众读物，比起积极向上钻营的官员，这类书籍的读者群更为庞大。到底有多大？很难说，不过有证据显示明人的识字率很高。崔溥坚称，“虽里闬童稚及津夫、水夫，皆识文字”。[119]

印刷业在明代中叶的扩展，并未产生如不久后在欧洲所发挥的影响：用意大利历史学家卡尔洛·金茨堡（Carlo Ginzburg）的话说，“具有重大意义的历史飞跃。它把那些用手势的、咕哝的、呼喊出来的口头文化与那种无声调的、固定在纸页上的书写文化区别开来”。[120] 相反，在中国，口头和印刷文化已共存了几个世纪，并在一定程度上有所融合。这并不是否认明代中叶仍然有许多农民没有接触过印刷行业，然而印刷文化并不是一个与日常生活的语言背景分隔的世界，识字课本、年历和礼仪指南之类的书籍可以流传，并在某程度上为人们所理解。书本知识在人们中间轻而易举地广为流传，并非每个人都对此感到满意。例如，一位16世纪中的士绅作者极为愤慨地发现，人们可以如此轻易地获得法律的普及读本，以致它们可能会被那些操控法律以谋私利的人利用。[121]

明代知识分子藏书的现象不断增加，明确显示了明代中叶书籍的获取变得越发容易。曾在弘治朝参预机要、主张推动市场运作更加自由化的丘濬，回忆他在海南岛的童年时代时，提到家中藏书共有数千卷。对于私人藏书来说，这并不是一个小数目。丘父在他六岁时辞世，亲友们拿走了那些藏书。丘濬长大后，只能取回部分。他向书贩借书学习，尽管他抱怨“市书类多俚俗驳杂之说，所得亦无几”。1472年他离开翰林院后，建立了一所供县学学生使用的图书馆。因为它以石块筑成，可以抵御潮湿的空气，丘氏将它命名为“石室”。这座图书馆“由一处之狭而可以通四海之广”，而借助馆藏之书，虽“处乎一室之间而周乎万里之势”。他选择用距离比喻，表明他意识到距离对知识传递所产生的影响，特别是对那些远离学术知识中心的人而言。石室储存丘氏放在那里的藏书（包括他本人的著作）长达一个多世纪，直到1614年另一所县学图书馆建立，石室的图书才被搬到了新的地点。[122]

印刷业的扩展使江南的大户人家可以积聚大量的私人藏书。对于那些旨在建立声望的藏书者而言，他们的目标是拥有万卷书并藏之于室。[123] 明代中叶，有两个家族拥有令人叹为观止的藏书，分别是宁波的冯氏（他们的藏书后来被范氏家族购买，成为著名的天一阁藏书的主要部分）和上海的余氏。每一家族都将他们的藏书楼命名为万卷楼。[124] 正如我们将会在“夏”季看到的那样，到了晚明时期万卷以上的藏书已十分常见。

明代中叶书籍数量变得越来越庞大，但知识的流通仍非毫无限制。工艺知识往往会被加以保护、为专业人士所独占，或者只限本地流传。例如，《河间府志》的编纂者在书中关于地方特产的一节回忆道，他年轻时曾与一名本地医生在府治的北部山林里同行，医生向他指出一种可以用来治疗痨损的野生植物，名为“堤兰”。他说知道这种植物效用的人很少。他还提及，从一位他在北京时一同生活的朋友那里，他得悉该地区有一种名为“青茅草”的植物，可以用来制造廉价的毛笔。他试验后，发觉那位医生所说的都是真的。他将这些写进方志内，因为他相信此类知识可使其他人受益。不过他也承认，地方性知识与普遍应用之间时常存在着差距，而且人们对新信息有一种天然的抗拒心理，因此首先要克服这种心理，知识才能产生效益。[125]

明代中叶的作者时常以道德的措辞来描述知识传播的不均，将他们开明的态度和行为与农民的落后无知作对比。以医药知识为例，很多明代中叶地方志的编纂者轻蔑地评论农村人向巫师和巫医而不是那些有良好医学知识的人求医。1530 年，张岳注意到，在他的家乡福建惠安县，“穷乡无医药，有病则刲羊豕，祈禳于神”[126]（至少在此个案里，他把依赖巫术治病归咎于获取其他知识的机会的缺乏，而不是像当时很多作者一样，以为是顽固的习性所致）。

张岳明白，其他工艺技术的知识也不是随处可得。在其编纂的《惠安县志》里，他指出：耕作者在干旱时，全天都使用桔槔提取井水（图 19）及龙骨车（水车）去灌溉他们的农田。在他后来的官员生涯中，他把这些知识带到从未应用过灌溉技术的广东西南地区。通过将桔槔引入他任知县的县里，张岳使当地居民广为受惠。[127]即便是在两个地区之间就怎样办事方面作出的轻度调适，也可能产生重大意义。另一位福建地方志的编纂者发觉，他所在的县“犁锄之用，视吴楚不相远”。他进而指出，耕作者“惟耨草屈二膝行于禾间，以手去草根”。他又慨叹“业农之民甚劳”。[128]结合这一观察所得

图 19　这种桔槔就是张岳试图在广东西南地区引进的那种。（《天工开物》）

和他对犁的设计的评论，我们可以看出，作者已意识到距离对知识产生的影响，以及改善知识传递条件的紧迫性。

商业与鉴赏力

在最严格的儒家社会模式里，士绅被置于首位，而商人处在底层。但在明代中叶，因为有些商人得以进入士绅的圈子，而有些士绅又接纳了他们，并从文化传统中寻找先例去为商贸辩护，两个阶层之间的差距逐渐缩小。例如，16 世纪 40 年代初期，一位河南的知县提出，《易经》视市场为良好社会秩序的一部分，用以表明“盖以利民而通货也”。他进而以传统的方式争辩道，商人应该被征以轻税。如果不这样做的话，会使国家与人民竞逐他们可能从商业贸易所得的利益。这位县令显然接受了儒家思想的推论，即国家调节市场的利益旨在防止“劣币驱逐良币”。但是他并不像许多明初评论者那样，相信商人是坏人中的一类。不能调整市场使之作为公平交易的地方，不仅会把商人赶离当地市场，也会迫使他们投身走私活动以继续他们的贸易。他总结道：“驱农以为商，尤可也；驱商而为盗，不可也。”[129] 他并不特别认为农业绝对优于商业，他把确保市场良好运作也作为知县职责的一部分。

即使生活在明代中叶的商业环境里，大部分士绅知识分子未必就会采取推崇商业的态度。但在这样的环境下，商业把越来越多的货品种类带进士绅的圈子里，而士绅们对此也并不抗拒。他们愉快地将这些货品吸纳到他们鉴赏精致物品的文化消遣活动之内，这也同时刺激了货品的生产。这些物品并不只是那种我们在“冬”季一章中的《格古要论》内所列举的古玩。大量的货品进入商贸网络，收藏品的系列也随之扩大到包括稀有植物和外来食品。例如，1530年张岳编纂的《惠安县志》里有一张长得不可思议的土产列表。他如数家珍般地讨论每一项货品。在果树部分的开端条目里，张氏告诉我们，最佳的荔枝产于枫亭和泉州南部之间的地区。惠安并没有生产这些外来品种，比起那些讲究的奢侈品种，惠安种植的只是一些普通荔枝，它们属于两种别的荔枝种类，其主要优势是耐风寒，即使是在恶劣的气候条件下果农依然能够有所收成。根据张岳的说法，龙眼必须分为大小不同的三种：龙眼、人眼和鬼眼。他抱怨说，本地人不能对之加以区别而简单地称它们为龙眼。在柑橘类水果的条目下，张氏编入柚子，但注明《禹贡》并没有提到它。由于经典中没有柚子的相关记载，因此它并不包括在古物这一类别里，不能够享有高雅文化的内涵。张氏告诉读者，最佳的柑橘产于漳州以南，而本地水果质地较差，产量也有限。

张氏由柑橘类转而谈到花木。他指出，惠安有四种不同的桃树，每一种在6月至9月间的不同月份内开花。他没有提及逐月开花的重要性，但这点对他的士绅读者们的园林布置来说，是不言而喻的。他指出桃花的颜色比梅花好，但梅花比桃花香。他建议关于哪一种花更美的长期争论，可以通过采纳“不得而兼者”的观点去解决。他注意到，有几个不同品种的扬州李树在惠安栽植，而且要比在江南其他地方所种植的更好。[130] 张氏进而对其他果树进行品评，兼论及别的土产品种（在关于鱼的部分，他偏离主题，告诉读者某一种鱼在南京是怎样烹调的）。

与人们通常在明代中叶地方志“土产”部分内所能找到的目录相比，张岳的已远远超过了一般的标准。为什么他会对惠安县的植物以及应该如何欣赏它们有这样浓厚的兴趣呢？如果我们考虑到他是关注某些在植物鉴别以外的东西，一个可能的答案就会浮现出来。张氏是在鉴定该县的生态环境内的植物，但他同时也把它们作为县内士绅文化创造的某些成果展示给读者看。明白要去鉴赏哪一些植物并不是中性的知识，它在精英的文化圈子里十分重要，要想融入这个圈子、与他们分享，就必须要掌握这类知识。在分辨梅树好坏的同时，也把社会中的上等人与其他人区别开来。

讽刺的是，这种鉴别在明代中叶时之所以可能，是因为通过商业贸易网络，植物和水果可以如同货物般被运送到各个地方。一些植物要在县里成为稀有物品，意味着它们至少已是可以获取的。流动的功能之一，就是使得物品可获取，也就是说，那些植物必须要到达该县，而这种可获取性往往是由商业旅行带来的。作为新环境中的一种商品，该植物的生存能力也被体现出来；换言之，必须有人愿意费力生产这些植物，以供县内人士购买。然而，这种可获取性必须是有限的：稀有植物一定要少量生产，以免降低其文化上或经济上的价值。例如，那种在惠安县无处不在的荔枝，可能会为那些大量生产的人带来利润，然而它既普通又便宜，故无文化上的声望。这种审美习惯把惠安置于不利的地位，因为它几乎没有什么是最好的，而很多所谓好的东西原先也来自其他地方。于是，一位惠安的士绅不会想被人看到自己吃的是普通的荔枝，仿佛平民一样。出于这个缘故，张氏告诉有教养的读者，哪六种荔枝会更受士绅青睐。他指出，只有少数品种是在惠安栽植的。其他品种当然要通过商业交易网络从别处买入。这些荔枝的稀有性与精英分子的需求结合了起来，其经济与文化价值也以同样的方式糅合在了一起。

这种品味鉴别的例子，在明代中叶的地方志中毕竟还是少数，但正如我们可以在“夏”季所见，这种做法在晚明流行开来。事实上，我们可以从1609年张涛所编的《歙县志》中见到这种情况。张涛是一个实际的人，并不倾向摆出有品位的士绅的姿态。尽管如此，假如他能在八十年后读到张岳对果树的评论的话，他也会欣赏它。(张涛知道张岳这个人——他一度在《歙县志》中提到。惠安位于福建沿海，在歙县以南很远的地方。但是，通过一条水路和陆路交通线，歙县和福建出版业的中心建阳连接了起来。[131] 所以说，谁会知道有哪些福建的书籍传到了北方？）在他的县志里，张涛也沉迷于评论地方植物。吸引他视野的，包括花丛茂密的香橼树、花比叶还多的宝珠茶丛、绿色的香青石榴树、白木槿和一种近来曾被杂交配种以使颜色更深、香味更浓的本地腊梅。他忽视本地土生的植物生态。像木兰这些在任何邻近县城都可以找到的花是不值一提的，不是吗？每一种值得提及的植物原先都是从外地流入的：白木槿来自开封，石榴树来自北京，茶丛来自四川，橘树来自福建。歙县作为商人故里，所有这些植物看起来都像是徽州商贸活动的副产品，它们在本地生态环境中找到空子，扎下了根，不过张涛把这个过程弄反了，声言是本地土壤适应了那些植物，而不是植物适应了土壤。[132] 他避而不谈他所记录的植物的经济价值，不过也有提到某种他喜欢的橘树的果实可以用来制糖和制药。

早在八十年前的惠安县，张岳对日常生活情形的观察在某种程度上更为精明，也许是因为生活在明代园艺文化发展的早期阶段，当时士绅的作品对盆景的商品价值避而不谈，[133]张岳并未受到鉴赏家的静态世界观的影响。他意识到，惠安缺乏良好的果树，不是因为农夫在文化或精神上愚昧，虽然这的确妨碍他们进入上流社会。在总结关于果树部分的论述时，他指出对这些树的照料十分费心：施肥和浇水须在适当的时间内进行，而腐烂病和寄生物亦要加以处理。但是更为严重复杂的因素是反复出现的旱灾威胁。惠安农民早已疲于照料他们的小小土地，又如何保护自己免受灾害的袭击呢？张岳问道："况于果实，岂有余力？"他因而承认投资果树是一个昂贵的赌博。没有大量的本地需求，是不值得投下这些注码的。在惠安，园艺是只有富人才能负担得起的嗜好，而富人们多半也乐于千方百计地维持它。对物品作精细区分的同时，也清晰地将人们加以区别。如果没有人能负担得起的话，扬州的梅树又有什么用呢？

正德年间的衰落

张岳以坚定的权威口吻，叙述他对果树和其他物品的看法。他能够这样做，是因为他作为惠安士绅阶层一位重要成员，享有崇高的社会地位。士绅阶层本身更多的是一种社会文化的而不是经济的类别，它并没有一个准确的定义。它的核心部分，是那些获授名衔的人，他们主要是通过科举考试取得。科名的持有者所享有的地位，延伸到他们受过教育的亲属，以及那些凭借文化才能和社交网络进入精英分子所组成的学术和鉴赏圈的人们。

与明代中叶很多地方一样，惠安的地方士绅也是一个才形成的特权小群体。15 世纪时，在每三年一次于北京举行的全国考试中，大约每二十五年才有一个惠安人考中进士。十年中所出的举人很少超过一名。踏入 16 世纪后，这种情形开始转变，举人的数目激增：1501 至 1507 年期间的三次考试中，中举的惠安人骤增，多达六名，头十年中有三名，20 年代有四名，30 年代有八名，40 年代升至十一名。考取进士自然是一个较为困难而又缓慢的过程。当张岳于 1517 考中进士时，他是四十多年来第一位取得这一成就的惠安人。在他之后，30 年代有三名进士，1547 年则有另外四名。在明代中叶科考成绩突出的五个家族中，香山张氏（张岳家族）自 15 世纪 60 年代其曾祖父开始，考取的功名就比其他家族更多。[134]

考虑到科举考试犹如买彩票，这些耀目的成就绝对来之不易。1530 年，半数科名仍然需要通过科考才能获得，此时，张岳说出了内心的疑惑：难道恢复荐举制度不是一个可以弥补科举制度不足的好主意吗？[135]——这种做法无非是为了确保香山张氏这样的世家不会因为一两场考试的失利而被迅速地排除在精英阶层之外。

因此，16 世纪上半叶，当由张岳这类赢得科名的人组成的士绅阶层逐渐出现时，一个享有声望的精英集团随之在惠安县形成。15 世纪，各府内的主要县份已经出现了士绅阶层，但直到明代中叶，这一集团才在类似惠安这样的半边陲县里积聚了一定的规模与人数（这个过程在晚明时扩展到边陲县份）。惠安的士绅阶层并非独一无二，因为正好在这几十年里，士绅精英分子首次在整个华中和东南地区处于同样位置的县份中逐渐形成。[136] 然而他们的产生并非易事。在他们出现的时候，这些新精英分子里的许多人对他们的身份感到困恼。特别在明代中叶的后半期，地方志和文集均显示出，无论是他们所写的题材，还是有意采用的写作方式，都与明初同类型的人物不同。尽管他们努力去承担自我赋予的责任，实现地方社会的儒学化，但缺乏达到目的所需要的政治手段。简单来说，明中叶的士绅的困境在于，他们要在缺乏采取公共行动的正式机会下，找到自己在地方社会中的角色。就与皇帝的关系而言，他们是恭顺的仆人，他们的行为要遵照儒家的原则。然而在地方上，他们并没有正式的权力。他们的社会流动性给予他们一种非正式的权力，但它与儒家理想是不相符的，后者指的是在地方官员身上所体现出来的对帝国秩序的服从与责任。同时，那种推动他们跻身显赫地位的社会力量，同样推动着下层的人往上爬，从而产生了更多的竞争对手。他们用以摆脱这种困境的语言策略，是为世道的沦落而悲伤，并把自己视为文明的最重要的希望。

如果我们回到明代中叶之初，在精英分子（大部分是官员）的文字里，衰落被描写成是将来要避免的一种可能性，而不是现在要修正或避免的现实。当时，儒家道德的发言人通常是知县。例如，河南省的一位知县在15世纪60年代写了下面的这首《劝民歌》。这首歌是为农村的文盲而作的，他希望这些人能去听、去记、去留意：

劝汝崇孝弟，
劝汝和乡里，

劝汝勤农桑，
劝汝安出处。

士有书，
农有田，
工商异类理则然。

顾汝此身在何地，
各专一业无憎嫌，
出处已如此，
趋向其有差。

这一歌词在当地口口相传，成为地方知识，甚至两个世纪后，当地的一位学者还说这首歌人人皆能吟唱。[137]

这首歌描绘了安稳的乡村秩序，这一画面大概能让洪武皇帝稍感欣慰。但也正由于这首歌的存在，使得我们不禁质疑，儒家社会的和谐是否真的存在。如果那位知县希望本县居民在劳作时唱这首歌，唯一可能的情形是，他们的生活方式与那首歌所描述的并不符合。15 世纪 60 年代，一位知县可能还在谴责下层百姓不听话。但半个世纪以后，正如 1537 年的《便民图纂》所显示（见图 20），情况并不是那么简单。很多农民不再“有田”，而要将谷物储存在士绅地主的粮仓里，随后这些地主会把佃农的谷物贩卖出去。

尽管如此，明代中叶地方士绅在他们所编纂的地方志里，时常

图 20　佃户在往地主的粮仓里运粮。他们用扁担把成筐的谷粮挑进来，然后用放在粮仓前庭的容器称量。左边最大的是斗（10.7 公升，1/10 石），接下来是升（1/10 斗），最小的是合（1/10 升）。(《便民图纂》)

重复那位知县的幻想：一个不变的四民分工的社会秩序。在1506年的《大名府志》里，编纂者这样叙述一个县："士知向学，农知务本，商善贸易而不为非分之徼。"至于另一个县，他高兴地宣称，那里的人民"安于田里，不事远游"。[138]大约同一年代，怀着同样的心态，来自江西乡村的一位作者也断言："士行无盛于儒业"，而"农工商贾各司其业"。因此，他强调"无旷土，无游民"。他总结道：这是最自然的自然。[139]

把社会秩序说得犹如浑然天成，暗示了一种轻微的焦虑感，因为事情可能并不像书上所描述的那样。明代中叶的最后二十年，踏入16世纪的中期，人们不高兴地意识到——一些常规以外的东西正扰乱着这个局面。例如，当另一位世纪中叶的县志编纂者，在充分地描述士民朴实、各司其业和人人皆有纯朴的道德之后，他轻轻地提了一句："今渐有易之者。"[140]其中尤为令人关注的，是上层士绅与底层商人之间开始松动的界线。卓尔不群的归有光（1507—1571）进一步指出："古者四民异业，至于后世而士与农商常相混。"这种改变似乎并没有困扰归氏。当他赞扬一位徽商的家族"士而商"时，[141]他表示愿意接纳这种混合。徽商渴望看见他们与士绅之间的界线瓦解。例如，商人汪弘（1491—1545）训示他的儿子："士商异术而同志。"一位族人在宗谱中写道："古者四民不分"，"贾何后于士哉！"他接着追问："安知贾之不为士也？"这位作者觉得商人完全可以达到士的标准，他称其传记的主角就曾经是"贾而儒行者也"。[142]

归有光的士商概念，标示了明朝士绅关于社会秩序看法中一个激进的立场，但到了晚明时期，这种观点已流行开来。而对于比较传统的作者，在那个令他们感到愈来愈离经叛道的年代中，他们更急切于确立自己儒家士绅的身份，因此，他们丝毫不会为了让商人免遭歧视而从经典里寻求支持。严格地以职业区分类别的模式，依然被视为合法和古老的方式，任何偏差只会被理解为一个不幸的时代变更，正如1543年福建《邵武府志》的编纂者所说的那样，“风俗美恶迭相因胜，大概今不如古”。[143]

在阐述某种恢复社会秩序的方案时，古风并不是唯一一种可以增光添彩的措辞。农村生活也会被展示成一幅理想的画面，一些士绅以农村较低程度的商业化，作为农村居民与城市居民不同的证明，认为他们更接近古代风俗，正如一位地方志的编纂者提到自己所在的湖广东部的这片宁静隔绝之地一样。[144]《邵武府志》的编纂者，可以同样地通过指称“无兴贩贸通之利以侈大其耳目而荡其心”，推许府中的三县之民“力田树艺，鲜为商贾”。这些地方之所以仍未被商业侵蚀，是由于县内的农村经济并未通过贸易网络与外间世界广泛地连接；或者，用他自己的说法：“财源鲜薄，安于食稻茹蔬……庶人鲜乘马，雨沾衣皆自执伞”，不用仆人为他们做这些。

但是，《邵武府志》的作者也不得不留意一种正在进行的转变。“闻十年之前，未有以鹅筵宾者。今间或有之蜜添饭至数十品，衣帽渐鲜，亦有为商贾者矣！”个人消费的习俗正处于混乱状态，而这显示出一种更深层的道德失序状态。然而，在邵武府的三个县内，由于人民依旧“力田树艺，鲜为商贾”，因而这种混乱状态还在可控制的范围内。在建宁，“男饰皆瓦笼帽，衣履皆纻丝，宽袖低腰，时改新样”。消费竞争如此激烈，以至在展示性打扮上的花费变得过分高昂。正如一则地方谚语所云：“千金之家，三遭婚娶而空，百金之家，十遭宴宾而亡。”[145] 按照那位府志编纂者的理解，财富决定了一个人在建宁的地位，传统的模式对这种决定的影响是微不足道的。

那些认同明代中叶社会在衰落的人们，也会同意转折点出现的时间。江南和东南的作者几乎一致确定，这个转变发生在正德年代（1506—1521）。[146] 当酗酒的正德皇帝在二十九岁驾崩后，人们纷纷责怪起正德的统治来。在随后的嘉靖朝初年，官员们回顾前朝君主的统治，皆认为那是一个支配社会生活的道德传统开始腐败的时代。[147] 正德年间的衰落很快被认为是普遍存在的，而它以前的世界，激起了人们各种各样的怀旧感，其中很多是不恰当的，但它们强有力地影响了人们对其所处的年代的感受。

在人们怀念的事物中，首要而又最一致的，是一个四民秩序仍然适用的古代世界。16 世纪 60 年代，松江的文化鉴赏权威何良俊（1506—1573），把正德年代视为一个冲突和追逐名利最终破坏了四民分工的时期。他把导致那一模式崩溃的原因归咎于穷人：正德以前，人口中约一成的人为官府做事，其余九成在田野劳作。百姓满足于农耕生活，没有其他野心。但是自正德年间开始，那些曾受土地束缚的人们开始逃离农业，有些为富有的家族服务，另一些从事商业和手工业，其余的变成流浪者。他不无夸大地宣称，十分之六七的松江农民已经离开那个他认为是中国社会经济基础的耕作业。[148] 他忽略了，农民所逃离的松江，土地已经被他的同类士绅地主控制，这些地主也许会惋惜旧秩序的衰落，但他们也正从这种衰落中获利。

但是，普通百姓并不是引起问题的唯一因素。一位浙江北部湖州府的大士绅，指责士绅阶级带动了这一个衰落的过程。他幻想，曾经有段时间农村的大士绅家族成员会步行入城，但正德以后，除非是乘坐轿子，他们永远不会去任何地方。[149] 事实上，大部分士绅已经不再往来于他们的农庄与城市之间，因为他们已永久地离开农村，搬入时髦城区里的豪华住宅。

所有这些意见加起来，反映了一种可以追溯到正德年代之前的怀旧意识，这就是农村内阶级关系的和谐。再次回到松江府，当地最富裕的人、内阁首辅徐阶声称，唯有回到 15 世纪末，才能找到地主与佃农之间的理想关系：大家有田不能耕，必租给佃户；佃户耕而不足食，定仰靠大家。从地主的角度来看，这种将地主与佃农的关系理想化为类似父子的互相供养关系，是一个完美而合理的组合。这当然是徐阶——松江最大的地主——的观点。但这种家长主义在正德年间逐渐消失，早期的互相支持和互相供养变成互相猜疑和互相仇视。[150] 但事实是，洪武皇帝并不喜欢地主所有制，这种制度也应当从他理想的世外桃源中排除出来。按照洪武皇帝的观点，首辅徐阶拥抱着一个错误的怀旧意识，但在他当时生活的时代，只有最热诚的农村儒士才会幻想土地所有权能重新回到耕作者手里。

对农村关系日渐混乱的感觉，唤起了另外一种怀旧意识，此即在正德年代以前人民忠顺地服从国家的控制。让我们再次引述1543年《邵武府志》的一段文字：

> 正德以前，民皆畏官府，追呼依期而集，无事棰楚。城中民或不识府县门，村民有老死不识城市者。讼绝无而仅有，称为民淳事简焉。今逋负争讼，至习惯不畏官府矣。盖抚之非道也，抑亦世变之趋与？[151]

在福建省的沿海地区，张岳从另一角度看到与惠安县同样的衰退历程，并企图责备那些官员。他变得如此怀旧，以致连正德之前的弘治时代的天气也仿佛更佳：

> 论曰闻之弘治前，风雨时若，岁频有秋。其时官吏亦奉法遵职，与民相安无事，故俗号称近古。自正德初，某人以苛刻为政，剥肤敲骨者六年，加以屡有水旱之灾，民穷谲诈渐生，风俗始为之一变。

对于惠安县，张岳还有一些理由，可以将日益恶化的治理情况归咎于天气，毕竟正德六年（1511）的一场水灾和饥荒的确启动了一个衰落的周期。[152] 当然，张岳无论如何都不是正德年代的狂热支持者——他由于拒绝顺从正德皇帝一时兴起的某个念头而被贬为南京国子学正。当他（在地方志）撰写评论时，他能以观察所得安慰自己：惠安县内依然有人仍未失去内敛的本性与节俭的习惯，在对农村的浪漫想象里，这些美德被认为是那些勤恳和安居乐业的农民本身所具有的。但他也理性地忠告读者，在这个末世，不能指望穷人会永久地忍受他们的贫困。

而对于福建沿海的士绅来说，值得他们怀念的，还有早年的对外贸易，比起后来，它得到了更好的管理，贸易交往也更和平。例如，著名的沿海官员郑晓（1499—1566）抱怨，商人（和士绅）于正德年间在东南沿海一带扩展他们与日本人之间的非法贸易。如上所述，恰巧与正德年代同时发生的是，东南沿海的对外贸易在16世纪初的二十年中似乎经历了一段衰退期。对此，新的嘉靖政权的反应是封锁海岸，但它只是进一步加剧了竞争并使海上贸易军事化，结果导致延续整个明代中叶的海盗行为。[153] 有些人喜欢将骚乱归咎于日本人，但沿海官员逐渐意识到，大部分海盗其实都是那些在朝廷抑商的大环境下寻求拓展贸易机会的中国人。换言之，正德年间出现的问题，根源在中国，特别是16世纪初期，商业生产急剧扩大，而国家又企图遏止毫无约束的财富积累——这种积累通过对外贸易得以实现，两者之间的矛盾构成了问题的根源。

如果真像许多16世纪的士绅所担心的那样，中国在正德年间转至衰落，那么，关于这个转折，没有人能比朱肜总结得更加全面和严厉。和张岳一样，朱肜的故乡在惠安县。他并非属于那些居住于县治的大士绅阶层，而是住在沿海军事市镇崇武所（见图21）。崇武所在明代中叶时已凭自己的实力成为一个市镇，而朱氏于1541年为它编写了第一部方志。朱氏在《习尚》里展示了明代社会的道德史，对于其中的用词及语调，估计上文提到的作者都会心领神会

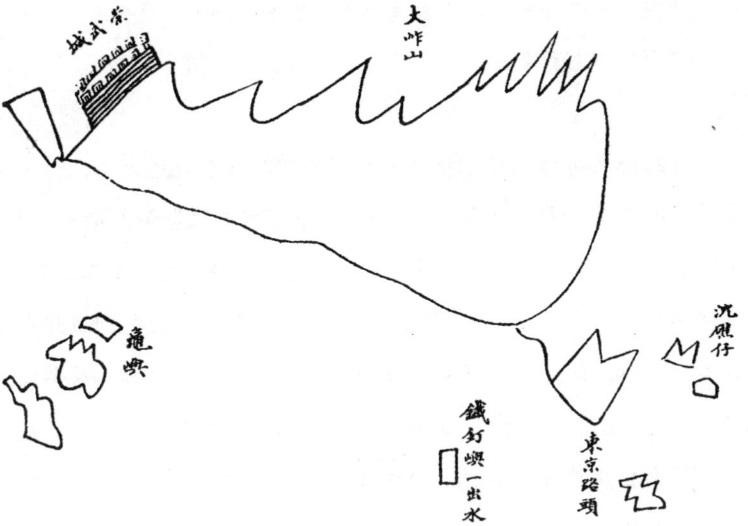

图 21 在一幅明代手绘的航海图中，可以看到朱彤的家乡——城墙环绕的崇武所城。(《古航海图》)

和深表赞同——除了那些有文化的徽商以外。[154]

朱彤以陈述他对明初社会的想象来开始他的慷慨陈词：

> 明初新脱兵革之祸，疮痍甫起，生聚未蕃，能自奋于科目者绝少。承平日久，文教渐被，自是人始知学，师傅见重于世，博徒游侠不容于时。长幼尊卑有序，亲疏贵贱有伦。即啬于财者，或以贾而趋利。艰于食者，或以农而逢年。本业耕作，而山无盗贼；家给人足，而民鲜怨咨。敦仁让，绝去嚣争，事悃愊而不为文饰，丝纻鲜服于官家，牲杀仅行于宾席。婚配必求相称，虑非

其偶；装送不敢相高，羞其不衷。生事葬祭，动尊礼法，有太古遗风，熙朝雅意焉。

此时读者可能已经感觉到朱彤对明初的描绘几近废话。与半世纪之后的张涛一样，他把自己的怀旧心态与洪武皇帝的混在一起。朱氏认为，他所失去的明初世界，是一个没有冲突的“太古”时代，这里仍严格遵守着年龄、宗族与地位的固有阶层。公共领域并不是竞争的场所，而是一个财富与社会声誉有机结合的地方。甚至商人也有他的地位，并能获取与他的努力相对应的报酬。

然而自正德年代开始，社会地位的基础已被经济基础所取代，因为惹人注目的消费夺去了温文尔雅的光泽：

近数十年来，士习民心渐失其初，虽家诗书而户礼乐，然趋富贵而厌贫贱。喜告讦，则借势以逞，曲直至于不分，奢繁华，则曳缟而游，良贱几于莫辨，礼逾于僭，皆无芒刺，服恣不衷，身忘灾逮。

明初，各种差异或许还能被重新吸收到一个有机的社会整体里，但此时，在衣服、饰物和诗书上表现出来的分化明显占了上风。私下的劝说被公开的诉讼所取代。或者正如朱彤所相信的，贫富之间的差别，过去是模糊、微妙的，因为所有人心里都清楚明白，如今这种差别却被赤裸裸地暴露出来。道德秩序已脱离了大众文化。

家庭生活中也可以看到同样的腐蚀作用。固有的长幼和男女的阶层性，不再保持其原有状态：

> 反唇反目，不念夫姑之亲；同胞同乳，敢割兄弟之好。富无子，则育他人之子，族无闲言。多女则溺所生女，母无难色。[154]

族系是由男性成员维系的家庭集合体，它高于单个家庭之上，是为大部分人所认同的家族关系的单位。明代中叶，随着家族拥有了共同财产和团体身份，道德和经济责任如纽带般把族人愈来愈紧密地联结了起来。[155] 朱彤看到，家族关系秩序的瓦解，正是发生在族系制度的三个最大的结构性弱点上：丈夫与他们那些来自男性亲属关系网络以外的妻子之间的关系；同一代中兄弟间的横向关系；代际关系，对于当时的人们来说，比起从族内提名，他们更愿意从族外收养继承人。[156] 所有这些都是感情关系的敏感点。更切题地说，所有这些关系都有财产上的含义，每一点皆构成削弱族系资源的威胁。妻子可能带来嫁妆，而那是当她们的男人去世后夫系家族所渴望分摊的；兄弟可能分家，从而削弱宗族力量；从外面收养回来的儿子，可能会从他的族人那里抢走养父的财产。同时在整个以男性为联系的系统中，防止财产通过女性关系网流走的想法如此迫切，最终导致了谋杀女婴的习俗的产生。

家庭与大众文化的相互来往以礼为标志，与亲属、邻居之间的关系破裂，会被认为是不守礼的体现：

> 富室丧服，召宾服快生者之醉饱；贫儿藉贷，依样宁薄死者

> 之棺衾。病不服药而一听于神，谓神道，胜于医道，葬不以期而停柩卜地，谓天理不如地理。甚有猖狂自恣，明言礼不为我辈设。[157]

葬礼——一个用以重新确认那些在生的人们之间的关系的重要时刻，它不再强化家族关系的团结性，而是为换取地位和区别贫富亲属提供了一个机会。这些场合的文化只会使穷人受害，[158] 而富人可以宣称他们这一代已摆脱了旧有的传统。具有现代观点的人与抱有旧观点的人是格格不入的。像朱彤那样的年长儒者，可能把这些转变解释为道德的堕落。他唯一的补救方法，是从更安稳的过去中提取出一个与现在截然相反的理想图景，并以之灌输给人民，期望化解来自各方面的冲突。但是，即使把道德重新武装起来，也几乎无法对抗这些冲突的主要来源——金钱。至正德年间，精英分子与平民都可以通过金钱，帮助自己一路摆脱朴素和卑微，享受快乐和名声。

士绅们对于衰落的控诉充满了讽刺性，因为新的经济繁荣的得益者正是他们自己。经济繁荣可能不被认为是一件好的事情，但它使得一些条件变成可能。在这些条件下，某些家庭可以负担起进入士绅精英分子的圈子所需要的教育和文化训练。士绅们自己承担着对于时代衰落的忧虑，而与此同时，他们自己也在逐渐重构和界定精英分子的生活。人们普遍意识到，在他们抗议的背后，是对辨别焦虑并控制它的渴望，这种焦虑来自社会关系网，他们是这张大网的最大受益者，但同时也可能成为失去最多的输家。当然，旧的精英阶层在明代中叶的商业化旋涡中受到威胁，但没有了这些威胁，朱彤和张岳等人可能永远进入不了士绅阶层。一旦身处其中，他们不得不处处为他们的身份辩护，并在正德以来的纷乱世界中保持他们的地位。因此他们诉诸儒家教育（朱氏），甚至考试制度的限制（张氏）。作为守门者，他们要去抵挡一拨拨日益强大的向上爬的平民——后者竭力要求进入士绅阶层。

明代中叶的作者中，很少人能宽容地看待他周围的转变，但是，就有那么几位人士的确如此。其中一位是上海的士绅陆楫（1515—1552），他赞同奢侈，不反对它。因为无法用道德来为奢侈消费的合理性辩护（关于道德与奢侈的关系，基本上都是相反的观点），陆氏选择以经济的角度去论证消费是一件好事，他认为大商家和富户（像他自己）“彼以粱肉奢，则耕者庖者分其利；彼以纨绮奢，则鬻者织者分其利”。[159] 陆氏对他自己的观点充满了信心，他引述孟子关于平衡剩余与需求的说法以总结其所论。如果陆氏并不注意消费的道德层面，那也许是由于他是16世纪上海的主要地主–士绅家族的继承人。他安然处于这样的位置，并安心地相信，财富不必是一种道德负担。

比起陆楫的惊人宣言，朱彤的申诉要平凡得多，不过，两者都证实了明代中叶时席卷中国的转变力量。要抑制这种转变，儒家秩序只能够通过华丽的辞藻唤起对正德以前社会的回忆。然而，那个道德内核在很久以前就已经消退了。它并没有力量去重建旧的道路或开辟新的方向。这种力量已经转移到地方士绅那里。即使随着商业的增长，旧的规则在倒塌，士绅也比任何人更能从商业所产生的新财富中得益，他们也更能利用这些财富积聚所开辟的新的地位和权力渠道，从而改变着中国社会的面貌。很少士绅愿意颂扬那些试图追赶、超越他们的事情，当公共行为的规矩从人们的视野中逐渐消失时，他们大部分人都感到惊恐万分。儒家思想并没有为他们提供任何现成的法则，去把那些正在发生的事情转化成为一些合情合理的事情。对那些生活于晚明的人来说，挑战在于去发现新的法则。

第三章

夏（1550—1642年）

末富居多，本富尽少。富者愈富，贫者愈贫。起者独雄，落者辟易。资爰有属，产自无恒。贸易纷纭，诛求刻核。奸豪变乱，巨猾侵牟。于是诈伪有鬼蜮矣，讦争有戈矛矣，芬华有波流矣，靡汰有丘壑矣。

——张涛

当历史跨入16世纪后半叶的门槛时，许多人感觉进入了一个全新的世界，张涛就是其中的一位。在应接不暇的变化中，旧的道德观念变得遥远陌生了，伴之而来的是更多的人口、金钱和竞争。他们觉得作为一个中国人，命运变得难以预测，难以始终如一。在上层士绅、大地主、富有商人的眼中，明朝后期是一个文化繁荣、新思想不断涌现和充满着欢愉的时代，同时也是一个令人困惑和忧虑的时代。在社会阶梯的另一端，生活在这个繁荣社会边缘的是满心愁苦的穷苦人。他们就是那些短工、雇工、家内奴仆、伐木工人和季节性流民。洪武皇帝心目中的那幅耕者有其田、农村自给自足、一切井然有序的美好画面，并未能使多少人信服，即使他曾竭力去把它变为现实。到了明朝后期，当许多种田者租种别人的土地，甚至有的在农村经济中身无立锥之地的时候，上述蓝图不过仅仅成为一种富有怀旧感伤色彩的不现实的空想而已。[1]

钱 神

铜钱和佛陀

张涛认为，这个王朝的盛夏季节有一种哪怕是最微小利益也得计算的冲动。除了银匠和账房先生之外，那一点点最微小的利益通常以铜钱（“文”）的形式出现，就是那个中间铸有方孔的薄薄的青铜铸币(见图22),它是最小的货币单位。对富人来说,白银当然更好;但一个劳动者挣得太少，仅几个铜板而已。天主教徒、大学士徐光启在1619年写道，当时北京一个劳力的通行价是每日24或25文，这仅可维持一人一天的生活。[2] 对那些出卖一天劳动仅获得两打铜钱的人来说，张涛要提醒我们防备的那个钱神，不过是一方既吝啬又可怜的神灵。

在社会阶梯的另一端，这位神祇可就变得丰腴大方起来。今天摆放在皇家安大略博物馆主厅里的那座袒胸的大日如来佛（见图23），就是这种丰腴面目的化身。[3] 这一佛像大约是在16、17世纪之交用铜铸成的。他平淡的面庞显得和平、慈祥，由于专心内观而显得有点飘飘然于尘外。让人感觉，好像艺术家在塑造那生动的嘴和眼时，眼前根本就没有一张特定的脸作样板。这一雕像原来摆放在中国北部的一所寺院里，对于这所寺院的士绅捐助者来说，这尊

图 22　铜币是将熔化了的铜倒进币模里制成的。(《天工开物》)

图 23　这尊明代后期的大日如来佛像，是住在天津的英国皮毛商乔治 · 克罗夫茨（George Crofts）1920 年前从华北的一座寺院得到的。这是他卖给多伦多皇家安大略博物馆的大约三十件物品中的一件，售价一万五千加元。这帧照片可能是 1920 年佛像装船前在天津拍的，蒙皇家安大略博物馆惠允复制。现为皇家安大略博物馆藏品，编号 921.31.30。

佛像显示了他们试图在佛陀王国中寻找的静谧心态，而这通常在真实生活中是难以找到的。对那些身处这一世外桃源之外的人来说，这么大尺寸的铜像实际上就是一座铜钱堆铸起来的铜山，只是暂时地采取了佛陀的表现形式，随时都可能被熔毁，以便将其中七分之六的纯铜挪作他用。

对这尊铜铸佛像来说，能从明末经过四个世纪一直留存到现在确属不易。更普遍的情况是，用这么大量的金属铸成的东西通常都被熔化掉了。被这样熔毁的佛像可谓数不胜数。比如著名的杭州普明寺的铁佛，在元末就被张士诚（朱元璋称帝前的主要对手）熔毁作为铸造兵器的材料。[4] 与铁质佛像相比，铜铸佛像用途更广，既可做兵器，又是铸币的好材料。从这种意义上说，钱币和兵器可以互为原料。陆容（1436—1497）在他的《菽园杂记》里回忆说，他在小时候看到洪武钱在市场上流通，长大以后发现这些钱都从市场上消失了，被用作了兵器生产。[5]

国家征集和销毁铜铸佛像的传统至迟可以追溯到公元955年，[6] 明朝时这一传统继续发展。第一次大的征用活动发生在正统年间（1436—1449）。政府没收佛寺、道观中的铜像和其他金属制品，以作北边大规模对蒙古战争的兵器之用，在这次战争中，正统皇帝本人最终被蒙古人俘虏。正像杭州《圣水寺志》所记载的那样，这种征用活动并不是每次都能成功。悬挂于圣水寺主殿的一口大钟被列入了征集销毁之列，当搬运者从主殿搬挪那口钟的时候，已聚集起来的僧侣们一起祈求佛陀的保佑。突然间，大钟从搬运者的手中滑落在地。后来发现这钟完好无损，那是佛的意志：圣水寺应该保有这口钟。[7]

到嘉靖朝，宗教财产征用活动再度兴起。公元1528年，礼部尚书霍韬（1487—1540）倡议关闭所有的尼姑庵和女道观，说那是非法娼妓的渊薮。作为道德整肃的一个方面，那些尼庵道观里的青铜铸像应被全部销毁以充国用。[8] 这次道德紧急动员并未获得多少支持，大多数金属造像都原封不动地保留了下来。16 世纪 50 年代的军事征用相对而言具有更大的破坏性，当时海防官员正致力于反海盗的斗争。1554 年，浙江巡抚下令将本地区所有佛教寺院里的铜钟销毁以充制造火器之用，准确地说是制造“佛朗机”。[9] 据杭州天竺寺的记载，巡抚的命令是仅仅销毁那些废弃寺院内的铜钟，但热昏了头的下级官员，将正在使用的寺院里的钟也一并摘下来销毁了。只有像天竺寺那么重要的寺院的方丈才能越过行省长官直接向中央请求停止征用。在前述的“春季”里我们看到，观音菩萨能够阻止一伙海盗烧毁寺院。但方丈却没有那么神通广大，没能保护主殿铜钟免于被毁。[10]

不光是明朝政府对这些闲置的金属感兴趣，一些个人也同样觊觎那些熔铸为佛像的铜的价值。1607 年，有三个人盗走了上海一所新建道观中的道教神祇真武（即玄武）的铜像。他们的目的很明确，就是为了卖铜。这个铜像重六百斤（约合三百六十公斤），以寺院佛像的一般标准而论算是个小雕像了。要铸造一尊像样的、称得上宏伟的佛像，要用三到四倍于此数的金属才行，但要从金属商人那里获得一个好价钱，这个数已经足够了。三个盗贼设法将铜像弄到已经等候的船上运走，但后来还是被人发现了，偷盗计划宣告破产。[11]

这些金属铸像的无常命运并没有阻止明代后期虔诚的佛教徒们继续铸造新的佛像。本书“春”季开头提到的那位来芜湖商港的歙县商人曾捐赠给圆照寺两尊佛像，一尊是铁的，一尊是铜的。[12] 后来，圆照寺被人们称作铁佛寺，至少那尊铁佛陀幸存下来了。至于那尊铜佛，看来它未能躲过人们对铜的贪欲。

所有这些盗窃和征集活动都反映了晚明时期铜的匮乏，或至少可以说明相对于银价而言铜价的提高——当时从西班牙和日本进口的银块增加了中国的白银储备。[13] 与白银流入的同时，铜币（严格地说是青铜）大量流向日本、东南亚和印度洋周边国家，虽然官方明令禁止铜的出口[14]。铸币中铜的价值大大地超出了它的面值，仿造者发现熔毁良币再铸造赝品有利可图。万历年间在市场上实际流通的铜币，看起来都是质量低劣的赝品。这一时期经济异常活跃，容不得贵金属的闲置。

但正是明朝后期的寺院施主们造就了大量的闲置贵金属，他们每每想要铸造高大丰美的铜质佛像或巨钟。其中有些佛像非常之大，如1602年为浙江一寺院铸造的一口钟，耗用纯铜两千三百斤、锡四百多斤，共使用金属一千六百公斤，数量极其惊人。[15] 这口巨钟的捐助者，也像上文那座大日如来佛像的假定捐助者一样，有足够的权力保护这些宗教用品免遭销毁、改铸成钱币或大炮的命运。在另一种贪婪的推动下，这尊大日如来佛在20世纪20年代被搬离了原来所在的寺院，但或许这也正巧使它免遭在后来的军阀混战时期中可能遭遇的更为悲惨的命运。不管怎样，这位钱神最终生存了下来。他曾经透过微闭的双眼冷漠地注视着他面前那些富裕的捐献者们，今天他又在以同样的目光注视着皇家安大略博物馆的资助者。

庞氏族长

将财产捐献给寺院是阻止明朝后期无休止的金钱、商品、社会地位流动变化的方法之一。这种方法还有另外一个好处，那就是向被统治的一般百姓炫耀社会上层的地位和权力。但除此之外，还有其他的、或许更好的阻止这股变化潮流的办法，把这潮流引向有益的方向。明朝后期最常见的办法就是将一个家庭的财产同父系男性亲属中其他家庭的财产聚集在一起，形成家族共有经济。血缘关系将所有的家庭成员和他们的土地集中在一起，这样商业机会就不会轻易溜走。不仅如此，家族纽带还为每个成员提供了以较大优势参与商业交易、货币贸易网络的手段。家族制度还为人们提供了这样一个场所，在这里，人们惧怕丢失的上下尊卑秩序和名分义务得到了恢复，辈分较高的家族成员的地位也得到了提高。

保存在明后期修撰的广东省庞氏族谱中的庞氏家训，向我们展示了一个农村的长者是怎样看待金钱社会的：在货币经济面前应当警惕什么？在周围社会的变化面前，他的族人应采取什么对策？[16]由这位佚名的庞氏家族的一个支系的家长——我们姑且称他为庞族长——制定的家规，强调勤劳和忠诚的重要性，充满了对秩序的留恋和向往，这或许正是人们寄望于一个家长所能做到的。但这位庞族长还是很机敏，他感觉到他的训言将不得不与现实社会联系起来。在他的训言中，我们可以察觉到他面对明朝后期社会环境变化悄悄做的调整。

庞族长关于家族作用的观点，是反对城市生活的："累世乡居悉有定业，子孙不许移家。"他警告说，"住城三年后，不知有农桑；

十年后，不知有宗族”。城市的“骄奢游惰”几乎没有人能抗拒。他声明“乡中有十分利，惟避寇方许暂寓城中”。

庞族长不欣赏城市，也不赞同享乐。“子孙各要布衣蔬食”，“蔬食菜羹，终身余乐”。同样的道理，“客至，肴不必求备，酒不必强劝”，“待客，肴不过五品，汤果不过二品。酒饭随宜”。他告诫后代要自己养鱼、种果蔬，因为“买菜给朝夕，彼冗食者何事乎？”而不再为衣食劳作，“此道之所宜者乎？”或许不宜，不该这样，但这仅限于在生产和消费完全没有分离的自然经济条件下。青年一代“恶衣恶食”是由于经济的发展使“粗食敝履”不再是维持生存的必要品德了。

在这些节俭说教的背后蠢蠢欲动的，还是金钱。与他朴素的农人形象形成鲜明对照，这位庞族长下面就要谈到价钱的事了。亲戚间的礼尚往来，一年顶多两次，每次花销不能超过一钱银子。关于重大礼仪场合所收礼物的回馈，他有非常精确的回礼标准：收到一个猪头，要送一钱银子作为回礼；收到两只鹅和一坛酒，要回礼银三钱；收到一只羊和一坛酒，要回礼银五钱；收到一头猪和一坛酒，要回礼银一两。“此外，另封银二分作果酒礼。”这些花销都是要靠按人头收的来宾随礼得到补偿的，随礼也是每人礼银二分。显然庞家是个大户人家，不需要用铜板来算账。或许银子只是一个用来算账的单位，实际生活中都是以等价的铜钱支付的；但也很可能在礼仪往来和社会交往中银子是现实的支付手段。

金钱和商品悄然进入家庭生活，也改变了妇女的日常生活方式，她们像男子一样被卷入了货币经济，这在庞族长那里也有描述。他教育她们在完成家庭主妇任务的同时，也要像男子那样，对上述钱的问题给以细心的关注。比如说，“凡朝夕柴火当预备，务其足用而后已；或遇天时久雨以致不便用银米买换，立见困乏”。尽管家庭主妇们被告诫避免依赖市场，但她们必须以缜密的经济头脑来经营家内经济事务。“每日米菜逐日磨算，稽查无令太过不及。”他的杜绝家用浪费的训诫只有在商品经济环境下才有意义，因为只有在商品经济环境中才存在他所说的过度消费。最后，这位族长提醒家庭主妇们，说：“小家婆妇往来，类多簸弄是非，窥窃饮食，甚或诱引祈卜，煽惑妇女，因而盗骗财物。”这里我们应当注意，如果庞家的女子可能这样被骗丢钱的话，那说明她们手头总是有一定数量的零花钱可供使用。

末了，庞族长对社会结构的变化异常敏感。他用传统的四民说作为关于族内子弟可能从事的各种“体面职业”的训言，并总结为整篇训言的结束语。一切看起来都墨守成规：士、农、工、商。然而，这一古老模式中的某些内容已经发生了急剧的变化。他虽然声称儒学为世业，“士为贵，农次之，工商又次之”，但各人宜“量力勉图，各审所尚”。换句话说，社会的可变性和择业的灵活性都大大地增加了。当儿子恰好选择了父亲的职业时，一种职业才能称其为世业。

庞族长想要把这篇家训写得恰到好处地符合传统价值，在清代的庞氏子孙看来，也确是如此。然而，它还是充分考虑到了明代中期以来社会生活变革的方式。银子在其中显示了它应有的地位和重要性。只有当家族成员做过了头，要出卖家族财产时，庞族长才会强烈反对。他自己总结说，“予家训……皆就人家日用之当为而开示途辙”。在明代后期以前的任何时代，这样的方式都是不可思议的，肯定会被认为有伤道德伦理。

富裕时代的生存之道

庞族长殚精竭虑，想使后代珍惜家产、节俭持家。后来这一支系确实相当富有与繁荣，但这在多大程度上得益于他的那篇家训，我们也只能臆测——或许仅仅是由于后代投资得当、生财有道。像他们一样，以数百两白银捐铸那尊大日如来佛铜像的俗家弟子们也一定是富有的男女。然而，明代后期的社会财富分配是不均的。明朝最后一个世纪的人口压力十分大，不可能全民皆富。

要想准确估计明代后期的实际人口数不太容易，许多统计结果明显有让人难以接受的错误。官方的人口统计数字显然与当时人口的真实状况相去太远。1575 年《会稽县志》的编纂者认为，会稽县的非在籍人口要三倍于在册的官方人口统计数位。[17]1613 年的一种福建地方志也否认官方统计数字所反映的人口停滞。编纂者指出，明朝享有太平盛世二百年，为历史上所仅有。当此社会恢复、经济发展之时，人口较国朝建立之初繁衍不下数倍。人口停滞不动实无可能。与他同时的一个福建人亦如是说：“二百四十年来，休息生养，民不知兵，生齿繁盛，盖亦从古所无之事。”1614 年，一位政府官员估计 1368 年以来人口增加了五倍。[18]

虽然 1368 至 1614 年间中国的人口没有增加五倍，但多于两倍是肯定的。一般认为，中国人口在 1600 年已接近 1.5 亿，而另一些文献根据更高一点的统计数据，以为这时已经达到 1.75 亿人口。[19] 在一些地区，死亡率的上升可能使人口增长速度有所减慢。人为的选择也发挥了相同的作用，那个时候出现了尝试性的节育行为。发生在 16 世纪 90 年代浙江桐乡的一个姚姓奶妈的故事可能是个例子：当她发现自己在三年夫妇别居的期限结束以前怀了丈夫的孩子的时候，感到非常沮丧。尽管她受雇的那家明确表示缩短受雇合同中规定的夫妇别居期限并不是什么不光彩的事，她还是服水银自尽了。这是我在明代史料中发现的唯一一条节制生育的材料。这或许只适用于那些受雇于人的奶妈。她们必须调整自己的生育日期，以保证雇主家庭人乳的供应。合同通常以三年为限。她难以承受的羞辱感说明她已经将“计划生育”当作一种道德标准，这比她对雇主的合同上的义务要强烈有力得多。[20] 经常用以抑制人口增长的方法是溺婴。尽管地方官员三令五申禁止溺婴，但男、女婴孩还是屡屡被“溺”死以减少家庭人口，尤其是女婴，在这方面政府法令显得软弱无力。[21] 据说有一些家庭许多代连续消灭女婴，以保证他们的后代全部都是男性。[22] 当然，杀害女婴是非法的，1629 年崇祯皇帝重申禁止杀害女婴的禁令，但是没有任何明显的效果。[23]

尽管中国人力图控制生育数量，但这并没有阻止人口的快速增长，明代后期的人口达到了历史上的最高峰。人口增长是明代经济生产力增长的明证，同时对资源构成的压力也在不断增长。16 世纪 80 年代以来，频发的水涝、干旱、严寒灾害破坏力极大。比如在 1637 年江西省的一次饥荒中，人们急迫地掠食地表上所有尚可入口的东西。等到连这些东西都吃光了的时候，他们就将地下深层的细土扒出来，往肚子里填。人们把这些泥土叫作“观音粉”，希望大慈大悲的观音菩萨能拯救他们于危难之中。[24] 在 1641 年大规模瘟疫流行之前，这些个别性的饥荒通常持续时间较短。1641 年的瘟疫从中国西北部传入后，沿大运河迅速向南蔓延，几乎席卷了整个人口密集的江南地区；次年又以同样的路线扫荡几乎相同的区域。据《桐乡县志》记载，那一年半数人口都感染了疾病，第二年（1642 年）90% 的当地人被夺去生命。据《无锡金匮县志》记载，公元 1642 年遍地都是死于瘟疫的人的尸体。灾害的破坏力令人震惊。当农作物无法正常播种与收获的时候，食物供给和赋税的压力变得让人无法承受。[25] 两年后，明朝灭亡了。

混乱时期的灾难

灾害的阴影也投射到 1599 年那本著名的历书——《万用正宗》(见图 24)上。这本年历是一个成功的建阳书商余象斗编纂和印刷的，这个人我们在本章的后面还要提到。《万用正宗》的第一卷包括题为“天文祥异”的一部分内容。余象斗没有说这些预兆是从哪儿来的，但很可能是在民间流传的秘密知识。从这里我们可以看出晚明时期的中国人最害怕的是哪些灾难，[26] 其中战争和饥馑是最经常提到的两种。其次就是瘟疫：比如说，彗星入翌*就预示着将有瘟疫发生，将有十分之一的人丧生。其他灾害包括不忠、劫掠、谋杀、外族入侵、

---

* “翌”为二十八星宿中的“翌宿”，又作“翼宿”，属南方朱雀七宿，“彗星入翌”指彗星行进到翌宿的位置。——编注

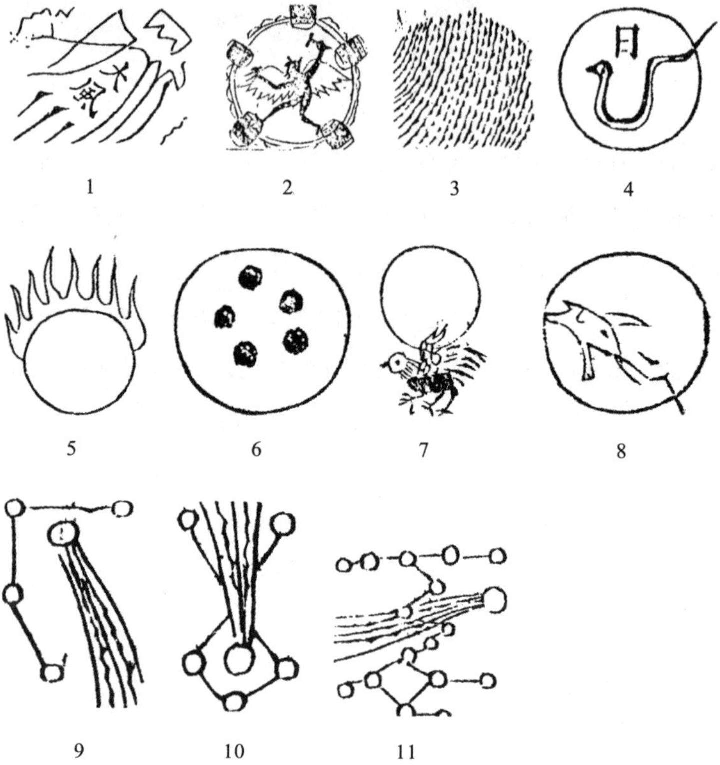

图 24　选自《万用正宗》第一卷的一些“天文祥异”

1．清明起风是纸价上升的征兆；谷雨下雨是麦田歉收的征兆；重阳节刮风是谷价上涨的征兆。2．晴空霹雳：《五行志》说打雷是天上在敲天鼓。晴空霹雳意味着将罹兵燹。3．晴天下雨是三十年（即一代）内频发旱灾的征兆。4．蛇云掩日（一缕蛇形的云彩掠过太阳）。如果云是绿色的，就是瘟疫的征兆；白色的云则是兵变的征兆；红色的云则是不忠的征兆；黄色是战争的征兆；黑色是水涝灾害的征兆。5．日珥是三年大旱的征兆。6．一块日斑是暴风雨的征兆；两块日斑是无风的征兆；三块日斑是无雨的征兆；四块日斑是干旱的征兆；五块日斑是饥馑的征兆。7．一只鸟从太阳那边飞来，预示着干旱。8．如果望日的金蟾在月底出现，呈上跃姿态，这就意味着要出现人吃人的惨状。9．彗星犯北斗，预示着国民将罹饥馑和疾病，谷价上涨。10．彗星犯牵牛，预示着牝鸡司晨、改朝换代。11．彗星犯房宿，预示着瘟疫流行，将有十分之一的人因此丧生。

霜冻、降雪、台风，还有所谓“女乱”。余象斗并没有解释这最后一种灾害指的是什么，或者是皇上被嫔妃迷惑误国？或者是女性要反叛传统的性别道德规范？这只是我的猜想而已。

这些征兆随着月份而变迁的特征，说明灾害的发生被认为是一系列的事件组合，而不是个别的突发事件。这正是现实生活中经常发生的事情。比如，月食期间出现彗星，这一现象若在正月或六月发生，预示着要发生旱灾；若发生在三月，说明谷价将上扬；在十月出现，则所有的物价都要上涨；若出现在四月，就是饥馑的征兆；出现在八月就要闹饥荒；出现在五月，有大火；出现在七月，牲畜死亡。正像上述例子所显示的那样，令人烦恼的事情之一就是在市场价格波动面前的软弱与无奈。仲春时分的清明节刮风，预示着纸价就要上涨，对像余象斗这样的书商来说是灾难；中秋节刮风则意味着粮价要上扬，这对所有的人来说都是灾难。十二月的第五天出现月食，预示着谷物踊贵，但同样的现象发生在十月，则表示生意兴隆。

信息时代的印刷业

预言未来是禁学，因为只有皇帝才有权占卜或预测上天的意志。《万用正宗》里包括“天文祥异”这样的内容，于余象斗可能会招来叛逆之罪，但他毫不遮掩年历中最突出的这一部分。这样的内容更加证实了书籍印刷的商业目的和本质。余象斗是个商人，只要能赚钱，他什么信息都可提供，不管它的来源，也不管它的法律后果。有一个庞大的大众读者群想要知道如何预卜未来，他的年历就是迎合这一要求的产物。从这种意义上讲，这本书就是福建地区典型的以大众市场为目标的产业的产品：启蒙读物、德育课本、法律条文汇编、小说、戏剧、色情读物、幽默故事、导游手册、外国风物介绍、各类知识摘抄和各类书籍的廉价改写本，只要有读者、有销路就行。

甚至士绅们也被吸引到这一市场中来。据说 1559 年的一位嘉兴进士就是个狂热的书籍收藏家，“虽医药卜筮之书，无不探讨，人称博物君子”。[27] 这是儒士必须阅读和掌握的正典之外的另一个知识库。但是，除了正统书籍以外，人们还读其他的杂书。事实上，关于医学和占卜的书籍也是府县府库藏书的内容。1607 年，《保定府志》的编纂者借用“好尚”这一概念将这类书纳入了收藏范围：“书目有医卜之类，亦人世不可阙者。况文史之切于学者乎？然人之好尚不同，毋宁藏之，勿之有毁焉耳矣。”[28] 儒学先生们害怕阅读这些不入流的作品会把学生教坏，这是可以理解的，因为这类通俗文学正在从外部腐蚀着正统经学。18 世纪受命审阅大清秘阁藏书的学者们读到明代传下来的这些书时抱怨说，明朝后期重视感官愉悦的阅读品味使许多纷乱的错误内容夹杂到了严肃文献中来。[29]

新的出版物中，不仅仅包括追求感官享受的那一类。在《天工开物》（本书采用了它的许多图片）的序言中，宋应星很担心别人会指控他背离正道，他非常谦逊地声称书中关于技术应用的知识仅是雕虫小技而已。他坚持说，只是由于他的朋友涂绍煃（1582？—1645）再三督促，他才将这部书稿付梓。他引用涂绍煃的话说：在涂氏看来，“凡古今一言之嘉，寸长可取，必勤勤恳恳而契合焉”。宋应星为自己辩护，说他并不是在写“于功名进取毫不相关”的东西，但他却也喊出了那个时代人们对于文化的新态度：在什么可以撰写成文和哪些应付印刷出版之间不应有人为的障碍。宋应星补充道，对像他这样既没钱购置稀有版本，也没有路径进入可以获得这些知识的文人圈的人来说，书籍很重要。[30]（宋应星怀疑自己的著作并不具有吸引力，事实证明他的怀疑是对的。后来这部著作没再刊印，几乎散佚不见，仅在日本有刻本存世。）

不管是技术类的、谶纬类的，还是儒家经典，各种各样的书都在印刷销售；无论是从数量上讲，还是从种类上讲，这在中国历史上都是未曾有过的。意大利耶稣会传教士利玛窦（Matteo Ricci，1552—1610）对他看到的明代后期的书籍世界赞叹不已。此时，印刷术刚刚传入他所在的文化圈不久，因此当他来到中国，面对“成千上万的书籍在印刷和销售，价格便宜得令人不敢相信”的中国图书市场，他大为惊讶。[31]

商业刻书形成了地区特色，关于此，明后期的一位藏书家有如下的简要论述：

> 凡刻之地有三：吴也，越也，闽也。蜀本，宋最称善，近世甚希。燕、粤、秦、楚，今皆有刻，类自可观。而不若三方之盛。其精，吴为最；其多，闽为最；越皆次之。其直重，吴为最；其直轻，闽为最；越皆次之。[32]

苏州地区高质量的书坊多分布于南京、无锡和歙县一带（尽管时人抱怨歙县刻书刻功虽好，但校雠水平跟不上）。[33] 劣质书籍的出版商多在福建，尤以全国性的刻书中心建阳县为多。

大量书籍投入印刷，在这样的条件下，对于真正的学者和藏书家来说，藏书万卷不再是一个可望而不可得的幻想。明朝后期，江南的私人藏书达到了三万、四万甚至五万卷。当时最大的藏书家要算扬州学者葛涧了，他的个人藏书达一万种（不是“卷”）。[34] 书籍越来越多，藏书成为必要。据说姚瀚的藏书填满了四十个大书橱；上海学者施大经藏书更多，光是书目就达四册之多，摞起来有五寸那么厚。杭州学者沈维镜的藏书阁的进深有九间。为了存放多达数万册的私人藏书，茅坤（1512—1601）盖了一座占地数十间的藏书楼。[35] 耶稣会传教士目睹中国大规模的藏书，想到欧洲那些破烂矮小的私人图书馆，确实被那“建筑宏伟、受人仰慕、藏书异常丰富的大量的中国藏书楼”打动了。[36]

明朝后期的藏书家特别热衷于将他们私人藏书中的珍本结集出版，常常以丛书的形式刊行。据研究，南京学者司马泰（1523 年进士）编辑了五套相互独立的丛书，每种丛书收书三十到一百卷不等。[37] 然而，直到出版商们确信在知识阶层中有足够的市场、印行这些大部头的多卷本丛书有利可图时，这些书才会被印行。大约在公元 1607—1620 年间，最知名的商业性丛书《说郛》及其续集《说郛续》首次由一个杭州书商刊刻发行。后来为了弥补 1621 年杭州大火所造成的损失，这个书商卖掉了那些书版。于是，《说郛》被重新分类，编入买者所编的另一种丛书中，这些书版才得以保存下来。[38] 在士人中，书籍出版逐渐由纯学术转向商业性，这种趋势也推动了许多人在生前就将自己的大部分作品陆续出版，而不是等死后由他们的门徒或后代集中印行。[39] 正像艾南英（1583—1646）的孙子讲到多产的祖父时所说的那样，“随作随刻”。[40] 这类著作有很高的商业价值，因为像艾南英这样的作者，他们的著作在苏杭的需求量很大，书肆的业主们用重金请他们著书并由本书肆出版。[41]

朝廷和地方官员都曾禁书，但仅是偶然为之，并未形成制度。最有名的一次，是对李贽（1527—1602）著作的查禁。李贽强烈抨击儒家思想，他享有较高的知名度，部分是由于他具备一定的能力，使自己的著作被广泛传阅。就连他与知名论敌间的往来信件，一旦攒够了一定数量可以出版，他都拿去刻印。张问达，那个对李贽提出弹劾并最终使他在北京的牢房里自杀的给事中，他在关注李贽的思想本身的同时，也对李贽的思想何以那么轻而易举地在年青一代的地方精英人物中流传忧心忡忡。在他看来，一个人怎么想理应是他自己的事情，但一旦这种思想传播并影响其他人的时候，它们就有了政治意义，政府就得加以干涉了。李贽为自己的著作所起的书名，像《焚书》《藏书》，说明他已预见到了自己著作的未来命运。但明朝政府发现，要查禁李贽的书着实不易。正如一位四川省的御史在 1625 年向皇帝奏报的那样：尽管多年前那里的地方官就收到了朝廷宣布李贽的著作为异端的通缉令，烧毁了收缴到手的所有的李贽的著作，并禁止书肆出售；但“士大夫多喜其书，往往收藏，至今未灭”。[42] 商业性刻印书籍使禁书成为不可能，读者是很难被说服不读这些书的。

新闻

除了以书籍为载体的信息量增加以外，各级政府机构拥有的官方档案也日益庞大起来。明代后期的政府官员几乎要被不断增加的文书档案淹没了。1640 年前后，户部的一个给事中估计，该部所属各曹司提交到部的备忘文件比 1628 年增加了 50%，比 1618 年增加了 70%。他认为政府公文往来的增加是道德沦丧的表现，过多的文字事务牵扯了政府官员太多的精力，使他们不能把精力放在办实事上。[43] 在首都北京，对信息的迫切需求还影响到了邸报的改版。在明朝的头两个世纪中，邸报一直是靠手抄发行，但现在手抄已不能满足增长的需求了。万历年间曾断续有过几次用木版印行报纸的尝试，但一般来说木版刻字成本很高，比雇人手抄还贵，况且看报纸的人自己可以去抄。最后，还是市场的大量需求战胜了高成本，1638 年邸报开始发行活字版。[44]

邸报仅可满足人们对一些特定形式的新闻的需求。明代后期识字的人增加了，17 世纪的一条材料说：即使在穷乡僻壤，民众中不识字者亦寥寥无几。[45] 对于时事新闻，日益增大的知识群体开始要求，除了内容经过严格审查的政府公报以外，他们还需要更多的消息。这一需求使明朝后期的商业性新闻制作登上了历史舞台。关于中国最早出现的一批报纸的史料都很零散。大学士于慎行（1545—1608）讨论筹边事宜的一篇短文中提及此事，他态度很明确，反对新闻报道商业化。很可能这篇边策论是他在 1591 年致仕后写的，他在文章中表示了对关于北边军事形势的错误报道所引起的恐慌的深切关注。他指责“报房贾儿博锱铢之利，不顾缓急”。在谈到弥漫于政客和新闻界中的这种商业精神时，他质问当事之臣：“何不力禁？”[46]

明朝最早的新闻出版商根本就不是刻印发行者，这些卑微的小业主只是把几页新闻誊抄下来，随便卖给那些愿意付几个铜板的主顾而已。他们在北京的活动可能最早也不过万历时期。关于商业性报纸的最早有纪年的记载，是1582年户部尚书所拟减免赋税的三十二家作坊的名单。这些报纸编纂摊点通常都是倚书肆、文具店、豆腐店而设，因为盈利太少，还不足以支付店面税。私家报业所用的许多词语都是从邸报系统那里借来的：“报坊”，原本是各省在京设立的抄邸报的办公地点；“抄报”，字面意思就是抄写报纸。早期的报纸大都直接抄袭邸报的内容。报纸为那些社会上层之外、无法看到邸报的人提供了政府新闻中的主要内容。私家报纸也有自己的新闻，有时是官方新闻的扩展，有时则与之相抵触。然而，新闻报纸业在那个时候还仅仅是一个勉强可以为生的行业，它给小本商人，而不是资金雄厚的大商人，提供了机会，属于典型的城市服务业。

旅行和书信

出行的人在增长，在外的服务代理商也越来越多，但与此同时，地方官员成功地奏请削减驿传供应，关闭日行凋敝的递运系统，[47]以上二者不是相互矛盾吗？或许不，因为对一方来说是可开发利用的资源，另一方并不一定能享用。地方官员想要保持急递铺的良好运转，要不然他们就无法与自己所辖区域以外的政治世界相联系。[48] 但他们丝毫不愿花费地方的宝贵资源去维系一种国家服务系统的运行，任凭他们辖区内的驿站凋敝下去。结果，那些富有的使臣就宁愿在私人客栈下榻，而不愿去官营驿馆寄宿。正像清初顾炎武所揭示的那样，明朝后期的驿站已是“百事皆废”了。[49] 朝廷为了继续维系驿传制度，也只能是下令限制使臣越界乘驿，以免加重地方政府的负担。崇祯皇帝于 1632 年和 1633 年前后两次整顿官员乘驿制度，要求使臣体恤地方民众的极度困苦。但崇祯却无力保证这一法令的贯彻实施。[50] 他的哀恳最终没有收到任何效果。从 1629 年开始，崇祯皇帝批准关闭了全国三分之一的驿站，以便节省每年十万两的国库开支、缓解地方民众的沉重负担。[51] 所有的财政收入都被挪作军用，巨大的军费开支使明朝的财政陷于恶性循环之中。国家通信系统人员极度短缺，与此同时，被裁减的驿卒——像之后的起义领袖李自成一样——开始在他们原来服役过的官道上剽掠来往的乘驿者。连接各县治的官道面对这种剽掠尤其不堪一击，这就从根本上破坏了国家的驿传通信网络。明朝后期的地方官员就不得不发挥他们的聪明才智，在当地筹资来保证国有通信系统的正常运转，继而他们又不得不求助于民间军事力量来保护这些官道的畅通，从而为明末席卷全国的军事斗争埋下火种。[52] 清初，顾炎武从这一严峻的结局出发，考察官员乘驿制度的衰落，将明朝的灭亡归因于驿传制度的废弛。[53] 尽管这一解释本身似嫌过于简单，但统治一幅员广大的帝国所必需的交通手段的丧失，确实是其最终覆灭的诱因之一。

私人旅行

如果有什么东西能填补国有驿传服务制度的衰落所留下的真空的话，那就是相应的商业性旅游服务业的成长。它为明朝后期的私人旅行提供食宿，而花费比维持官营驿站的费用要低得多。根据1570年徽州商人黄汴出版的一本导游手册《一统路程图记》的记载，你可以在扬州城外随时跳上一艘游船，沿大运河南下，到达长江北岸的运河港口瓜州北门，船费仅需三个铜板。你步行穿过瓜州城，来到该城南门，花两个铜板乘另一艘游船渡长江、过金山寺，来到江对岸的镇江码头。从码头入镇江城西门，向南步行1.5公里抵该城南门，再换乘另一艘游船沿运河江南段南下。如果你是携带行李旅行的话，码头上随时可雇到脚夫，每次只需十五个铜板。镇江以南，船费每20里（约12公里）仅两个铜板。从镇江到太湖沿岸苏州府的吴江县，日行要换六次船。在吴江，你可乘日船或夜船南下到杭州。从杭州东行到宁波，香客们可乘船去普陀岛进香，旅途非常方便；云集的商船日夜往返于杭州、宁波之间。你要是从苏州向西到徽州府去的话，可先乘夜船到湖州，再乘另一艘夜船从湖州到位于浙江、南直隶两省交界处的四安，从那里开始转乘陆路交通工具。在四安，商行为那些去歙县的游人提供了轿子、马车、马匹等不同的交通工具（见图25）。[54]

在商业交通繁忙的路段，商业性的旅游服务既方便又便宜。每个渡口都有成队的游船供人使用，有大批的经营旅游和货栈的商行牙人和有组织的运夫。见月读体（1601—1679）是明朝后期东去求

图 25　官员们正在渡河。(《水浒传》)

经继而对那个地区的佛教复兴作出贡献的众多云南僧人之一。当他1637年途经大运河镇江—苏州段的丹阳渡口时，感觉到了商行牙人间的激烈竞争。他被许多招徕游客的商行牙人包围起来，每个都力图游说他上自己的驳船。见月读体被这些游船游说者的嘈杂声分散了注意力，背包也被人偷走了。他向渡口官员报告了这一案件，但最终还是未能找到他的背包。[55]

在远离这些繁忙旅游路线的地方，旅游服务不像上面所说的那样有组织，但在那里旅行也并不难办。在那本著名的《徐霞客游记》中，徐弘祖（1587—1641）详细记载了他1636至1640年间从他的家乡、长江口附近的江阴出发到云南鸡足山佛教圣地的旅程。徐氏在书中多次提到在途中雇佣船夫、车夫和运夫。1636年11月2日早晨，刚出杭州城30公里，他就发现自己雇佣的长途脚夫王二不见了。吃完早饭，他四处打听，想另雇一个人代替王二。尽管后来又雇到了一个脚夫，他们在晌午前就出发了，但徐氏还是抱怨，说这耽误了他的时间。[56]

在中国游人稀少的地区，想要雇到脚夫是很困难的。1638年6月15日，徐氏正要从贵州最西部的普安县进入云南境内，发现自己雇不到脚夫。耽搁了四天之后，来自湖广的一个商人试图为他寻募一个，但没有成功。最后，徐氏迫不得已，求助于当地的一个工头，那个工头“代为措价”（在他6月19日的日记中，这桩买卖终于了结了，徐氏声称这个工头是他见过的三个最歹毒的人之一）。在他募到脚夫的那天下午，徐又雇到了一匹马，虽然价钱同样昂贵。在日记里，他愤怒地写道：“无可奈何也。”第二天早晨，他告别了曾经帮助过他的那位湖广商人（他托那商人将一封给他叔父的信捎到湖广，再托人沿长江南下交给他叔父），同他好不容易雇到的脚夫和马匹一起出发去云南。在云南，徐可以利用他的士大夫身份得到一个军事通行证，这可使他免费使用军事驿站的官有马匹。这是一种不平常的特权，一般只限于执行帝国命令的政府官员享用。看起来徐氏是以他来自江南的士绅的身份打动了偏远地区的地方官员，才设法弄到那张通行证的。徐氏很幸运能够得到他们的帮助，因为后来他在云南中部地区得了病，多亏那里的驿站服务系统，他才能非常迅速地于1640年夏返回家乡。他乘轿子旅行150天到武昌，行程大约4500里（约2600公里），这就意味着每天要走17公里。到达武昌后，当地的一个政府官员给他安排了一艘官船沿长江南下。他从那里到江阴，近3000里（约1700公里）的路程，仅仅用了6天时间，每天行程近280公里。[57]

但并不是所有偏远地区的人都热衷于为日益增长的游客提供食宿。据一位商人记载，在湖广，那些不愿意接待游客的村民都挂起一张牌子，上面写着一个字“去”，意思是走开。就像他向那些缺乏经验的人解说的那样：“有‘去’字之处，不可宿。”[58] 商业化的过程大大地改进了交通发达地区的旅游服务业，同时也加大了业已存在的这些地区与其他地区之间的社会差距——正像数量日益增长的旅游者和当地居民之间的距离一样。当地居民抵触的是他们眼中那些临时外来者的特权，并以其他的反抗形式表现出来。在福建沿海山区，一般认为乘牲畜或轿子的游人在到达一个村落时应该下马或下轿，步行穿过村庄，然后才能上马（轿）。那些拒绝遵循当地习俗的人，要么在挖苦和嘲笑声中滚鞍落马（轿），要么就会被村民们用石头砸击。[59] 这种习俗好像是在明代后期出现的，当时越来越多的人开始流动。如果这还算不上是抵触的话，那至少可以说是旅游者可以感受到的当地居民对他们的冷漠和不尊重。这样，无力旅游的人的冷漠态度或多或少地会挫掉那些有钱旅游者的一些锐气。至少在周边地区，当地人拒绝与外地人融合，并且一般来说都拒绝向富有的旅行者献殷勤。

对陆上旅行来说，更大的阻碍是盗匪的活动，对盗匪的担忧在明代后期的著作中屡有记载。人们深深地认识到，在许多地区他们不敢在夜间旅行，甚至在一些游人很多的江南旅游中心地带也是如此。根据《一统路程图记》作者黄汴 1570 年的记载，太湖南部地区非常安全，大多数船只都是夜间从杭州起航，将商人连同他们日间做买卖的所得安全地送抵目的地。但是苏州以北就没有夜船航行，在东边的松江府也没有任何夜间摆渡服务。[60] 半个世纪以后，1626 年的另一本导游手册的作者对这一地区就不那么有信心了。那时的政局似乎不太稳定。他也赞同在湖州正南面靠近杭州的人口密集区旅行是很安全的，但同时也告诫人们不要在黎明或黄昏时旅行，更不能在荒歉时期到那里去。至于苏州周围地区，他写道，在歉收时期这里盗匪猖獗，只有在保镖的陪同下才能在苏州的农村地区旅行。[61]

在长江以北地区旅行更不安全。黄汴说，扬州以南大运河和长江交汇处是著名的盐、棉商人聚集地，那里无论昼夜都没有匪徒；但他警告说，扬州以北地区的食盐走私活动使人们不可能夜间在大

图 26　一艘盖有草席遮篷的小渡船。这幅图画的是《水浒传》中一百零八将之一的张顺，在对上次渡河时偷过他东西的船夫进行报复。(《水浒传》)

运河上旅行。他提醒商人们雇佣当地船夫时要小心，因为他们都很不诚实（见图 26）。在黄河以北，问题不是你雇佣的人会偷你的货物，而是他们往往先和你签约领取高额的佣金用来还债，然后在去京城的半路上人就没影了。在从天津到京城间的最后路段上，旅途再度变得安全起来。你可以夜间在这段路上旅行，尽管黄汴还是劝你多加小心。沿运河航行要比走陆路安全得多。在上述路程的北段，黄汴说光小心还不够，他建议招募一位携带武器的保镖，来防卫游荡于华北平原上的马匪。甚至在一些地方（他说到从颍州到大名的路段），即使有武装保镖也不见得够用。与之相较，从大运河经开封到山西南部的商人就不会遇到这样的问题。位于清化镇——对于南下贸易的山西商人来说，它是河南北部的主要交通枢纽——以西的地区，旅程非常安全。对此，黄汴肯定地说，你不但可以夜间旅行，而且可以在月色下从容地赶路，因为来往不绝的商业运输使那里的劫掠行为要冒很大的风险。

路程书籍和自然景观

若在出发以前就了解好旅行的路线以及路上的旅游服务设施，旅途就可能会更安全些。1636 年 10 月 17 日，当徐弘祖从南直隶的江阴县出发、同静闻和尚一起到云南去游历的时候，他手头携带的唯一能指导他进入人迹罕至（地图上没有）的西南地区的东西，就是 1461 年首次由宫廷刊印的九十卷本的官修地志——《大明一统志》。[62] 在 1637 年 3 月 7 日深夜，徐氏还差点把它给弄丢了。当时，船在湖广省境内的湘江上航行，徐弘祖静静地坐在甲板上，凝视着天上的月亮，这是一个多月来的第一个晴夜。正欲入睡，他听到岸上传来凄惨的恸哭声，刺耳得好像孩子的叫喊。他躺下来，开始在心里构思一首描写生命悲惨的诗句，正在这时，他们遭到了匪徒的袭击。匪徒们挥舞着火把和刀剑，希望把徐氏和静闻和尚吓跑，丢掉他们的船和财物。徐氏想把船帆丢到水里以阻止盗匪的计划，但脚却被缆绳绊住了，人随缆绳一起落了水。静闻和尚一直待在船上，同匪徒搏斗。徐氏在他的游记里写道，仰赖静闻和尚的勇敢，有三部书得以保存下来：静闻用自己的鲜血抄写的一部《法华经》、今天非常著名的徐弘祖的游记和他的那部《大明一统志》。[63]

在明代后期，游人数量日益增长，人们亟需一本比《大明一统志》更为详备且易于携带的关于旅游线路的材料。官方使用的简单的驿站线路图开始在民间流传，但通过其他路线到别的地方去的旅行者则需要更为全面的导游材料。一种新型体裁的书籍——导游手册满足了这一需求。现存最早的一部导游手册是黄汴的《一统路程图记》，1570年该书在苏州刊印。[64] 黄汴主要是参照驿程指南中的道路，模仿其中的地名和距离设计，但同时，与以北京、南京为中心向四周辐射的官方驿路网相比，它还加入了许多别的路线。多数是在长江流域和他的家乡徽州一带。黄汴还添加了许多旅途建议：讲解和说明一些游人难于把握的拐弯处，对比各不同道路间的优缺点；还插入了一些关于著名景点、客栈、渡口和日常或季节性道路安全的知识。作为一个经营自家商务、长驻苏州的徽州商人，黄汴拥有丰富的商业旅行经历。他说他之所以萌生了编纂此书的想法，是由于他有一天“归心迫切，前路渺茫，苦于询问，乃惕然兴感，恐天下之人如余之厄于歧路者多也”。[65] 又有一徽州商人（他在杭州一带经商）编纂了另一本导游书籍，程春宇（可能是本书的作者）将它收入1626年刊行的《士商类要》的前半部分里。[66]

这些导游书籍都是由商人编纂、为商人服务的。程春宇更明智和恰当地把士绅也作为了他著作的潜在读者，因为明代后期是一个士绅阶层普遍热衷于游历的时代——不是奉公旅行，而是为了自娱(见图27)。在此以前，旅游作为一种消遣娱乐方式还未被士绅阶层广泛接受。然而，到了1547年，一个在科举考试中落榜的读书人很可能会“有飘然遐举离世之兴”，尽管头脑清醒的友人会告诫他，“遐举不如力学”。[67] 但是，这种将旅游贬斥为一种不道德的享乐的说法，后来很快就消失了。等到1596年，诗人袁宏道就可以高兴地宣称：旅游乃士绅之“一癖”。[68] 旅游成为塑造士绅文化品格的重要内容。

由于政府官员常常因公旅行。这就使明朝后期的士绅阶层顺理成章把因公外出作为他们享受旅游乐趣的正当途径。1614年，一位刚刚卸任的行省官员在结束了长期仕宦生涯之后，写道：“余自少至老，往来车尘马足，强半在纷嚣。虽垂鱼秉笏，颇多烟霞癖。”[69] 他将个人的游历与因公外出二者合而为一。他借助了两种表现手法，从而给旅途加上了一种独特的、纯粹的士绅人文色彩。一是以诗意的语言描述他旅途中所见的自然景观（“烟霞”）；二是将游历的乐趣冠之以“癖”的名称。这一术语在文人圈中有它特定的含义，它传达了对在文化上备受认可的某种活动的狂热。一个人也可以以收

图 27　一位官人临行前与夫人告别。一名脚夫用扁担为他挑着旅行箱。(《紫箫记》)

集奇石为癖，花一大笔钱买来放在园林中。[70] 同样，一个人也可以以瞻仰名胜美景为癖（通常这名胜美景都被定格为一系列的反映士绅情怀的“景”，如八大名景、十大名景，或者更多的景）。这些癖好不独独被士绅们接受，而且它更将真正有灵性的（也是真正富有的）文人墨客同一般的士绅区别开来。对游历名山大川的嗜好也将士绅同风尘仆仆的商人和一般的旅游者区别开来。

游历的女性

像明代中国的许多其他东西一样，旅游也仅仅是男人的事情。徐弘祖热衷于旅游和探访那些在古代文献中被神化了的风景名胜，这使他不辞辛苦到达遥远的云南。他在家中寂寞无聊、默默地侍奉年迈的双亲，然后为父亲守丧。父亲丧期一过，母亲就鼓励他出去游历了。她以女性特有的方式允准了徐氏的旅行，并肯定了他的做法，告诉他“志在四方，男子事也”。[71]

女性是没有外出游历的自由的，但进香显然除外。男人们也去进香，但女性特别执着于进香则是明代社会女性忠孝角色的延伸表现。她们比男人更虔诚地祈求神灵的保佑、照看祠堂、延请巫师。在这一过程中，在她们中间建立起了一个部分独立于男人世界之外的情感交流世界（见图 28)。这种独立使一些男子感到不安，他们批评女性不该去寺院进香，不该参加秘密宗教组织。这样的活动几乎不容许举行，只有有干瘪老妪——那些年纪大得不会引起男人注意的妇女——参加的时候，才情有可原。[72] 明后期的小说《醒世姻缘传》描写了一次由两个“干瘪老妪”组织的、到山东泰山的进香

图 28　一位老妇人在佛像前指导两名年轻女子燃香。(《紫箫记》)

活动，还刻画了那些沮丧的男性，特别富有喜剧效果。性情偏激的薛素姐嫁给了国子监的一个太学生，她用十两银子买了一个去进香的位子。虽然发现与她同去进香的都是一些农妇和仆人，但她还是决定上路。出发的前一天，她哥哥告诉她一个女儿家在大庭广众之下到乡间闲逛会有损于她夫君的声誉。他决定必须让她丈夫狄希陈跟她一起去：

> 睡到次日五鼓，素姐起来梳洗完备，穿了一件白丝绸小褂，一件水红绫小夹袄，一件天蓝绫机小绸衫，白秋罗素裙，白洒线秋罗膝裤，大红连面的缎子鞴鞋，脊梁背着蓝丝绸汗巾包的香，头上顶着甲马，必欲骑着社里雇的长驴。狄员外差的觅汉上前替他那驴子牵了一牵，他把那觅汉兜脖子一鞭打开吊远的，叫狄希陈与他牵了头口行走；致一街两岸的老婆汉子，又贪看素姐的风流，又看着狄希陈的丢丑。

作者对他笔下的进香妇女的可笑模样做了生动的描述：

> 一群婆娘，豺狗阵一般，把那驴子乱撺乱跑。有时你前我后，有时你后我前。有的在驴子上抱着孩子；有的在驴子上墩吊鬏髻；有的偏了鞍子坠下驴来；有的跑了头口乔声怪气的叫唤；有的走不上几里说肚腹不大调和，要下驴来寻空地屙屎；有的说身上不便，要从被套内寻布子夹屄；有的要叫孩儿吃乳，叫掌鞭来牵着缰绳；有的说麻木了腿骨，叫人从镫里与他取出脚去；有的掉了丁香，

> 叫人沿地找寻；有的忘了梳匣，叫人回家去取，跐蹬的尘土扛天，臊气满地。[73]

小说这一回的结尾，看似是对女性讽刺了一番，其实嘲笑的却是男性那股忧心女人在公共场合的举止的可笑劲儿。作者所针对的不是那些行为不检的女性，恰恰相反，他针对的是那些挑三拣四、满腹牢骚的男子，因为他使读者相信薛素姐一路上玩得很开心，回家后感觉到一种打破男性设置在她面前的种种障碍的自由自在。

香客、旅行者和巡回往来的商人——正像陕西省一渡口的一块碑文所写的那样，如“飞星运转”，如“蚁攘蜂熙”，“迎送奔驰者苦无宁日”[74]——不仅在重塑中国的地理地图，也在重塑中国的社会。到17世纪30年代，在《天工开物》的序言中，宋应星能够毅然抛却张涛对无休止的社会变动的担忧，认为自己生活在一个非常幸运的时代。“滇南车马纵贯辽阳，岭徼宦商横游蓟北”，所有这些都是值得庆幸的：“人群分而物异产，来往懋迁以成宇宙。若各居而老死，何藉有群类哉？人有贵而必出，行畏周行。物有贱而必须，坐穷负贩。”[75]

两个世纪以后，欧洲人访问中国，发现中国是一个如此充满活力和商业气息的地方，以为中国本就如此：

> 说到旅行，没有任何地方能比这里有更多的活动自由和权利了。任何一个公民都可以在十八个行省内自由自在地旅行，想住

哪里就住哪里，不会被任何政府官员所打扰，没有人干涉旅行者的行踪，他绝对不会碰到一个宪兵要他出示通行证。在全国各地不受限制地穿行，对那些不停地从事商业贸易的人来说，是一个不可或缺的条件。当然，哪怕是对自由行动最微小的限制，也会有碍于这一宏大的商业系统的运转，而这一系统是这个庞大帝国的生命和灵魂。[76]

邮政

人们的活动使彼此间保持联系就成为必要。早在明代以前的很长时间里，中国就是一个书信的世界。人们通过写信相互问候、做生意，交流新思想和不断变化的观念。书信发挥着今天的文学和学术刊物的作用。当时人们书信往来极为频繁。明代学者和地图专家罗洪先（1504—1564）这样描述他与王畿（1498—1583）间的长期通信往来："九年书札往覆大段。"[77] 明代后期发生的两件事改变了书信往来的内容和形式：一是名人将他们的书信出版，作为交流新的思想观点的手段；二是商业性邮政服务的出现。

那些信件究竟是怎样传递的，对此今人知之甚少。有时是由仆人递送的，但是远距离的人工递送毕竟不是那么实际可行。通常远距离的书信都是委托去那个方向的旅行者捎带，当然最好是亲友，而不是专门派信使去送。也可以花一定的费用，把信交给来往的商人，执行公务的衙役、驿卒或是官府信差帮着带送（见图 29）。按规定，官府信差和驿卒是不允许携带私人信件的，但正像大运河上的官役船工不可避免地在小规模的船货中夹带私人物品一样，官府

图 29　一个官府信差欲去投递信件。背包上写着“江州府”三字，这是江西省九江市在宋代的名称。(《水浒传》)

的驿传服务制度也同样便利了私人信件的投递。从下面的两个例子中，我们可以看到当时人们是运用怎样的策略保证信件能够到达目的地的。这两个例子来自作者的族人所保存的信件原件。

庄元臣出生于浙江北部的一个商业城镇——南浔镇上的一个士绅家庭。1603 年，他经过了四十天的旅途跋涉，来到北京参加进士考试，第二年金榜题名，谋得一官差，不久因丁母忧归乡。他的撰述内容庞杂，今有手稿传世，其中就包括 1603 年夏至 1605 年夏季在京期间写给儿子的信。[78] 这些信件告诉我们，书信的往来并不是总是像庄氏希望的那样可以按时送到收信者手里。庄元臣从北京发出的第一封信写于 1603 年 6 月 15 日，信上说他住在崇文门外的弥陀寺,回信可以寄给吴忠赓府第的张管家转交。在 9 月 14 日的信中，他说已于 8 月 26 日收到了儿子 7 月 22 日的来信（信到北京用了 36 天）。在紧接着的写于 10 月 14 日的家信中，他告诉儿子他已托张掌柜寄出 9 月 14 日的信，问是否已经收到。那年冬天，信的往来速度突然慢下来了，好长时间庄元臣一直未收到任何家信，直到后来一下子收到三封，这三封信分别写于 9 月 19 日、11 月 10 日和 12 月 27 日。此后速度再次变慢，他在 1604 年 6 月 2 日的信中忧心忡忡地问，为什么在 12 月 27 日的信后再也没收到任何家信。十一天后，他再次往家中写信时，诉说他的四个同乡都收到了家书，只有他一人未收到。最后的一封家信是 6 月 24 日一个进京的朋友捎来的，写于 5 月 29 日（足足用了 29 天的时间才到达北京）。

这位张管家看起来像是吴忠赓家的商务经理人，他的工作包括替主人（及主人的同乡）收发信件。很可能信是张管家委托旅行的商人捎走的，尽管这一点在庄氏的信中并未明确说到。庄元臣表示，除了张管家之外，他还依赖过别的送信途径，其中至少有一次是委托他的同窗的仆人捎回去的，当时他的同窗正巧要派这个仆人回家去。与送信者的个人关系是庄元臣确认信可以被送到的唯一保证。在另一封信中，庄氏叫儿子托人送信到北京，给三到五钱银子较为妥当——要知道这可是一个不菲的数目。他还千叮咛万嘱咐，说在任何情况下都不要把信交给不认识的人捎带。遗憾的是，庄氏没有接着说到底什么样的人算是不认识的人：纯粹是偶然碰到的人？旅行的商人？官府信差？还是商业性信使？

更有名的徐光启（1562—1633）在庄元臣之后不久寓居北京。他给上海家中儿子写的信向我们进一步揭示了有关明代通信业发展的细节。上面的庄元臣是根据每封信的日期来掌握信的收发情况的；与他不同，徐光启和儿子将每封信都按年编了号，以便随时了解哪封信收到了、哪封信没收到。他在 1607 年春天的一封家信中说：“廿三号也到了，去年只廿七号未到。”1615 年（或者可能是 1616 年）夏，他写道：“旧年书并今年四号以前书都到京矣，但三月以后更无得。”1616 年 11 月 20 日，他在信中说“傅官人家人回，寄去十九号书必到矣”。关于受托送信的人，他只提到过朋友的仆人。由于不是像庄元臣那样有某人的管家热忱相助，而是要碰运气看有没有人正好要去南方代为携带，所以徐光启的信看起来不如庄元臣的有规律，也不准时。关于此，徐光启在 1616 年 6 月 27 日的信中告诉儿子“时时觅便信寄书来，至嘱至嘱”。

在信中，徐氏还经常提到捎带物品而不仅仅是寄信。他靠儿子从上海农庄寄来的粮食和其他物品生活，曾在1606年秋嘱咐儿子“明春还要在布船上寄些米粮杂物来”。1617年春，他又追问：“家中水路寄来是何物？寄与谁人？”他怀疑船运是否安全，接着写道：“如何全不写来？至可叹也。”尽管如此，通过船运从上海寄粮食到北京来维持一家人在京城的生活是足够可靠的，而且比在北京市场上买到的还要便宜，虽然要花去几两银子作托运之资。[79]

徐氏多次提到通过商业渠道寄钱——这反映出他对银价波动的敏感。1611年，他向儿子透露：“会票亦到，又恐王银必是京钿，故且未去取。”可以断定：到1616年，货币市场开始向相反的方向运动，因为他在信中写道：“今寄票回，索来可与石交伯家用。”明代远距离钱币汇兑的最早记载可追溯到永乐年间，当时在商业城市宁波的一家柜房经营汇票收兑或叫“飞钱”业务，好像也同时经营信件邮递。钱币汇兑的费用视距离远近而定，从数钱到数两（银子）不等。[80] 到明后期，钱币汇兑服务至少在北京和江南的县治城市间是存在的，或许还包括其他地方。

直到17世纪60年代，才有一则材料明确说到有一家商业机构从北京发送私人邮件，而这个机构就是“报坊”，一个新闻发行机构。商业性新闻出版和商业性书信投递可能是同时诞生的，因为报坊不仅要编辑新闻报纸，而且还要把这些报纸运送到各个省城售卖。将信件的投递和新闻的定期发送合二为一是一件很简单的事情。在这以后不久，还在17世纪，专门处理邮件的“票号”出现了。[81] 在这以前商业性邮政服务或许早就有了，但都还是作为其他商业性服务的附庸出现的。

在繁忙的江南地区，商业性邮政服务的最早出现也是从 17 世纪 60 年代开始的。1663 年，杭州出版的一本优秀书信集刊登了出版商的一则征稿启事：为接下来能出版续集，出版商请求读者将有趣的书信寄给资助这次出版的某书坊。后来这本书信集的续集在 1667—1668 年间顺利出版了。在 1668 年的续集中，收入了一封一位女画家给一位女性诗集编者写的信，建议成立一个由有共同兴趣爱好的女子组成的诗社，大家无需真正见面，只要各成员在春秋闲暇之时互相邮寄诗作就可以了。[82] 出版于 1672 年的一本诗歌集的序言中，有一则类似的通过邮政征稿的启事。编者宣布计划出版第二本诗歌集，希望读者们将他们的诗稿邮递到他在台州的家中或所列分布在扬州、北京、南京的四个地址中的任何一个。六年之后，第二本诗歌集出版了。在另一本出版于 1689 年的商业性女性诗歌集中，编者向来自六个遥远的不同省份的作者表示谢意，感谢她们从天涯海角赐寄诗稿至出版处。[83]

江南的商业邮政网络不仅寄信，而且还寄包裹。住在扬州的一个 1588 年（万历十六年）的进士的传记记载，浙江（很可能是杭州）的一个朋友送给他满满一“敝书笥”的书要他代为保管。他将书箱搁置一旁，没有仔细查看箱子里装的是什么。当他浙江的朋友于十年后谢世时，住在扬州的他将书箱通过船运寄给死者的儿子。死者的儿子打开箱子一看，发现箱底藏着五百两银子。[84] 传记作者并没有说书箱是由谁、又是怎样寄到杭州去的。大概他和他的读者们对这些事情并不感兴趣，他们应该非常熟悉如何将一箱子书从扬州船寄到杭州。只有我们今天的人才对当时的邮寄感到茫然。

消费与生产

粮食

明后期最广泛的贸易消费品要算粮食了。随着产品的生产和消费日益发生在不同的地区，对粮食（和衣料）的需求也越来越大，这些东西在以前都是当地人自己生产的。江南和东南沿海等地区生产全国使用的布帛，正如那句谚语所说，“衣被天下”；山东、河南等地区生产纺织者所需的原料；其他地区，像湖广、广西等地区，则生产纺织者所消费的粮食。一个跨地区的经济体——或者我们甚至可以说一个全国性的经济统一体——正在形成。

在现任的政府官员那里，粮食短缺已经不再真正受到重视，旧的备荒粮仓多半已经废弃不用。放弃洪武理想蓝图中的这一部分引起了许多时政批评者的关注。李乐（1532—1618）是来自浙江东北部桐乡县的一个长期从政的士绅。他在七十诞辰前，把他在任和致仕期间对生活的率真言论编成了一部文集，李乐在书中抱怨说，无能的地方官员在备荒上碌碌无为，只会在灾荒之时号召地方富有人家提供救济。当1588年大灾荒袭击邻近的湖州府城的时候，知府无计可施，只是让穷人觅食于富有人家。成群的穷人很快聚集到富有人户的门外，当富人拒绝以合理的价格提供米粮时，他们就准备闹事。知府接着命令富人不要趁荒歉抬高米价牟利，以每石一两（银子）的价格粜米，这已经相当于平时米价的两倍还多。这一命令的结果只是使米价上升到每石一两六钱。李乐声称设定最低粮价不是解决灾荒的办法，唯一可靠的方法就是重新返回到明初的模式，广建粮仓。“而临时又多方设处，令就食穷民”，只有少数人才得以活口。[85]

李乐忘记告诉人们的是，在万历年间劝说富人救济饥饿灾民已成为最常见的救荒手段。[86] 这是最易行也是最省钱的办法。市场能够以所需要的速度大量地提供粮食，这在当时也已广为接受。当1608年张涛在歙县不得不处理一次饥荒时，他不是仅仅简单地告诉富人说他们得养活穷人，而是教富有人家籴粮济贫——也就是通过商业运作机制从外地买进粮食，然后以低于饥荒时节粮价的价格出售。当粮食能够随需求自由流通时，国家已经没必要储存粮食了。

力图消弭饥荒的个人也像政府一样，依靠利用市场来达到目的。寺院住持憨山大师（1546—1623）回忆在1593年山东省的大饥荒中他个人的经历时，说：“饿死者载道。山中所储斋供，尽分赈近山之民。不足，又乘便舟至辽东，籴豆数百石以济之。由是边山四社之民，无一饿死者。”[87] 虽然通过商业渠道获得的粮食供应缓解了这次饥荒，但这里的赈济依靠的却是非商业性的救助手段。商人们并没有在商业营利的驱动下自发地用船装载豆子去山东，因为饥荒降低了饥饿者的购买力，使商人在粮食市场上无利可图。慈善家们不得不从市场外部加以干涉，由自己承受利益的损失。在明后期，为了平息受灾贫民的怒火，保证地方经济免于崩溃，地方官员唯有仰赖于寻找足够的地方人士来资助商业性的粮食输入。然而，正像湖州知府所发现的那样，要取得成效，光是一个生硬的命令是不够的。

这种救荒手段的弊端在于，有的时候光是这种形式的救济显然是远远不够的，即使是在商业发达的江南。或者我们是否应该说，在商业发达的江南尤其如此？1587—1588年这一地区发生饥荒，二十年后水灾接踵而至，许多穷人饿死。那里既没有严密的里甲组织，又没有政府粮仓来确保他们免于饥饿。当这些机构（里甲制度、国有粮仓）从农村的社会生活中消逝而代之以商业经济的时候，曾经种植水稻的农田让位给了不能食用的棉花，支撑稻田农业生产的水利灌溉工程日见废弛。[88]明代后期，像李乐一样失望的士绅和官僚极其怀念洪武时代的自给自足，如果说恢复明初的自给自足已难以实现的话，那么明中期的地主家族体系也还不错。他们担心这种（旧有救荒体制的）失败不仅仅标志着某些制度的废弛，而且是结构性（社会制度）危机的征兆，为此他们努力寻找一种可行的解决办法。

明代后期，从事商业性粮食生产的地区在内地，离海岸很远。江南地区的粮食来源地在长江中游的两个内陆省份江西和湖广以及南直隶的西部地区。杭州学者官员张瀚（1511—1593）在他16世纪80年代所写的中国经济地理著作中，描写了从湖广沿长江南下到南京的船夫“唱棹转毂，以游帝王之所都”。[89]稻米也经过浙江运抵南京。徐弘祖1636年在距杭州160公里的河流上游看到百艘米船停泊在江边等待稻谷去壳后运往杭州。[90]

在北方，情况就截然不同了，因为西部地区没有余粮供应其他的沿海消费区。北直隶（北京的粮食是靠税粮制度供给的）的粮食很大一部分是从山东进口的（叫作“东米”）。一些商业性粮米也从江南沿大运河北运至北直隶（叫作“南米”）。但高昂的运费限制了南粮北运的数量，反倒提高了作为馈赠礼品而不是用于日常消费的高价位的糯米（叫作“扬子米”）引进的数量。[91] 更概括地说，在明代后期，中国部分地区粮食生产是基于对其他地区粮食需求的了解之上的。商人在持续的粮食供求价格的差距中获得了长期的利润。

供求之间并不总是这样正好地保持平衡的。政府官员们知道，一个地区过度的粮食需求会引起另一地区的粮食供给危机。在1636—1637年冬天的一次长达两个月的危机中，扬州的一个县被盗匪围困，地方官员禁止商人从当地粜米及用船运出本县，并且规定了官定粮米价格。[92] 同年冬，江西农村的一个地方官员试图通过关闭连接县治与外部世界间的浮桥来阻止本县粮食出境。徐弘祖在他的日记中报道了这次浮桥关闭事件。他说，利用政府法令足以使浮桥的管理人员不敢再开放桥梁使用。[93] 尽管有这样的努力，但不论是地方官员还是国家政府都并不想去组织或是调节粮食市场。这一任务就留给了商业。但是，有时消费者们会自发地组织起来阻止粮食流通、抵制试图抬高本地粮价的商人。1589年的一则故事将这种民意的正义力量归之于神。江南地区的旱灾使那年的米价上涨。一位从湖广通过水路运米到江南的徽州商人那时已能赚到四倍的利润，但他还是决定暂时闭粜，看看米价是不是还会继续往上涨，他甚至还请了一个道士去问“南极上帝”。像人们通常知道的那样，“上帝”面对商人的贪欲恼羞成怒，使这个商人的全部存粮焚毁，而苏州其他所有粮仓里的粮食则纹丝未动。[94]

经济史学家吴承明认为，明末清初市场上的大部分粮食不是作为商品而生产的,而是作为余粮进入市场。商人们经营的是地主（自身消费不了、多余出来）的地租，而不是商品，这就限制了粮食市场在中国经济转型中所发挥的作用。[95] 当为市场从事生产的经营性地主在明代后期已出现的时候，[96] 吴承明将粮食的商业流通看作是一个余粮收集和重新分配的过程，大体上是正确的。但是，他的论证逻辑更多是形式上的，缺乏具体性。严格来讲，大多数投入市场的粮食或许不是作为商品被生产的，但是商人们是抱着它可以被出售的目的而收购回来的。更重要的是，粮食缺乏区有了一个稳定的贸易粮来源，意味着人们可以依赖市场取得粮食。这样，粮食市场促使其他物品的商品生产成为可能，尤其是纺织品。

毗邻上海西北部的嘉定县向我们展示了商业性消费和商品生产之间的这种关系。16 世纪末，许多粮食生产者都将他们的土地转而从事棉花种植，因为棉花的售价比粮食要高得多。由于这些人所吃的粮食由他处进口，1605 年的县志说 :“县不产米，仰食四方。夏麦方熟，秋米既登，商人载米而来者舳舻相衔也。”[97] 运进粮食，运出棉花。假如粮食不可能获得，棉花也就不会被种植。尽管如此，吴承明还是得出了这样的结论 : 是棉花而不是粮食促进了明代后期市场的发展。

纺织品

棉花生产确实在改变着中国经济的性质。因为粮食和棉花间的贸易不仅仅是简单的物物交换的问题。从事粮食、棉花贸易的商人也不仅仅是像我们在“春季”里看到的那样，在盈余地区和短缺地区之间建立一种联系。对于某些产品和某些地区来说，这种贸易是在引诱人们从事商品生产，而不仅仅是在出现盈余时出卖它。而且，在明代后期的江南地区，粮食、棉花贸易还进一步地发挥了组织生产的各个环节的作用。除了生产家用粗布之外，江南的纺织者很少有人从原始纺织原料一直生产到成品。生产的每个环节——从经济作物（棉花、桑树）的种植到纺织原料（线——纱、丝）的生产，再到织布、最终生产出成品——都成为独立的生产活动。生产阶段的递进，通常意味着生产地点从乡村转移到市镇再到大中城市，商人们往来于地区各级市场间，将这不同的生产阶段纳入了一个连续的生产过程中。

纺织品生产的第一个阶段是在田间进行的。丝织业对桑叶的需求非常大，整个江南地区的许多耕种者都将粮田全部改为桑林。桑树栽培成为浙江北部的专业化生产内容。王穉登在一篇日记里记述了 1566 年 6 月他在这一带的旅途所见。在日记中，他说嘉兴南部“地饶桑田，蚕丝成市，四方大贾岁以五月来贸丝，积金如丘山”。[98] 再往西南向杭州去，一位海宁县人在 1610 年前后回忆说，在他小时候——16 世纪 50 年代时，他的家乡元化村几乎没人种植桑树。但现在却桑植遍野。佃民之家有种棉数十株于山麓者，以期来春卖得白银二三两，以补田间杂用。[99] 再往东，至海盐县，根据十四年后出版的县志记载，“桑柘遍野，无人不习蚕”。[100] 1636 年，当徐弘祖在杭州边远地区旅行，穿过内、外楮村坞时，他这样写道：“从此而南，家家以楮为业。”[101]

在整个浙江北部地区，农村家庭都从事蚕丝生产。商业性生产的中心是湖州，当地人以缫丝为业。1611年，当徐光启在信中跟儿子讲到家庭副业生产时，他建议儿子从湖州请人来养蚕。他后来又两次重复同样的建议，说如果在上海找不到一个可靠的湖州人，就得专程到湖州去雇一个（到湖州要走451里［约260公里］的路）。徐的目的就是要保证自家的蚕能养好。丝的产量取决于“蚕上箔吐丝”时保持适当的温度（见图30）。他也希望自家的妇女能从所雇的人那里学到最好的技术。[102]

（和蚕丝业的发展）同样给人深刻印象的、或许影响更为广泛的，是嘉兴以北地区植棉业的扩展。据说松江府有一半人从事棉花种植，其境内的上海县比例更高。在嘉兴的部分地区，有人夸张地认为该地区土地植棉率接近90%。对于该地区经济发展同样重要的是江南的纺织者用这些棉花织成的棉布的数量。事实上，当明代后期劳动力从植棉业向更有利可图的棉织业转移的时候，江南的原棉生产很快滑坡，而不得不转而从地区外输入原料。到万历年间，商人们将更多的轧过的棉花从外地船运至此。其中有些是从山东和河南两省沿大运河南运过来的，其余的则自福建、广东二省经东南沿海运到这里。上述两个地区以各自不同的方式满足了江南棉织业的原料需求。中国南部的原棉生产通常是由拥有小块土地的小地主和佃农劳动完成的；而华北地区的植棉业则多以使用雇工种棉、轧棉的大型种植园为生产形式。明后期山东、河南二省经济的迅速商品化——这在日益增长的农村市场中得到反映——部分是由于受到国家以银征赋的刺激，但这种刺激作用与江南市场（对原材料）的需求及大运河提供的费用低廉的交通条件相比，无疑处于次要地位。[103]

图 30　一个妇女正在照看架上吐丝的蚕。架子下面置炭盆以保持茧架上的温度。(《天工开物》)

商人把去籽后的棉花运载到江南，出售给纺织者，然后再把江南的纺织品带到其他省份销售。刺激江南纺织品生产的动力相当大，据 1630 年的《松江府志》记载，日用棉织品的生产已经如此固定化和专业化，“各村镇自立名色”。他们生产的棉布种类如此繁多，以至“不能殚述”。[104] 相比较而言，苏州和杭州则是奢侈纺织品贸易的中心。杭州学者张瀚的家族在四代以前开始经营一家纺织工场，随后成功致富。他在 16 世纪 80 年代写道：纺织品是吸引多数商人到那座城市的产品，“虽秦、晋、燕、周大贾，不远数千里而求罗绮缯布者，必走浙之东也”。[105] 大约是在张瀚致仕在家期间，修于 1579 年的《杭州府志》印行，其编纂者生动地记述了城市发展的空前规模。作者回忆说，早在 16 世纪 20 年代，杭州还是个巷陌荒凉的地方，杂草没足，狐兔出没。到了 1579 年，原来荒凉的街巷旁屋宇密集，城内物盛民繁。[106]

与杭州相比，苏州的发展只有过之而无不及。明代后期，苏州作为纺织品消费和生产的中心继续超过杭州。城内挤满了有钱人的豪华园林住宅、高技艺工匠的奢侈品作坊，以及贩运巨额货物进出苏州的巨商大贾们的仓库货栈和水上桥梁。这些桥梁不仅把整个城市连在一起，而且还成为固定的日工招雇点。例如广化寺桥就是那些天亮前就来到这里、等待被雇佣给人做日工的织工的聚集点。[107] 雇佣劳动的集中，满足了苏州作为全国贸易网的中心的需要。

生产过程中的商业

正如前面的例子已经说明的那样，纺织品的生产是由一系列的生产环节组成的。棉花去籽以后的两个主要生产阶段——纺纱和织布——很少统一在一个生产环节中完成。通常，尤其是在作为纺织生产主要劳动力的农村纺纱者和织布者那里，生产活动是分步骤进行的，每个生产环节都通过商人的交换活动（大部分被商人控制）与下一个生产环节相联系。商人购买轧过的棉花卖给纺纱者，再购买他们手中的纱卖给织布者，然后将织布者织成的布批发给布匹零售商。朱国祯（1557—1632）描述了他的家乡湖州这种生产的组织形式，在那里邻郡的布料商人把轧过的棉花出售给当地人。这些当地人纺棉成纱，抑或织纱成布。当地人清晨去市中以纱换棉、以布换纱，回家后再纺棉成纱、织纱成布，次日凌晨再携成纱、成布到市中进行交换。[108] 江南地区的市场非常稳定可靠，家庭可以完全靠织布为生。纺织者以棉成布，以布换银，以银买米，以米交运卒，作为税粮运抵首都。当时人回忆说，“家之租庸、服食、器用、交际、养生送死之费,胥从此出”。[109] 为了提高每日产量,一些人户挑灯夜织。[110]

研究明史的历史学家都知道，包买商制度在欧洲向工业资本主义过渡的过程中起到了重要作用。通过这种制度，商人通过向乡村的手工工人提供生产原料的形式预付资本，控制生产过程。有的研究者认为，中国的纺织业工人也同样地被吸收到了包买商制度中，同样迈进了资本主义生产关系。[111] 在朱国祯的记载中,用的是“易”这个字而不是“卖”，这就说明生产者不是每天都为出卖他们的产品讨价还价，而是为一个固定的客商进行生产，这个商人控制着从原料（轧过的棉花）购买到成品布的分配生产过程的各个阶段。其他江南棉织业的记载，也提供了类似的线索。[112] 资本主义的生产方式强调的是商人依靠资本的力量控制生产过程，而不是操纵或垄断地方市场。包买商不只是通过某天早晨向纺织者卖原料、第二天早晨再购买他们的产品的形式从生产分工中获得好处。通过提供生产原料和掌握生产速度，他购买了这些纺织者的劳动力，从内部控制了生产过程。然而，在明朝后期，商人通过在生产过程外部获得利润的方式，对家庭纺织业生产进行控制，包括：低价买进、高价卖出；垄断纺纱者和织布者出卖产品的地方市场；[113] 通过高利贷，将生产者与他们结合在一起。

田中正俊对这一论点的论述最为有力和令人信服。他始终强调欧洲包买商制度和中国的以产品换原料的制度间的不同，后者“不能被认为是促进发展的力量”（这里的发展指的是向资本主义制度的过渡性发展），因为它没有改变生产关系。[114] 这一观点对纺织业在推动中国向资本主义方向发展中的作用提出异议，许多中国历史学家在谈到明后期的“资本主义萌芽”时往往就持后一种观点。明代后期的商业经济内确实出现了不同于前期的消费性经济的东西，确切地说，这也不同于明中期的大规模的剩余农副产品的重新分配，但是，它也更不同于同时期出现于欧洲的生产关系。

除了江南以外，明代后期的经济图景就变得简单多了，因为多数地方经济与民族市场间的联系是孱弱的。16 世纪 70 年代早期，福建省惠安县知县叶春及将该县的产品按其在地方消费经济中的重要程度划分为重、中、次三类。重中之“重”的是粮食——这一标准几乎适用于明后期中国所有的县份，它不在本县范围以外出售。其次，“中”等重要的是桑、棉、麻——地方纺织业生产的原料。“次”等重要的是盐、布、油料、木材、蔗糖、水果、蔬菜、鱼类和牲畜——这是唯一一类可以在本县外出售的商品（多数是卖给附近的府治泉州）。叶春及观察到，像福建其他县一样，从事贸易的主要是外地人，[115] 并且得出结论，商业利润往往来自地方经济。他确实已经注意到，当地是以外地买来的大麻纤维来生产麻布的，而生产出来的麻布“能得外钱”。此外，惠安“颇通山海之利”，贸易交换的主要是初级资源而不是加工后的产品。[116] 叶春及为我们描绘了一种基本上自给自足的农业经济，几乎所有的产品都在该经济体内部被消费，与区域性商品市场网络几乎没有什么关系。

在他关于近代初期欧洲商业发展的论述中，费尔南 · 布罗代尔（Fernand Braudel）认为两种不同的经济形式同时存在。市场经济将农村的剩余农副产品吸纳到正常的交换体系中来，与此同时“次经济，即经济活动的非正规化的一面”，是“一个自给自足、在很小的范围内进行物品和服务的直接交换的世界”。[117] 两种经济形式相互交织、相互依存，市场经济依靠次经济的前期生产过程取得剩余农副产品，进而再完成这些剩余产品的重新分配。如果我们抛开经济规模不管，这种经济与中国明代后期的经济十分相像。多数农村居民在各个次经济中独立生产和消费，他们的部分产品和消费品通过市场经济流出和引进。惠安县的情况似乎就是这样，但还未达到足以使市场经济取得统治地位并最终瓦解这种次经济的程度。从一定程度上来说，江南地区情况就不同了：从事纺织业的家庭生产和消费的分离，将他们从自己的次经济中分离出来。当一个湖州作家面对明代后期“湖丝遍天下，而湖之民终身不被一缕者有之”[118]

的困惑时，确实是向我们揭示了这种分离。

布罗代尔从更大的问题意识——理解欧洲资本主义的发展——出发，构建出关于近代初期欧洲商业发展的模式。他的看法很有道理。他认为不是随着市场经济的扩展资本主义就会自发地出现，资本主义是在建立于市场经济之上的社会阶级制度内形成的。这种观点认为，资本主义是独特的社会结构和市场经济间相互作用的结果，它在欧洲的发展是欧洲历史所特有的现象。其他的社会结构不一定都能发展出同样的结果。这是我们在解释欧洲近代早期的历史和中国明代历史时所要加以区分的，因为两个社会所处的环境在精英阶层构成、国家权力等方面都有着很大的不同。明代后期，中国并没有产生资本主义，这并不是说中国在产生资本主义上“失败”了；而是说，它创造了别的东西：一个广泛的市场经济。它利用国家交通通信网络，打开了与地方经济的联系，在一定地区内将农村和城市的劳动力组织到一个连续的生产过程中来，却没有瓦解作为基本生产单位的农村家庭；重新组织了消费模式，却没有将生产和消费完全分离。它在缓慢但是必然地向士绅社会发展，通过消除儒家思想对商业的蔑视，使一个涵括精英阶层利益在内的强大联盟在清代得以形成。但是，这并不是欧洲意义上的资本主义。

商业经济中的妇女

在本章开头提到的庞氏家族的族规告诉我们，妇女是地方市场上商品和服务的消费者。要估计她们在多大程度上参与市场经济，其中一个办法就是要知道她们花费在家政上的银子有多少。但是我们不知道。我们确实知道的是，1616 年南京的一个耶稣会家庭被查封时，他们手头上有 17.6 两的银子，或许这是日常家庭开销所需的数量。这看起来似乎是个不小的数目，但一个中等富裕家庭的管家维持一家人生活的消费确实也需要这个数量。当然，妇女不仅仅是消费者，而且还在市场中以商品生产者和服务提供者的身份出现，最明显的就是纺织工人、小商贩和妓女。

张涛将明朝前期理想化为一个“男耕女织”的时代。像我们在“春”季里已经看到的那样，这一传统的比附在明朝中期开始就逐渐失去了吸引力，至少它不再能正确解释女性纺织者的情况。妇女们生产纺织品并不仅仅是为了家内消费，而是要拿到市场上去出售。这些纺织品可能是作为剩余品而被出售，也可能是作为商品而被生产出来的。当家庭生产的重心从剩余品的生产向商品生产转变，更多的妇女参加到这一生产中来的时候，明朝后期市场化的程度加深了。这一趋势在江南的棉织业中更为明显，但在边缘地区也同样存在。比如，1619 年海南岛的地方志就记载，当地的妇女将吉贝编织成布卖给商人，通过这些商人转售他处。这种生产的商业性质可以从编纂者的评论中看出来，他说，由于缺少雇佣劳力，女子承担了这些工作。[119] 她们是在生产商品，这些商品的出卖增加了家庭收入，从这种意义上来讲，她们所从事的工作类似于雇佣劳动。她们生产的吉贝布不是用来赚几个零花钱的生产剩余品。

然而，妇女在家庭纺织品生产经济中的地位是远远谈不上稳定的。白馥兰（Francesca Bray）提出，从明代后期开始，妇女在纺织生产中逐渐被排挤到次要位置，在这一长期的过程中男子取代了她们原来的位置。在丝织业中，男子承担了织丝成布的工作，而将报酬低得多的其他生产工序（如缫丝）留给妇女。宋应星在《天工开物》里也反映了这一趋势，书中插图描绘了妇女在照料丝蚕和操作纺轮（见图31），而在织机后面画的都是男子。[120] 农村的妇女们仍在织棉布，但是在城市里男子所从事的踹（布）、染（布）工作被赋予了更高的价值。白馥兰认为，到了清朝末年，妇女控制的唯一一个棉织业生产领域就是家用土布的生产——这就意味着她们不能再像明代后期那样获取货币收入了。起初将妇女带入农村家庭纺织工业中的货币经济的发展，最终推动了她们的劳动的边际化*，使她们在生产中的地位降低。[121] 尽管存在这种边际化的趋势，妇女的劳动对明代后期的商品生产过程来说还是不可或缺的，甚至其中一些生产还得益于她们的手工技艺，而这在明代前期是完全不可想象的。

妇女逐渐从生产领域转向商业领域，在明代后期，她们作为小商贩的角色日益凸显。这些妇女工作在市场最底层，以现代的标准衡量，她们几乎无足轻重。16、17世纪之交，范濂在描述自己家乡松江的文章里，对“卖婆”有过简单的描写：“自别郡来者，岁不上数人。近年小民之家妇女，稍可外出者，辄称卖婆。或兑换金珠首饰；或贩卖包帕花线，或包揽做面篦头；或假充喜娘说合。苟可射利，靡所不为。”[122] 作者接下来颇为隐晦地批评道，从经商到卖娼只有一步之遥。有的士绅将女子经商与其他形式的道德沦丧联系在一起。在邻近的嘉兴府，李乐夸赞自己的家乡“务禁地方赌博及

* 即只有在纺织品价格高涨时，这种劳动才有利润，才会被加以利用。——译注

图 31　在棉织业生产中，纺棉成线许多时候成为唯一一个留给女性的生产环节。(《天工开物》)

妇人市肆”，好像这两种行为都同样堕落。[123]

另一种向贫穷女子开放的商业性谋生之道就是在“柳市花街”卖身。[124] 在明王朝的前期，娼妓现象就已经很繁荣了，无需等到商品经济充分发展。早在明代中期，据称大一点的省城有青楼数千，即使小城市也有数百。[125] 这一估测看起来似乎很夸张，但随着城市数量的增长，而且通常城市居民中男性的比例远远超过女性，他们一贫如洗，无力成婚，在这种环境下，妓院的数量或许确实达到了这个规模。虽然娼妓主要集中在城市，但凡是有男性移民经过的地方就有它的存在。例如，从山西南下到湖广的牧羊人后面就总是跟着“妓女与肩酒肴者”，而牧羊人“剪毛以酬”。[126] 季节性的庙会也是流动性妓院设店营业的地方。[127] 做娼妓的妇女通常都是被她们的父亲或丈夫卖到青楼里的，只有解除卖身契约才能获得人身自由。拥有这些卖身契和青楼的几乎都是男人。卖淫或许是女子的一种谋生之道，但对于男人来说，它更多的是一次经济机遇。以勉强维持温饱的便宜价格雇佣女性劳力是事业男性进入商业经济的途径之一。

贸　易

对外贸易

在明代后期白银是所有的消费和生产的润滑剂。纺织者用它来交税；南京的耶稣会会士和广东的家庭主妇手头总是放上一些作家庭日常开销之用。巨商大贾用银动辄以数百两、数千两计。每个人都能看到它，几乎每个人都在使用它。16 世纪中叶，大量白银持续不断地从日本流入中国市场，紧接着南美银块的输入进一步增加了白银的流入量。在福建巡抚涂泽民关于将出入闽南月港的大规模海外贸易合法化的请求下，[128] 1567 年，对除日本以外的海上贸易解禁。与此同时，西班牙在 16 世纪 60 年代后期占领了菲律宾，70 年代蕴藏在波多西（在今玻利维亚）的丰富的银矿被开掘出来。以阿卡普尔科（Acapulco）为中转站，西班牙人将南美的白银船运到他们在马尼拉的基地，以购买中国出口到这里的货物。16 世纪后期究竟有多少白银通过马尼拉流入中国，我们不可能知道它的确切数字。但 1597 年和 1602 年来自墨西哥的报告显示，每年有 15 万—34.5 万公斤（四至九百万两）的白银从阿卡普尔科运出。这些白银中的大部分最终流向中国，在那里西班牙人用白银购买中国商人带到马尼拉去贸易的物品。葡萄牙人也通过澳门向中国输入白银，当然是以几千两而不是以几万两的规模，但也并非无关紧要。[129]

第一艘满载白银用以交换中国丝绸和瓷器的西班牙大帆船是在 1573 年到达马尼拉的。正是这些在欧洲市场售价高昂、出口到那里去非常有利可图（尤其是银价低落时如此）的奢侈品，使白银源源不断地流向白银购买力很强的中国市场。驻马尼拉地方法庭主席安东尼奥 · 德 · 摩尔加（Antonio de Morga）记述了西班牙人购买的所有物品：

> 成捆的生丝，有优质的双股丝，有质量粗糙一些的其他丝；上等的散丝，有白丝，也有各色彩丝，都缠成小把；大量的天鹅

绒，有纯色的，也有饰有各种图案、颜色和款式的刺绣的，还有镶金和绣金的；各色面料和锦缎，在各种不同颜色、图案的丝绸上加进金、银织成；大量绕成小捆的金银丝线；暗花缎、单面缎、波纹绸和各种颜色的其他布匹；用一种叫“兰克所罗”的草织成的麻布；数量不同的各色白棉布。

除了上述各种纺织品以外，中国商人还从中国国内市场上带来大量其他商品出售给西班牙人：

麝香、安息香、象牙；许多的床上用品、挂饰、刺绣天鹅绒做成的各类苫布和挂毯；各色的花缎和格瓦兰挂毯；桌布、坐垫、地毯；用各色毛织品做成的、绣以玻璃珠和草珠的马饰；还有珍珠和红宝石、蓝宝石、水晶石；金属盆、铜壶和其他各种铜铁锅；大量的各式各样的钉子、铁板、铅和锡；还有硝石、火药。

德·摩尔加继续列举马尼拉的中国贸易品，列出一长串中国商人出售给当地西班牙居民日常使用的加工食品和其他用品：

面粉、用橘子、桃、梨、豆蔻、姜和其他中国产的水果做成的蜜饯；腌制的猪肉和其他各种烟腌肉；良种活禽和许多上好的肉鸡；大量的新鲜水果和各类橘柚；上好的栗子、胡桃和绿色的干果（一种非常味美的水果）；大量的各色精美丝线、针和其他的小玩意儿；小盒子和文具盒；床、桌子、椅子、漆金板凳，上绘

> 各种花色图案。他们还带来了家养水牛；像天鹅一样的鹅；马，有些是骡子和驴；甚至有装在笼子里的鸟，有的说话，有的唱歌，他们教这些鸟做许多种表演。中国人还卖无数的价格低廉的饰品和小玩意儿，这在西班牙人中间很受欢迎；各种精美陶器；坎甘利丝，或叫卡嘎布，黑、青长袍；塔客莱，即各种各样的床；成串的玉髓、其他珠子和各种颜色的宝石；胡椒和其他香料。

德·摩尔加以笼统的类别名词结束了他的列举，他说“要是一个一个列举出这些奇珍异宝的话，我永远也列不完，也没有那么多纸去写”。[130] 当然这些都是夸张之辞，并不准确，因为纸也是从中国进口的。

瓷器在德·摩尔加所列举的物品中不占重要地位，这很奇怪，因为在欧洲瓷器的需求量很大。瓷器在他的清单中仅出现在中国商人向西班牙人提供的马尼拉个人日常用品中。但其他的马尼拉材料，将瓷器列入出口商品。[131] 情况也本应如此，因为明代后期景德镇瓷窑生产的青花瓷在欧洲极受欢迎，以致上等瓷器被称为“china”（中国）。大量的青花瓷被海运至欧洲：比如，1602—1682 年间，仅荷兰东印度公司就运了六百万件。[132] 但我们也不能过高估计欧洲需求的作用。有人估计，在明代后期的瓷器出口中，仅有 16% 运往欧洲；其余的部分被出口到日本和东南亚。[133]

像生产出口纺织品的纺织者一样，陶瓷生产者为了适应国外市场的需要也作了一些调整，陶瓷器表面绘以外国题材的图案，外形也模仿日本和欧洲的风格式样。对曾经长期作为数量可观的御用产品的生产者而繁荣发展起来的景德镇来说，出口市场的增长可谓是一场及时雨。16 世纪 60 年代有利于私人瓷窑业发展的班匠制度改革使景德镇瓷器产量的增加成为可能。隆庆万历年间（1567—1620）由于宫廷庞大的需求量的存在，景德镇的瓷窑继续繁荣。但当 1620 年以后宫廷需求缩减之时，景德镇的窑主们就不得不另外寻找市场。宫廷需求的缩减和国内市场的狭小，[134] 促使他们改变产品设计以适应外国人的口味。

大量出口价格高昂的瓷器和丝织品需要大量的资金，也可以获得巨额的利润。据说那些从事对日贸易的人可以从中获得十倍的利润。[135] 明代后期文献中过于频繁地使用“十倍”一词，这说明那只是一种习惯说法而不是实际的成本计算。实际的利润并没有那么高。生丝在日本的售价相当于中国的两倍；棉线和陶瓷器达两到三倍；高级丝织品几乎可达三倍；甘草则比三倍还多。还有材料表明通过对日贸易可获得 100%—200% 的利润。[136] 考虑到国内批发商品贸易的利润率一般低于 100%，[137] 从对外贸易中获得的利润就很可观了——即便不像那些蹩脚学者们脑子一热估计出的“十倍”利润那样让人印象深刻。

白银

所有这些利润都以白银计算——也只有白银才能获得这些利润。没有白银，16 世纪下半叶和 17 世纪上半叶中国商品的全球性出口就不可能出现。日本和欧洲人还不能生产更为廉价的同等质量的商品向中国市场出售，但他们确实可以得到大量的白银。对外国商人来说，非常幸运的是白银在中国市场的价格比在欧洲或日本要高得多。白银的价值如此之大，以至于17世纪20、30年代漳州的中国商人从日本进口银矿冶炼后剩下的铜滓，因为对于中国的冶炼者来说，从这些铜滓中所提取的剩余的微弱含量的银也是有利可图的。[138] 白银在中国市场的高昂价格更加提高了外国贸易者在本国市场出售中国物品所获得的巨额利润。

明朝后期每年流入中国的白银达数百万两。这么大量的白银流入肯定促进了经济的繁荣，而它的中断至少会导致短时期的经济危机。1623年，当荷兰贸易者使用暴力封锁月港、强迫中国政府开口通商的时候，漳州的中国商人确实尝到了这种苦头。正像一个参加了这次封锁的荷兰海军上校所报告的那样，三百名漳州商人向巡抚请愿，要求他们被准许“与我们（荷兰人）通商”。“由于战争的原因，他们丢掉了自己的货物，如果战争继续下去，他们恐怕全部要变得一贫如洗。所以他们紧急决定向前面提到的那个巡抚请愿，请求他同意和谈并与我们（荷兰人）贸易。”[139] 是否白银的流入导致了沿海地区物价的上涨？17世纪30年代后期，流入中国的白银数量是否有所减退（南美的白银减少了，但日本的白银却在继续流入）？是否这种减弱直接导致了1644年王朝的崩溃？这些仍是我们今天需要进一步讨论的课题。[140]

不管它的经济，甚至是政治影响如何，明朝后期经济中大量的白银流通引起了社会行为的巨大变革，这对张涛和其他像张涛一样的人的道德体系构成了威胁。16世纪70年代，福建沿海惠安县知县叶春及就担心银子会破坏道德准则。他决定要在该县实行一个自愿的节俭行动计划，制定了一些他认为合理的婚礼和其他仪式花费的最高标准。他提醒人们“俭者以一金而有余，奢者以千金而不足”。[141] 这类节俭倡议对惠安及福建沿海的其他县份那些口袋里装满了银子的有钱人并无吸引力，他们热衷于积聚白银，根本不愁怎么花。

正像万历时代所呈现的那样，那些坚定的儒士们已经不能满足于通过上述的道德提示而试图扭转道德和金钱间的不平衡，而是被迫寻求更为有效的方法，来平衡金钱和道德的关系。浙江沿海北部嘉善县人袁黄（1533—1606）就是其中之一。袁黄发明和推广了一种“功过格”的儒家道德自修办法。那些严肃认真的儒士们记录下他做的所有的善事和恶事，每件事都打上一个分数，这样就可以计算出他道德生活的质量水平——看起来好像一本商务账单。袁黄并不是在简单地模仿商业领域的计账程序，而是在遵循一种悠久的、为鼓励施舍而制定的佛家传统，力图找到一种在慈善捐款和道德价值间相平衡的体系。他的兑换率是每一千文铜钱的慈善捐献相当于一分的功德。尽管袁黄坚持说钱并不是积累功德所必需的东西，但他的体系使得有钱人获得功德容易得多。他并没有将他的道德逻辑扩展到歌颂财富的程度，他说（通过笔下 1594 年的一位道士的口），即使一个人捐献了二十万两白花花的银子，他的功德也不会圆满。[142] 对袁黄来说，最重要的是一个人心地的纯洁，而不是银子的纯与不纯。但无论如何，用贵金属的花费量来测定道德功善的这种可能性，为在儒家道德经济中给银钱一个正当的地位开辟了道路。

明代后期的许多士绅正在使这种可能变成现实。他们捐献大量的、有时是数百两的银子建造或重修佛教寺院（包括铜钟和铜像）和其他公用设施，[143] 或是用于他种慈善项目。在像袁黄的嘉善同乡陈龙正（1585—1645）一样的儒家思想的积极实践者那里，社会回报的道德原则同时以上述两种方式，为公共慈善事业提供了雄厚的支持。帮助他们的邻里同乡，表明富有者有资格享有精英阶层身份地位的天赋权利。与此同时，又说明他们并无接受父系家族关系的义务感，尽管他们手中的多余财富使他们对父系家族关系负有责任。然而，社会回报的道德原则并没有剥夺精英阶层以财富寻求个人快乐幸福的权利；实际上，反而在这方面给他们以回报。[144]

然而在明朝的最后几十年中，另一些知识分子则采取了完全不同的态度，他们不是将道德价值附加于银钱之上，而是主张道德和金钱是两种不同的价值体系，不能彼此混淆。越过嘉善边界，在上海，当 1620 年徐光启说银子本身不是财富，它只是衡量财富的一种手段时，似乎就是在阐明这种主张。他的目的就是要指明传统的儒家思想原则：银子没有内在的固有价值，只有依赖于它流通其中的农业经济，它的价值才能得以实现。但同时，通过强调白银只是一种交换手段，而不是本身具有固有价值，徐光启无疑是在试图除去白银身上已有的神秘光环。1639 年，他的同乡、朋友和编辑陈子龙（1608—1647）通过附和白银不创造财富的说法（这又是儒家的观点：只有土地才能创造财富），进一步扩展了这一观点。白银的作用只是聚集财富和指导它的流向。[145] 与一个世纪前儒士们争相调和金钱与道德价值的实践不同，陈子龙和徐光启通过反对混淆金钱和道德价值的论述，是在公开承认白银是明代后期生活中的现实存在，同时表明他们面对这一事实心态坦然。

商人

商人在中国经济中的地位和他们在社会中的形象，只是到了明代后期才得到提高。在某些特定商品的生产过程中，在商品流通的地区间贸易网络中，他们促进了人与人之间的联系。批发商、经纪人、中间人、零售商、商业代理人、小店铺老板和沿街叫卖的小商贩，将商业社会的景观画面开拓到了前所未见的水平和规模。

大多数商人，甚至是那些从事零售贸易者，都是外地寓居之人，一些府县、省份的行商在一些特定的贸易领域内很出名。来自山西、陕西的北方人，通过边境贸易致富，控制了内地的盐和其他商品贸易。比如在四川，当地人多贫穷而少资产，境内之盐商多为晋陕之人。[146] 也是依靠国家垄断贸易发了财的徽州商人，则控制了大运河沿岸的地区间贸易和大部分江南城市中的批发与零售贸易。在这一地区与徽州商人并存的，还有来自苏州、福建、广东的商人，他们在该地区贸易总额中所占的地位大致上是依次递降的。[147] 江西商人的资金力量相对来说差一点，但他们在河南、湖广、四川等一些内陆省份的贸易十分惹人注目。[148] 但是，几乎没有任何一个地方，来自一个省、府的商人集团能够垄断全部贸易。活动在上海附近嘉定城的商人，分别来自杭州、徽州，山东、北京，山西、陕西，甚至远自东北南部的辽东边界。徽州的商人在占有重要地位的盐、棉贸易和典当业中力量雄厚，他们不仅客居嘉定县城，而且遍布该地所有的商业市镇，在那里开店铺或做巡回代理商。徽州商人在当地的影响如此之大，以致当他们为了躲避当地匪帮的一次诈骗行为而撤离嘉定最大的市镇南翔镇时，该镇的经济迅速崩溃。[149]

对于商人的存在，士绅们不愿表现出完全释然的态度，他们情愿在市场和书房二者之间划出一条界线，以表示自己的轻蔑。与这种格调相合拍，徽州的一个学者官员在他纪念自己逛北京城隍庙市的一首诗中，把这条界线表现了出来：

> 廓庑肯容存隙地，
> 工商求售厌空谭。
> 看多异巧睛为眩，
> 听各乡音耳讵谙。[150]

市场的嘈杂淹没了他的灵感，这位士大夫的轻蔑姿态多少有点勉为其难、故作姿态，因为作为一个徽州人，他应该早已习惯了市场上的讨价还价。同样的原因，他也能够从各种叫卖声中分辨出他熟悉的家乡话——徽州方言。他对市场的真正不满，在于那是下等阶层攘攘的地方。

士绅们面对商业所做的调整，可以从许多来自商人家庭的读书人所写的著作中得到直接证明。张瀚，一个来自杭州纺织业家庭的学者，非常愿意为商业辩白，说商业在社会中发挥着不可或缺的重要作用，政府应该为贸易的发展创造条件。这是他在 16 世纪 80 年代致仕期间所写的一篇名为《商贾纪》的文章中所表达的思想。他对商人行为的描述是不完整的，但它确实传达了中国作为一个统一的商品流通王国的认同感。张瀚写这篇文章的目的是倡导降低国内贸易商税，不光是为了减轻商人的商税负担，而是要加快货物流通的速度。16 世纪 30 年代，当他首次担任南京工部都水司主事的时候，张瀚说他首先倡议降低龙江（上下关）榷务 20% 的商税。政策对各方都有利：南京的商品流入增加了，国课收入增加了 50%。[151]

我们发现其他的官员也做了类似的调整，南方更为显著。在福建，1603 年一个地方官员在听到当地士绅抱怨 3% 的商税太高时，干脆取消了商税征收。[152] 在广东雷州，1600 年，为了填补镇压当地黎族地区军事行动的开支，雷州府同知增加了一项牛税：凡是进入市场的牛都要征税，而那些没有牛只买卖的地方，征税的对象则为谷物、猪、鸡。这项法令的广泛实施，引起了普遍的反对，不只是在商人中间。“墟市原以通贸易，非以征牛税”；邻府的一个作者抱怨道，“商贾聚散靡常，税额难定”。换句话说，商税将商业赶到了别处，对想要满足长期赋税征收欲的政府来说，是个危险的诱惑。他总结说，商税损害了人们的经济生活。为了证明他的观点，他比较了本地某县以“近额编市税”的二十一个市场与“今俱废”的九个市场。[153] 他间接地表示，后面九个市场之所以倒闭，是因为商税的征收摧毁了商业。

成功和财富扩展到了前所未有的水平，对于明代中期他们的先人来说，这如同做梦般。于是，明代后期的商人开始寻求进入更高的社会梯级了。他们凭借辛苦劳动和市场中的聪明才智获得成功，并为此而感到自豪，他们比前几代人更愿意在公众面前显示他们的财富是靠经商挣来的。他们不再需要，甚至也不再有必要装作是来自历史悠久的、在某种程度上被理想化了的乡村士绅家庭，才觉得自己能够进入有教养的社会圈子——尽管土地财产作为一种取得社会地位认同的资本，始终十分诱人。我们可以理解为什么旧的乡村士绅仇恨商人，因为没有土地的商人可以逃避徭役的征发，而作为土地所有者的士绅却必须承担。[154] 可见他们的特殊态度是有其经济和思想基础的。但当大商人转而购买土地的时候，这种态度就开始发生变化了。无论如何，旧有的士绅阶级在迅速地消失，那些较富有的士绅们放弃了他们在乡村的庄园别墅，利用他们土地经营的利润在城市购买住宅，一般在县治或府治，但如果可能的话，也有在省城购买的。[155]

在这种身份转换的氛围中，商人渴望得到士绅身份，乐此不疲地尝试各种方法以实现从商人阶层到士绅阶层的转变。其中方法之一就是模仿士绅的行为举止。这我们可以从图 32 建阳出版商余象斗（他在 1599 年出版了历书《万用正宗》）身上看到。余象斗并不满足于通过将他的笔名“三台”印在封面和每卷卷首，或是用自己的名字装饰扉页和末尾的版权页的办法，把自己打扮成一副学者模样；而且还将自己理想中的肖像插入书的目录后面。在这幅画像中，他坐在庭园里的书桌前，摆出一副读书人的姿态。左手处摆着几卷书，面前还放着一本，已经打开；右手边摆放着砚台和两支准备好了的毛笔：摆好了看书写字的架势，但还没有开始读写。他正在跟站在旁边的三个女仆中的一个打手势说话。一个女佣在打扫园子、

图 32　这幅肖像画将商人余象斗绘成了一名学者。(《万用正宗》)

一个男佣正在为煮着茶水的火炉扇风。我们并不是纯粹为看画而看画，从中我们可以看到一种人人想做士绅的社会渴望，以及一种要把这本历书打扮成文化人读物的商业动机。书籍、优雅的庭园、考究的家具、精美的陶瓷茶具中盛着的茶，都在传达着一种雅致，告诉买者：当他购买三台刻印社出版的书时，他就是在获取一种优雅的士绅阶层传达出的气韵。亭子上方的木匾“三台刻印社”，似乎些许损坏了这种士绅的形象。无论如何，这是在非常微妙地提醒着读者：余象斗经营的可是了不得的生意。

财富是晋升到真正的士绅身份的前提条件。以儒家的伦理观点而论，一个商人家庭的发家致富之路，总有些潜在的不妥。在商人家族的族谱中，常常借助于一种我们可以称之为“开创时刻”的情节设计来解释。这种时刻大都产生于艰难的环境中，而且往往来得十分意外或神秘。它是一个家族历史性转折的标志，无一例外，都是从贫穷的农民或手工匠人一跃而变为成功的商人。由于这样的开创时刻都标志着向商业生活的转变，因此，对于要将商业成功描述成符合儒家伦理的叙述者来说，这种“开创时期”就成为一个棘手环节。杭州学者张瀚将他的家族的“开创时期”定位在以酤酒为业的曾祖时代。在一次水灾中，他曾祖的家资全部被毁。“一夕归，忽有人自后而呼，祖回首应之，授以热物，忽不见。至家燃灯烛之，乃白金一锭也。”[156] 这锭神秘的银子就成为他曾祖投身纺织业的资本。这最初的本钱是如何得到的，张瀚并没有讲，或许是出于某种谨慎，让它成为一段永远也无法打开的神秘历史。

对于著名徽州学者汪道昆（1525—1593）来说，其祖父是用夫人的嫁妆作本钱进入商界的，他倾向于这样的解释：商业与学问二者并不矛盾，而且商业通常还为做学问提供资金。他说，许多徽州的家庭在两种职业间交相转换："夫人毕事儒不效，则弛儒而张贾，既则身飨其利矣，及为子孙计，宁弛贾而张儒。一弛一张，迭相为用。"[157] 在这篇文章的最后，汪道昆将家族职业的转换比作"转毂相巡，岂其单厚然乎哉？"汪道昆调和士商的精彩论述并未打动他文集的每一位士大夫读者，张涛就是其中的一位。

商人的价值

比起这些徽州的富商大贾，多数商人的社会地位要低得多得多。在这样的环境里，他们面对为数不多的致富途径，身处更为狭窄的社会网络，在中等商人的眼中，士绅的身份几乎是永远也无法企及的东西。他们所想的只是如何在商业中获得成功，而不是如何跳离这一职业。我们可以在商人最初为自己编印的书籍中找到这种思想的模式。在 17 世纪早期刻印的商人道德指南，就精辟地反映了中等商人阶层中的这种保守思想倾向。其中有一本书叫《客商一览醒迷》，是一本附有大段评述的短小箴言集。其中的箴言部分像是古老的商业口头传说，那些长篇的评议让人感觉才是如何在商业生活中采取明智举措的现实指导。《客商一览醒迷》似乎是作为黄汴《天下水陆路程》的一个附录在 1635 年出版的。书的编辑者、福建商人李晋德好像是后面的长篇说明的作者。要不是编辑出版黄汴的书，恐怕人们还不会知道他的名字。

贯穿《客商一览醒迷》一书的鲜明主题是道德比一味地追求利

润更重要。评议部分的观点也同样鲜明，即要获得稳定的长期利益，需要的是诚实而不是欺骗——借此，儒家思想的主题被改造用于商业目的。那些自甘堕落的不道德商人最终会遭受事业上的失败，尽管他们可能会成功地欺骗他们周围的一些人。在这种儒家伦理道德的商业化改造中，利在道德上是中性的，只要它是通过诚信的手段获得的，而且没有超出社会的公认标准。比方说，经营商业或个人信贷，利率应该在 20%—30% 之间，这是正常的标准。在一些特殊情况下，利率可能高达 70%—80%，但决不能长期如此，否则放贷的人在公众心目中就会被谴责为高利贷盘剥者；借贷的人就会心安理得地拖欠债款，这样放贷者的资本就会遭到损失。[158] 所以，最好是放弃短期高额利率的可能性，以保持长期的适度利率。在这一点上，李晋德与传统士绅的商业批评不谋而合：对商业利益的无情追逐是罪恶的。但是他关注的主题并不是儒家伦理道德的保持，而是商贾事业的持久发展。

李晋德也向读者提供了保证投入不超过所得的简单方法。他说要达到这一基本目标有三种方法。第一，勤奋。关注每一个细节；做每一笔生意都要小心谨慎；早睡早起。[159] 第二，守财。杜绝浪费，避免炫耀，不要与那些浪费金钱、狎妓赌博者为伍。如果你在这些方面谨慎从事，你现有的资本就会像人们通常所期望的那样，为你带来更多的财富。第三，要账目清晰。“量入以制出，将终身无失。若不画算，必有差失。”[160] 这些忠告巧妙地符合了儒家对勤奋和谦虚的要求，将其转而应用在商业领域里。像儒家思想中的刻苦攻读终会功成名就的许诺一样，李晋德的冗长说教也是以这样的保证为基础的：按照上述的忠告，一生勤俭持家的商人终将获得属于他的成功。

当然明朝后期的事实常常与此背道而驰。即使是对商业持同情态度的张瀚也毫不犹豫地批评商人和消费者都没有遵守这种儒家商业伦理。张瀚对他的家乡浙江在商业中的重要地位感到非常自豪，但终归免不了有“人慧俗奢”的担忧，他将这种文化贬斥为“侈”。毗邻的江西商人亦“内吝而外侈”。在李晋德的家乡福建省，“民多仰机利而食”，“若岁时无丰食饮，被服不足自通，虽贵官巨室，闾里耻之，故其民贱啬而贵侈。汀、漳人悍嗜利”。[161]

李晋德和张瀚，一个是微不足道的福建商人，一个是杭州的高官要人。他们在限制奢靡、反对无情的唯利是图上看法完全一致，但他们是从不同的角度看问题的。张瀚希望商人们依照士绅的标准修身持己（他肯定觉得自己的家庭就是这样做的），这样他所服务的那个社会政治秩序就不会被自我利益扩张所引起的不和谐所破坏。他还特别依恋儒家的刚正和谦恭，而激烈的商业竞争会使之受到威胁。李晋德希望商人像士绅一样将儒家的准则内化到他们的性格中去，但他的道德关怀在于如何更实效地发展起自我约制的商业规则。李晋德知道，只有在讲求诚信的环境中才能发展健康的商品经济。他认识到商业欺诈行为不仅使诚信无以立足，而且会增加纠纷诉讼费用。他知道明朝的法律缺乏切实可行的对付商业欺诈行为的有效机制（无论如何，即使商人们在将他们的不满诉诸官府前，但面对诉讼费用的榨取，他们肯定也会望而却步）。在没有有效的、切实可行的对财产所有权的国家保护的情况下，减轻用于解决纠纷的费用的唯一办法，就是依靠行业内部约定俗成的法则。每个人肯定都乐于迎合公众对良好商业行为的期盼。但当贩运贸易把完全陌生的人聚集在一起做买卖的时候，这种兴致就很难得到保障了。有鉴于此，李晋德的许多建议都是关于如何做商业代理人的。通常认为，在雇主不在场的时候，他们依然会勤奋、诚实地为雇主工作，但他们也必须警惕，不要被提供地方经济联系的牙商所欺骗。[162]

时　尚

与李晋德理智保守的忠告截然相反的是，在商人和士绅中还有一些人，他们将自己置身于永无止境的名分地位追逐之中。要观赏这场明朝后期的追逐大戏，再也没有比多变的时尚舞台更为精彩的了。明朝后期，人们追逐时尚的热情并不像《客商一览醒迷》的作者可能想象的那样，是道德沦丧的复杂产物。它是商业化的简单后果，这时无数的新富起来的人在追求社会地位：有更多的昂贵物品出卖，同时也有更多的人能买得起它们，对于原有的社会地位标志物的可靠性，也有了更多的忧虑和不安。这就是人们时尚追求的完美构成。为了克服这种忧虑和不安，人们不停地买买买。

商品经济中追逐时尚的冲动本身可能非常简单，但这种冲动表现出来的形式却极其复杂。首先，时尚是在永恒的失望和失败中不断变化的。因为时尚是用来区别出类拔萃和平庸通俗的，大多数人肯定会在时尚追逐中败北；否则，每个人都变得风流倜傥，出色与平庸便无法区分。时尚从来都不是固定不变的，它的边界在不断地移动，总是有新的标准被不断地制定出来，使那些正在趋近于现行标准的人遭到挫折。鉴赏家必须得比纯粹的收藏者先行一步，真正的优雅一定要比徒有其表者技高一筹。

时尚的走向并不是一个公开的过程。它总是被那些既定的精英人物所裁断。时尚的标准不是由那些从底层爬上来的企求者决定的，而是由那些已经达到既定水平、需要保护既得的精英地位的人们决定的。他们划出时尚与普通的界限，将大多数企图挤进上流社会的追寻者都拒之门外；不然的话，他们的上流社会地位就会变得不值钱，他们的足以象征其优越地位的资本就会失去价值。这种排拒大多数的办法并不是没有遇到来自下层的反抗。商业圈中的精英人物力图将他们自己的时尚强加于社会，力图铲除由他人制定的、他们无法企及的那些标准。这样，那些处于社会上层的时尚的制定者和下层的追随者之间就会发生无休止的冲突。下层的追逐者千方百计地想扩大时髦的范围以便将他们自己也包括进去；上层的制定者则处心积虑要设置新的障碍，不让圈外的人进来。所以时尚设计者就必须一次又一次地使那些大众消费者明白，他所穿戴或收藏的东西是错误的，或是穿戴或收藏的方法不对，否则就会缺乏时尚创新的生命力；他们必须摒弃由下层素材构思新款式的企图，除非将其融合改造，使一般民众无法企及。

毫不奇怪，获得了时尚的控制权，上层社会就能从中获利。时尚促成了一个将纯粹富有者手中的财产重新分配的过程，这些富有者必须花去越来越多的金钱，来获得作为上层社会地位象征的昂贵物品。这笔财富中的一部分越来越多地流入生产奢侈品的匠人和从事奢侈品贸易的商人手中。一部分又回流到已有的精英阶层手中，他们确定哪些是象征性的贵重物品，然后拿到市场上重新出售，甚或还自己生产这些物品，就像明朝后期许多文人为人写墓志铭或模仿名家绘画作品时所做的那样。鉴赏家会贬斥那些纯粹收藏家的藏品，又不时地将自己的藏品卖几件给这些人。

时尚服装业

明朝后期的人们感到，对服装款式的限制和早期服饰的纯朴风格一去不返，平民穿起了超越他们身份的服装，他们在以服饰来摆脱自己在阶级社会中的无名地位。在明代前期，国家规定禁止穿戴一些特定形式的服装，限定特定的阶层要穿特定的服饰。晚至 1541 年，政府仍在禁止穿用特别的样式。在这一年，礼部尚书宣布禁止人们穿戴云巾、云履，并且成功地使地方官员保证做到当地人不穿戴。但是到了 16 世纪 60 年代，这些禁令已失去效力，不论是士绅还是平民，都同样地穿用他们喜欢穿戴的奢华服饰。[163] 在江南尤其如此，在那里，对公共场合以及私人宅第中社会交往的描述大都离不开时尚的展示，流动不息的风尚变化成为社会地位不断受到挑战和重组的重要舞台。

热切的士绅们急不可耐地在衣着式样上与周围生产和消费服装的商业环境趋同。16 世纪 70 年代，陈尧（1535 年进士）在他的著作中不无惊恐地写到那个时代他的家乡扬州的衣着时尚的变化。毫不奇怪，他把正德年间当作这一变化的转折点：

> 弘德之间，犹有敦本务实风。士大夫家居多素练衣、缁布冠。即诸生以文学名者，亦白袍素履。庶氓之家，夏葛冬布，价廉而质素。风俗俭薄如此。

但是不久，便是“今者，里中子弟，谓罗绮不足珍，求吴细宋锦，云缣驼褐，价高而美丽者”。陈尧一方面在哀叹奢侈夸耀之风取代了谦恭俭朴，另一方面也揭示了消费时尚的日新月异。“长裾阔领，宽腰细者折，倏忽变易，号为时样。”

陈尧继续写道，对奢华衣着的时尚追逐不断升级，磨灭了贫富之间、城乡之间、士绅和平民之间以及精英和大众之间的界线，对此，他绝望到了顶点。在街上，人们的社会地位再也不能不言自明地通过服饰表现出来。陈尧透过对服饰变化的关注，表达了他对16世纪70年代这些界线迅速消逝的深切忧虑：“不衣文采而赴乡人之会，则乡人窃笑之，不置之上座。至于驵侩庸流贱品，亦戴缙绅冠。俳优皂卒穷居负贩之徒，蹑朝贵履行道上者踵相接，而人不以为异。”[164] 这群穿着不合规矩的平民百姓，在陈尧看来，是社会道德准则被推翻的有力证明。商业消费的巨大能量最终战胜了传统的身份地位标准。在他想象中的那个传统社会里，有衣着素朴的稳重士绅，有穿着土布的勤俭农民，如今这个社会产生了裂隙，而在裂缝下潜伏着的是商业的运作。昂贵的苏州刺绣在农村市场上出售，牙人和走街串巷的商贩打扮得与士绅别无两样。出售农民穿戴的朴素衣裳的市场已经不存在了。

二十年后，张瀚记述了从奢侈品生产中心苏州向外传播的同一时尚扩散过程："至于民间风俗，大都江南侈于江北，而江南之侈尤莫过于三吴。自昔吴俗习奢华、乐奇异，人情皆观赴焉。吴制服而华，以为非是弗文也；吴制器而美，以为非是弗珍也。"张瀚不单单是简单地描述苏州衣饰的风尚标地位。他以为，陈尧所痛心疾首的日益浓厚的追逐时尚之风，不仅标志着官方禁奢的失败，更重要的是，它表现了市场运作本身的某种特征。在这里，市场的运作又一次青睐苏州：

> 四方重吴服，而吴益工于服；四方贵吴器，而吴益工于器。是吴俗之侈者愈侈，而四方之观赴于吴者，又安能挽而之俭也。盖人情自俭而趋于奢也易，自奢而返之俭也难。今以浮靡之后，而欲回朴茂之初，胡可得也？[165]

张瀚求助于人性来支撑他对奢侈之风的反对，但他还是认识到追逐时尚的过程已经成为商品生产的一个组成部分。一旦苏州的纺织品工业取得了支配地位，市场需求就不仅仅促成简单的重复生产，而是刺激出更加新潮的新产品，这种款式的更新反过来又刺激需求迈上一个新台阶，这样就形成了产品不断进步和更新的循环过程，任何想要在这一社会环境中立足的人都不能无视它的存在。

时尚在社会结构中的运动轨迹正如它在市场经济结构中的运动轨迹一样。正像上海模仿苏州的款式但总是慢半拍一样，平民百姓仿效士绅的衣着，也总是稍逊一筹。清初散文作家叶梦珠回忆明朝后期他的家乡上海的情景时，对时尚的倏忽多变感到迷茫和不安。

他分析说，“原其始，大约起于缙绅之家，而婢妾效之，浸假而及于亲戚，以逮邻里”。从此，这种新式样就不再为士绅所独有，而开始进入平常百姓的世界。一旦一种式样已经扩散到一般民众中，新的更新过程又开始了，它使原本新潮的东西变得不再新潮，正像叶梦珠所看到的那样：“富豪始以创起为奇，后以过前为丽。”[166]

在陈尧所处之时，明朝后期才刚开始，人们还可以想象士绅能超越这一时尚的循环，还可以设想他们的服饰是千古不变的模板，但从正德年间开始，社会下层民众开始模仿这种穿着。到了一个世纪后叶梦珠的时代，这种姿态已变得不再可能。叶梦珠看到，在追逐时尚的欲望面前。士绅与其他人一样不堪一击，他们不断将新的华丽的款式传播到社会其他阶层中去，从而引发了全社会追逐时尚的狂热。到了明朝末年，士绅同时扮演了这种时尚变化的代言人和反对者的双重角色。当每个人都开始追逐原本应属于士绅阶层的东西时，这些士绅试图以不断修改审美规则来维护他们优越于后来者的特权地位。这种对新时尚的无休止的追逐，否认一切事物既有形式的永久价值，最后让人麻木，不管是衣服还是鞋子，帽子还是饰品，家具还是食品，抑或是价值还是信仰。明代后期不断被打破的时尚界限，就这样在服饰式样时髦和过时的变换中，不断地重新形成，每一种式样都毫无例外地在离开上层社会之后进入下层民众的生活中。

对 1628 年的一位御史来说，看到“无识之妇、贱役之妻袍服适体，金银横腰”后的沮丧，已不仅仅是让人痛心的时尚追逐问题，而是更加让人痛心疾首的违犯身份地位界限的问题。末代皇帝崇祯特别想扭转这种礼崩乐坏的局面，他下令北京的巡城逮捕那些身着奇装异服的民家女子，[167] 但这种局面并不是几个巡城所能扭转得了的。

物件的时尚

进入贵重物品的领域后，时尚追逐的人群就变得小了。在这一块里，要说有谁永不疲惫地追求社会地位，就只有那些能够以大量的金钱购置珍贵物品的人了。明朝前期只流传于极少数的精英人物中间的具有文化意蕴的物品，如古董、字画，被大量地带到了处于道德真空地带的金钱世界。这些物品向应邀前来参观或使用的人们展示着收藏者的独到鉴赏力和不俗的文化品位。

明代后期的有钱人始终怀有一种商业冲动，要去参与时髦的文化物品经营。艺术家兼政府官员李日华(1565—1635)在他的日记里，无意中记下了 1603 年先后十三次古董字画商向他兜售古董字画的事（还有多少次被他忽略未予记录，我们不得而知）。[168] 李日华住在嘉兴，正好位于杭州与上海间的水陆交通线上，所以，毫不奇怪访问他的古董字画商多来自杭州和上海两座城市，还有一人来自杭州西南的金华府。一个上海字画商带了一大堆的卷轴画，其中李日华能够识别的有四五十幅。他还提到一个书商，在出售新近刻印的书稿。

对李日华来说，要做出决定不买这些古董字画商兜售的东西很容易（流动商贩在许多国度都是可疑的骗子）。他有其他更好的获得可靠物品的路子。但在李日华的圈子以外的有钱人都没有他那样的对文化物品的鉴赏力，他们会很痛快地为那些看上去值钱和高档的东西掏腰包。对于装饰性的物品来说，了解其内含价值的最简单的方法就是选择本身由贵金属——金银做成的东西，比如金质餐具、银质香炉、用金线织成的锦缎。这些物品肯定会把它的所有者与其余的人区分开来，因为只有那些极其富有的人才能买得起。明朝后期的士绅文化品评家们出于自我辩护，否认这些东西的文化象征价值，宣称拥有这些东西是极端粗俗的表现。高雅的松江藏书家何良俊（1506—1573）记述他拜访嘉兴一位富有的绅士时就透露了这种看法：

> 见其家设客，用银水火炉金滴嗉。是日客有二十余人，每客皆金台盘一副，是双螭虎大金杯。每副约有十五六两。留宿斋中，次早用梅花银沙锣洗面。其帏帐衾裯皆用锦绮，余终夕不能交睫。

何良俊评论道："此其富可甲于江南，而僭侈之极，几于不逊矣。"[169] 这些物质财富肯定会令一般的平民百姓眼花缭乱，但在那些代表高水平文化品位的士绅眼中，它仅仅是金钱的浪费：有钱人借此谋取社会地位的尝试失败了。

有钱人追求文化品位的第二种冲动，就是要拜有文化的士绅为师。他们颇为谨慎地在书籍中为自己找到了老师。正像柯律格在他关于这些书籍的研究中所指出的那样，品位鉴赏手册的作者们正是利用了"一种我们可以泛泛地称之为'奢侈消费'领域的出版狂热的总爆发，其中不仅包括像字画、青铜器这样的高品位、高价值的作品，而且还包括在最上层社会生活中自我表现所必需的一切当代物品”。[170] 这些作者都生活在江南城镇的浓厚文化氛围之中，多数是文人学者，也有一些商人。在他们教读者什么是雅、什么是俗的时候，显然都热衷于显示他们自己的独特审美观。纯粹的物质富有者可以从这些书中学到经营文化时尚物品的学问：收集什么？什么时候向人展示？怎样展示？其鉴赏价值何在？如何鉴别其质量的优劣？换句话说就是，怎样使自己的行为举止看上去优雅（见图 33）。

这个学习过程不会很容易。因为这些书籍是为那些早已属于精英社会圈子内部的读者写的。在这个圈子里，那些物品是士绅们的“长物”，他们看重的是其中的文化价值而不是经济价值（虽然经济价值总是潜伏在这些物品优雅的外表之下）。他们再次向世人显示了自己丰富知识中蕴含的鉴赏眼光，并重申了在与商品世界打交道时这些知识的重要性。随着文化类商品的数量与日俱增，商业使这个世界变得更加不稳定和令人眼花缭乱。这种鉴赏品位文学也在无声地重申这样一个事实：鉴赏水平的高低并不在于拥有（当然还包括购买贵重商品的经济能力），那些文化品位高的雅士总是比有钱人更在行。

激烈的社会地位竞争推波助澜，赝品充斥奢侈品市场，购买者必须加倍小心。明后期社会生活中的这个方面吸引了利玛窦的注意力。他身处拥有一个艺术品大市场的南京，写道，中国人“以极大的技巧和创造力争相仿造古代的物品，以致那些不太在行的人花费巨额资金买到的东西后来被证明原来一文不值”。[171] 刘侗（约 1593—1637）在他 1635 年出版的《帝京景物略》中，用大量的篇

图 33　剧本中的一张考究的花梨木折叠椅，向读者显示着这位士绅的财富和地位。(《紫箫记》)

幅向那些对鉴赏（他用了一个很精确的词“赏鉴”来表示，而不仅仅是业余收藏）有兴趣的人详细解释如何辨别城市市场中出售的这类物品的真伪。他肯定地告诉读者，宣德时期（1426—1435）的青铜器有一种光泽是无法仿造的，只要你知道如何识别就行了。他说近来出现的对价值连城的永乐时代（1403—1424）瓷杯的仿造品形体厚重，一看就知道是赝品。[172] 明代后期赝品的流通似乎非常容易，这要归因于一个庞大的几乎不加选择的购买人群的存在。一些文人也并不是不愿意从中牟利。他们可以惟妙惟肖地仿摹古代名家字画，也有能力制造各式各样的赝品。万历年间，许多苏州文人都被卷进了以临摹名人字画牟利的活动中，有时明确说明是仿作，有时则不说。少数杰出的学者还可以靠这种工作来维持日常生活。

在一个商品不总是像看上去那么好的市场上，那些文化不太高的人必须得靠一些简单的方法来鉴别真伪。刘侗建议北京的瓷器购买者根据底部刻印的年号来鉴别官窑产品的真伪。永乐以后，在官窑底部刻印生产日期成为普遍的做法。刘侗告诉他的读者怎样按年代区分瓷器的优劣：成化第一，然后依次是宣德、永乐、嘉靖、正德、弘治，最后是离当时最近的隆庆和万历。[173] 他提醒读者说，这种选择瓷器的办法不是任何时候都保险，因为每个时期都有高质量的产品。更关键的是，生产日期也可以伪造。伪造假日期已经司空见惯，明朝后期的瓷器生产者会很在行地在器底印上与仿造品的形制一致的日期。仿造最多的是宣德时期的产品（永乐年间的瓷器在明后期传世者极少，所以仿造这一时期的产品欺骗不了太多的人）。

另一种给器物作标记以便增强市场竞争力的办法，就是在上面刻印有名的匠人或瓷窑的名字。对那些缺乏鉴别能力的人来说，匠人的名字所代表的质量比器物本身的质量更有用。制造者的标记起着商标的作用，这是购买高质量物品的一个易学的快捷方式，无需掌握系统的鉴别知识。富有的绍兴学者和文化品评家张岱（1597—1689？）列举了许多人们争相寻觅的手艺人的名字，这些匠人生产的物品使他们“与缙绅列坐抗礼”。锡壶：嘉兴的黄（有的材料作“王”）元吉；漆器：嘉兴的周柱和洪家；铜器：嘉兴张家；竹器：南京的濮仲谦；漆竹：王二；斑竹：苏州的姜华雨；扇：马勋和荷叶李；瓷器：徽州的吴明官；夹纱及夹纱帏屏：赵士元；金银器皿：朱碧山；古琴：张寄修；三弦：范昆白；玉雕：陆子冈；犀角器：鲍天成；梳：赵良璧。[174] 张岱所列的这些名字仅限于江南的艺人。比这稍早一些，在北方，刘侗列出了完全不同的另一串名字，那是人们在北京的市场上购买高质量对象时所要寻找的[175]。柯律格正确地指出，张岱所列举的这些名字都是社会公认的，在明末清初其他的江南史料中也有记载。实际上，这些名字已经变得相当程序化，人们常常把他们搞混：一个世纪前，王世贞（1526—1590）将制造梳子的匠人赵良璧当成是最好的锡匠；一二十年后的顾炎武又夸赞他打造的刀刃天下第一。[176] 不管是现存的哪类手工制品，没有一件可以断定是赵良璧的作品，因此我们也没有更多的材料可以证明他到底是做梳子、锡器还是刀刃的。唯一可以确定的是，鉴赏家执意坚持说拥有一件赵良璧的作品（不管是梳子、锡器还是刀刃），就可说明拥有者有别于大量的粗俗的有钱人和下层的贫苦人。看起来似乎赵良璧究竟制造什么并不重要，只要人们知道他的名字就行了。柯律格凭借敏锐的观察，将这些名字游戏视为精英身份的界线不断发生变化和精英集团传统的鉴赏能力受到挑战时“精英阶层将鉴别不同类型物品的生产标记固定化”的表现。他还指出，由于这些原因，张岱感到必须重新确立质量的界限以减轻他“对社会等级界限不断变动的迷茫和不安”。[177] 当然，记录商标名称这一行为本身就是他们特权地位削弱的表现，因为那些想要跨越社会等级界限的人只要记住这些商标的名字就可以确定买到正确的对象。造梳子的人只需让他的顾客相信这是赵良璧的梳子就可找到销路，街那边的锡器制造者也只需做同样的宣传就可以找到买主。

光是正确的对象本身并不足以影响社会身份的划分。必须还得有正确的收藏和展示方法。这样，除了拥有这些对象之外，还有鉴赏的任务。这方面的知识也可以从书本中获得。下面的关于如何保管和展示这些对象的建议就是一个例子，它摘自后来出版的大画家董其昌（1555—1636）的一本艺术和物品鉴赏手册：

> 凡法书名画，古帖古琴，至梅月、八月，先将收入窄小匣中锁闭。其匣以杉板为之，内勿漆油、糊纸，可免湿霉。以纸四周糊口，勿令通气，庶不至霉白。过此二候，宜置卧室，使近人气；置高阁，裨远地气乃佳。
>
> 又书画帖，平时十余日一展玩。微见风日，不至久卷作霉。琴则盛以锦囊，挂板壁透气处，勿近墙壁风露日色。收藏之法，过人远矣。

展玩书画有五不可，谓：灯下、雨天、酒后、俗子、妇人也。[178]

当然，董其昌的建议不光涉及简单的收藏问题，它还包括了指导士绅生活中社会交往的准则——这种生活中女性是明确被排除在外的。

文化物品的正确使用可以反映一个人的身份地位，相反，使用方法的错误则会取消这种地位（见图34）。张岱向我们讲述了一个古青铜花瓶的故事。这个花瓶本为张家所有，一个能言会道的古董商人诱使他的家人以一百两银子出手卖掉了。（张岱是这样说的，不过真实情况很可能是一个精明的张家人觉得买者出价不菲，倒不反对在价钱好时让市场将象征性的资本转化成真正的资本。）张岱后来获知一个歙县的商人买了那个花瓶，摆在他家祠堂的供桌上。[179]张岱讲这个故事是取笑这种举止的荒唐失礼。供桌上是不能放青铜器的，但那个商人却一无所知。他距离高贵的精英阶层太遥远了，不可能知道如何摆置这些古董字画，这显示出他在社会阶梯上的攀爬达到了多么荒唐可笑的地步。然而在幽默的背后却隐藏着张岱的深切忧虑：粗俗如这位徽州商人者都可以获得只有鉴赏家才应该拥有的对象，所不同的仅仅是摆放的位置不对而已。

性的时尚

情感也有时尚。挥霍钱财于性交易上，其实是在向世界显示这种花费根本不算什么，而徽州商人则以在这一领域一掷千金而远近闻名。但追求性交易不仅仅是财富的体现，它同时也是通过推动道

图 34　一位福建的插图作者为没有门径进入士绅社会的读者描绘了士绅们的追求：左上角是收藏书籍，右上角是弹奏古琴，左下角是鉴赏名画，右下角是下棋。(《万用正宗》)

德名声的界限来表现社会地位差别的手段。文化象征性资本不可能被排除于狎妓花费之外，因为在明代的城镇里，任何一个有一点钱的男性都可买到女性的性服务。在性时尚的追逐中，欲望还需要其他的装束。

这种装束之一就是高级艺妓的现象。在明王朝最后的匆匆几十年中，一些士绅在婚姻和姬妾体制之外得到了有教养的女子做艺妓。艺妓的出现是那个特定历史阶段文化意韵的表现。它将妓女的纯粹性关系重新塑造成一种文化关系，甚至是志同道合的金兰之交。这种重塑的发生来自男性的视角——尽管女性或许十分渴望获得艺妓的身份——当男人们追寻当时市场上的浪漫故事中的才子佳人式的爱情中的红粉知己，而在现实的包办婚姻和金钱婚姻（嫁妆的转移）中又找不到的时候，这种重塑就发生了。[180] 从另一个层面上来说，这为男人们提供了一个帮助女子挣脱特定的文化束缚的机会，通过要求艺妓具有男子的文化修养，以及在书法、绘画、诗歌等纯粹男性士大夫的艺术领域内得到熏陶，使她们高雅化，甚至男性化。男子并不是这一潮流的唯一推动者，也只有在具备文化修养的女子打破了文化艺术领域内的性别界限之后，艺妓的时尚才能产生。奢侈品贸易的发展是艺妓时尚产生的另一个前提条件，它提供了男性士绅将他们的艺妓打扮成精英阶层成员所需的时兴衣饰。

明代后期最有名的艺妓是柳如是（1618—1664），陈子龙的情人。关于陈子龙，我们在前面曾提到他对金钱的评述。柳氏是在盛泽镇的一家青楼以侍女杨爱的身份开始她的红尘生涯的。一位致仕的首辅纳她为妾，教她写诗作画。一场性丑闻使这个老头不得不在1632 年她十四岁时放她出去。她来到松江，在那里她的高雅举止和吟诗作画的才能使她闯入松江的士绅精英圈子。1633 年柳、陈二人成为情侣。在他们 1635 年春、夏的共同生活中，两人都写出了精彩的诗作。陈子龙的妻子强迫他放弃柳如是，柳氏后来又成为著名的钱谦益（1582—1664）的小妾和红粉知己。她一直留在钱谦益身边，继续从事写作，直到钱去世，之后不久她本人也与世长辞。[181] 在其他知名的士绅和艺妓的结合例子里，[182] 男子都是社会地位很高的人。除了钱谦益之外，他们都出生在 17 世纪的最初几十年中，在明朝的最后几十年长大成人。

这种崇尚浪漫爱情的行为在清朝统治的最初十年之后就不多见了，所剩下的只是人们对昔日美景的留恋。描写明朝后期艺妓的文学作品，不管在当时还是现在，都具有将这一小群女子浪漫化的倾向——当时是因为她们的才气，现在是因为她们挑战传统性别从属地位观念的英勇行为。但是从另一个角度来说，是那些珍视这种浪漫爱情的男子将这些女子光彩化了，他们想在这里找到寄托，摆脱官场失意的失落感和明末党派倾轧给他们带来的无力回天的感伤。浪漫爱情的理想境界，将他们政治上的隐退引向了与艺妓的交往世界中，在这里他们感受到了在失意官场和卑微政治地位中丢失了的道德优越感。结交艺妓成为一种隐喻意味颇浓的行为。文化造诣高的男子将他们自己的这种两难处境典型化为作品中的具有悲剧色彩的男主人公。他们花钱纳在某一方面文化修养极高的艺妓为伴，部分地吸纳了命运悲惨的艺妓的人格特征，借此来表现他们自身的殉道感。[183] 明亡后两种浪漫行为——忠于情人的浪漫和忠于覆灭的明朝的浪漫——的密切结合[184]进一步证实了这种隐喻，且进一步突出了对浪漫爱情的崇拜乃是来自男子叙事，他们将士绅阶层中最上层的一小部分分离出来，作为国家民族（不同于政权）人格化身的结果。士绅和艺妓间的知己关系或许给那些杰出女性的生活带来了变化，使她们享有更高的教育和行动自由。[185] 但明末瞬息即逝的浪漫爱情既没有导致也没有重新领引妇女生活改变的潮流。被培养成为艺妓的女子获得了个人走近文学、自由、性和知识生活的机会，但在整个女性世界中，她们只是处在社会夹缝中的少数。即使有再多的文学作品将她们悲惨命运浪漫化，大多数妇女仍然没有机会进入上述领域，历史也丝毫没有向这方面发展的迹象。

此外，明朝后期时尚的性行业中还有一种更罕见的行为，就是购买男童的性服务。宴会间雇佣歌童为客人唱歌，然后在表演结束后让客人抚弄，这种做法在明代中期北京的最高特权阶层中已经存在，[186]只是很少有人赞同这种污浊的性享乐。与娈童为伍，作为一种时尚而不是个人需要，似乎只是在明后期才完全成为社会地位角逐的剧目之一。明代的世俗惯例厌恶“将那玩意儿插入别人肛门的淫荡做法”，不管对象是男性还是女性。但是当利玛窦获知北京的士绅在从事“不正常的堕落行为”时，惊恐地发现明代的成文法并未明确禁止男性之间的性关系。人们公开地谈论鸡奸，利玛窦似乎对精英阶层中同性恋的公开性质比对同性恋本身更觉沮丧。但是那时他有他自己的关切点，那就是独身的犹太教徒成为中国人寻求这种性享乐时的可口猎物。[187]

虽然利玛窦是在北京注意到男性同性恋的，但是在江南上层士绅的社会生活中，这种现象更普遍。那个环境中的许多人认为男性同性恋会腐蚀儒家道德价值观念。他们以为这种无所不包的公开的性取代了过去长幼间尊老爱幼的师生式关系（长者保护和关爱幼者，幼者尊敬和孝敬长者）。回避这一问题的惯用招数就是将它作为福建沿海地区的特有现象，也有一些明代后期的作家坚持说这也发生在其他的人群和其他的地方，试图以此来降低男性同性恋对儒家名分原则的讽刺力度。但福建作家谢肇淛（1567—1624）对此采取了另外一种回避的办法，他坚持说，不管这种行为肇始于何地，“从吴越至燕云，未有不知此好者也”。[188]像利玛窦一样，谢肇淛声称玩弄幼童的性享乐是众所周知的事情，不是什么秘而不宣的事情。在明代后期，这种公开性对实现同性恋的社会目的来说是至关重要的。像购买珍稀的可供展览的手工艺品一样，这种行为将位于精英社会阶梯顶端的真正的少数与其他人区分开来。

男性同性恋之所以有上述的区划能力，说到底，在于它的商业特征。不管有没有别的原因促使男人对男童感兴趣，也不管男性如何解释他们自己对同性的这种欲望，同性恋在是一种人际关系的同时，也是一种商业关系。我们这里的男性同性恋并不是已到结婚年龄的成年男子的个人行为，而是在公共的买卖或租赁市场上上演的契约性社会行为。经营者通常收养孤儿或饥荒时被卖的男孩，教他们演唱等技艺，然后将他们当作男妓出租或卖给有钱人做男童。经营管理办法与出租妓女或卖给别人当小老婆基本上没有区别，但男童的价格比女妓要高。比如，李乐就曾提到 16 世纪 80 年代福建的一个知县——李乐又一次提到福建这个典型地区——花五十两银子买了一个美少年，为此，他的顶头上司福建巡抚罢了他的官。[189]

赋予男性同性恋以社会力量并将男童与青楼女子区分开来的东西，严格说来不是金钱。五十两银子并不是一般士绅难以承受的一个大数目。它是在中国文化反对“男色”（或更直接地说，就是对男性身体的性欲）的社会和心理压力下产生的一种特殊财富。可以在经济上负担一个男童或艺妓已属极少数，而上述这些压力更使得同性恋成为少之又少的怪异行为。缘于此，这种独特时尚的构建方式就与艺妓不同：更大的勇气、对旧有的性道德标准的厌恶、对自我修养和忠诚之理念的冷漠态度。[190] 或许在 16 世纪，同性恋的生理欲望的发泄不可避免地要腐蚀儒家的道德标准，但正是这些标准又反过来印证了同性恋是超乎大多数人情感体验之外的一种性时尚，也正因为如此，才使之取得了相当的社会知名度。

张岱在叙述自己年轻时代所追逐的各种情趣时，间接地写到他自己与家中男童的关系。[191] 他并不是以此来说明他的个性（他除了追逐男童之外，还同样热情地追逐美婢），而是在日后更为清醒理智的年代回忆起自己当年的堕落。然而，张岱的这种自我解剖（像其他多数对他在明代后期度过的青年时代的解剖一样）中蕴涵的道德情感比这更为复杂。即使在他谴责明代后期的堕落，和为他目睹明朝垮台并听之任之的不忠行为而忏悔的时候，心中仍怀着一种对逝去时光的深深眷恋。那时他悠闲自在地在上层社会的圈子里徜徉，在那里，狎童将位于社会金字塔顶端的人们与其他人区别开来。

浮世

张岱将他明代后期在家乡绍兴和作为贸易中心的省城杭州度过的青年时代区别开来。杭州缤纷多彩，代表着许多东西。对商人们来说，它是大运河南段的主要港口，是沿海岸线北上和从徽州内地东运的商品的集散地，纺织品和书籍的主要生产地，无数徽州客寓商人的居住地。对士绅来说，它是一座古刹林立的故都，漫步的湖边胜地，购买奢侈品的好去处，还是优雅的私家园林所在地。当然，士绅眼中的杭州和商人眼中的杭州并不是互不相干的。每当士绅从商人手中购买物品，或商人从士绅手中买进字画，两个世界就发生了重叠，在寺庙和青楼所在处，两条不同的人生道路交叉在了一起。

张岱是我们了解明王朝最后几十年杭州动荡岁月的最好的向导之一。他写于明朝覆亡之后的冠之以“梦”的著作中，满是被痛苦的失落感强化了的或者可以说扭曲了的回忆。他关于自己所生活的晚明世界的认识，那个包括皇亲国戚、高官同僚、僧侣文豪以及名妓[192]的上流社会，已经一去不复返，只存在于他的记忆中了。看着明朝的覆灭，即使是记忆中相对来说并不奢华的享乐内容，比如说吃水果，都使他烦恼万分。

就拿橘子来说。在前述的“春”季里，我们知道张岳在1530年的福建沿海惠安县县志中区分了哪些水果是士绅应该吃的，哪些是不敢让人看见、偷着吃的。他说惠安的橘子太普通，建议吃漳州的橘子。一个世纪以后在杭州，张岱也吃闽橘，还吃一种非常美味的闽橘饼。杭州或许离福建沿海太远了，当地居民不会留意橘子是哪个县产的。但对商人来说，这两地间的距离近得足够使这些从事商业经营的人保证杭州正常的闽橘供应。“远则岁致之，近则月致之、日致之。耽耽逐逐，日为口腹谋。”张岱以极其深重的罪孽感追溯这种借商业维持的享乐生活，好像他的沉迷享乐导致了明王朝的覆亡：“罪孽固重”。但他也并未完全被这种记忆所吞噬，在这篇描述晚明奢侈生活的文章的最后，他又重打精神，说：“则向之传食四方，不可不谓之福德也。”

张岱最喜欢杭州的春天，那时西湖湖畔的寺院举行庙会，从农历二月中旬一直到五月初。杭州的女人们这时都来到寺院烧香、游玩、寄宿僧舍——尽管1603年，省按察使发布了禁治的专门规定，他难以想象女子在寺庙中过夜而不与和尚偷情。[193]这时还是北方人长途南下到浙江沿海的佛教圣地普陀岛进香的季节。在这几个月里，西湖的寺院挤满了参观者。进香者来自各地，近者如毗邻的府县，远者如山东省。江南的佛教律宗的中心大昭庆律寺，成了出售古玩和纪念品的大市场（见图35）：

> 则殿中边甬道上下、池左右、山门内外，有屋则摊，无屋则厂，厂外又棚，棚外又摊，节节寸寸。凡胭脂簪珥，牙尺剪刀，以至经典木鱼、伢儿嬉具之类，无不集。

像在这样的时节里，张岱留恋于摩肩接踵的野姑村嫂之间，“士女闲都，不胜其村妆野妇之乔画”。成千上万的都市人穿梭其中，选购宝物，沐浴阳光。在其他的时候，他更喜欢士人园林中优雅的士绅聚会。浙江的富有人家都在杭州有宅第，张家也不例外，尽量在那里度过一年中的许多时光。如张岱所说，这是一个名妓和游僧的世界。士绅们不在家的时候，多到西湖边的景点去游览，最著名的就是城南的龙山。17世纪20年代张岱的许多故事就是以此为背景写成的。其中有一则故事讲道，1622年张岱和他叔父参加了龙山上的一个斗鸡社。张岱所押赌注的鸡总是斗赢，而他叔父则运气极差，最终他赢去了他叔父所有的东西——古董、书画、文锦、川扇。他后来还是决定不再斗鸡了，以免沉迷其中不能自拔。在1626年冬天，杭州下了三尺厚的大雪。一个月朗星稀的晚上，张岱登上龙山，坐在城隍庙的山门口，凝望窗外迷人的雪景，婢女在旁侍酒吹箫。

图 35　这幅风格独特的图画描绘了杭州昭庆寺的大庙会，其中，第一张桌子边站着的人在卖扇子。（《海内奇观》）

张岱描写龙山篇幅最长的文章要算对花灯节的描写了，每年正月十五在这里举行的为期四天的喜庆活动。在花灯节，人们做好灯笼，在城隍庙门到蓬莱冈的路上展出。灯笼的主人与亲朋好友坐在灯下的垫席上，唱歌饮酒；酒可以在节日的酒摊上买到。正月十五花灯节的高潮是登上龙山顶上的小庙。主人们或许会吩咐下人为他们在登山的熙攘人群中开出一条路来，但在寻欢作乐的拥挤人群中，想做任何事都不可能，只有听任自己被前进的人流夹着往前走。张岱回忆说，每当节日过后，游客丢弃的废物堆如山积。唯一未被扔进垃圾堆的就是丢失的女人的鞋子，鞋子都被挂在树上，似乎在提醒每一位游客：在夜幕的掩护下有人在山上偷情。

在关于花灯节的回忆中，张岱讲述了他听到的这样一则故事：一个无赖买下了城隍庙东侧的几间空房子，将他买来的姣童养在“帘子胡同”（男性妓院）里。那些姣童使这无赖生意兴隆，他的妓院办得很红火。花灯节的一个夜晚，外面人声鼎沸，几乎无人注意到一个年轻人来到帘子胡同外，掏钱买下其中的一个男童。当嫖客与男童被引进房间之后，“他”（嫖客）“剪烛殢酒，媟亵非理”。但后来“解襦乃女子也”。这时才知道“他”并不是个男人，而是一位乔装打扮的女子。这是对性别秩序的公然挑战，这一女子将自己置于性交易的购买者的地位上来。但是在这里，当她授权男童进行正常的性行为时，原有的秩序又得到了恢复，而这种正常的性行为在他出卖美色的性交易中本来是不被允许的。这位女狎客与男童偷情一直到天快亮的时候，然后就消失得无影无踪。

杭州的金钱享乐也很快成为历史。在1640年春天，规模庞大的庙会所在地昭庆寺毁于大火。同年，杭州饥荒。即使富有人家也不得不食粗茶淡饭，乡村的贫苦人煮食蚕茧充饥。[194] 灾荒持续了两年，据张岱说那里有一半人死于饥荒。街道上到处是倒下的瘦弱尸体。北方的香客减少了，当 1642 年初满人攻打山东的时候，就彻底没有香客南来了。庙会消失了。三年之后，清军来到杭州，张岱带着几箱子书逃到家乡绍兴的山林中，而其余的三万卷留在书楼里未能带走。在新王朝的冬天里，占领杭州的清军用这些书作燃料来取暖。明朝的文明就这样结束了。或许还未结束？

第四章

秋（1642—1644年）

富者百人而一，贫者十人而九。贫者既不能敌富，少者反可以制多。

金令司天，钱神卓地。贪婪罔极，骨肉相残。受享于身，不堪暴殄。

因人作报，靡有落毛。于是鬼蜮则匿影矣。

——张涛

在明朝后期政治生涯中默默无闻、被任命为歙县知县的一个执着的儒家学者的眼中，或许情况真如上述所说那般。对张涛这样的道德论者来说，歙县不是他重返官场的合适地方。被罢官后重新赴任，面对这个商人的世界，除了反感之外，他又能如何呢？歙县距离儒家的社会理想太遥远了。它是明代后期庞大的贸易帝国的心脏，是成功的徽州商人的心灵圣地。在那里，金钱是价值的主要衡量标准，学识和美德生存在金钱的阴霾之下。对张涛来说，王朝的年轮已经离1368年那个静谧的冬季很远了，秩序的车轮强烈地摇摆起来，眼看就要脱轴了。他很明白，世界末日来临了。

让我们将王朝的隐喻就此打住。1609年《歙县志》出版以后，现实生活中的事情变得同样糟糕。张涛未能完全目睹它的结局。大约十年之后，他致仕回到家乡黄陂县，过着恬静的隐逸生活。他或许逃脱了 17 世纪 20 年代朝廷宦官和东林党人长达十年之久的血淋淋的党派倾轧，当 30 年代的一系列灾难爆发之时，他已经平静地离开了这个世界。但是他的后代却未能逃脱干系。1636 年的黄陂经历了几十年来最惨重的一次大旱灾。六年以后，田地再度干涸，遮天蔽日的蝗虫将庄稼吃得一干二净。1641 年，发端于华北的大饥荒在第二年波及黄陂。田间颗粒无收，出现了人食人的惨状（人们无以充饥，只好吃那些死于瘟疫的人的尸体）。黄陂人还有心情去参观这年八月十日的城隍节吗？他们还会抬着城隍的坐像穿过大街小巷祈求他的保佑吗？或者他们又是否会因为他未能保佑他们免受饥荒、蝗灾和瘟疫等鬼蜮的袭击而用鞭子抽打他的木头身体呢？[1]

当然，当张涛谈到他隐喻的鬼蜮时，脑子里想的是与此截然不同的另外一回事。1642 年在中国境内猖獗的鬼蜮绝对不是那些隐喻中的神，而是现实的人：领不到军饷的士兵、被裁汰的驿卒转成的盗匪，无地的农民，瘟疫袭击下的孤儿，无以充饥的流民，隐匿山林、下山抢掠的草寇。一些三五成群，一些则聚集了大队人马。他们冲向毫无防备力量的农村，横行于平原之上，凡是国家军事力量瘫痪和豪族未能组织起佃农组成自卫武装的地方，都遭到了他们的袭击。接着就是军纪森严、所向披靡的清军骑兵的入侵。满人从东北南下，来到张涛最后为官的地方，在辽东地区，他们没有遭到任何抵抗，兵不血刃地越过了长城。

在这个混乱的年代里，另一个起义军领袖李自成的流动部队在

1644年成功地实现了他们夺取北京的长途战略目标。崇祯皇帝亲手杀死了自己的女儿以免她们落得更凄惨的下场，然后在煤山自缢身死。起义军占领了北京，但却未能守住。不到六个礼拜的时间，他们就不得不放弃他们的胜利成果。驻守东北边界防卫满人的明军与敌人做了一笔交易，带领清军越过长城，直指北京。起义军南遁；满人长驱直入京城，立他们年幼的可汗为天子，宣告明王朝寿终正寝。

究竟是哪个鬼蜮将明王朝推向了灭亡？是“金令”和“钱神”吗？或许张涛会这么想，但是当最后的结局到来时，他已与世长辞。活着的人是怎么想的呢？丁耀亢和李挺生是千百万知道谜底的人中的两个，让我们来问他们好了。

明朝的覆灭

沿海地区

1642年晚秋，满军越过渤海湾对山东发动了短暂但破坏性极大的一次海上袭击。丁耀亢那时正在北京，他一听到海战的消息就急忙赶回家去救他的家人。他的家乡位于山东省贫穷的东南地区的一个远僻的县——诸城。[2] 丁耀亢是个贡生，那是一个令人尊敬的头衔，有一些做官的机会，但不能完全保证他能谋得一个位置。他在京城附近滞留多时，希望能谋得一官半职，但是那年秋天看起来是没有多少希望了。去年的饥荒使国家财政匮乏，持续不断的暴乱危机更使国库日益枯竭。无论如何，丁耀亢来自一个不起眼的偏僻小县，找不到任何地方党派集团作依靠，在京城官场没有后门可走。山东的战争使他确信该是回家的时候了。

满族骑兵三年前就曾攻打过山东。尽管他们仅占领了西部的几个府，但却带来了巨大的破坏，引起大量恐慌。1639 年丁耀亢还在家中，他想把家人向南疏散到南京城去，那里有城墙保护，较为安全，当时整个华东的士绅都在往南京逃。[3] 但是满族人的袭击使山东的秩序极度混乱，要想安全地将家人送到南京已经不可能。幸运的是，那时满洲骑兵还没有向南推进到诸城。但这一次情况就不同了。

当丁耀亢回到家的时候，发现那里多少有些乱了阵脚，县里的官员都很慌乱，看起来知县并没有切实可行的抵御满族骑兵围攻的办法。丁耀亢敦促他的族人离开县城到别的地方去避难。这个被人们称作“藏马丁氏”的家族是当地的望族。他们的一个做军官的祖先曾经在洪武皇帝手下做事，洪武皇帝庄重地将沿海的这片贫瘠土地赐给他。丁氏家族在 16 世纪中叶取得了士绅的地位（丁家的第一个进士是 1565 年考中的）。丁耀亢本人的地位从来没有达到那么高过，但他在当地以书法、诗歌、小说而知名（明代后期色情小说《金瓶梅》的一个知名的续集，也是他的作品之一）。藏马丁氏家族不是特别富有，但在 17 世纪 20、30 年代，丁耀亢和他的弟兄们将家里的田产大大地增加了。

丁耀亢的族人并不认为有逃跑的必要。与在满军袭击下丧命相比，他们更害怕自己的财产被那些贪婪的乡邻抢去。于是他自作主张，将他自己的那一支迁出了县城，来到沿海岸线往南的山中，那里有他家在乡下的田产。他组织了一支由四百名身强体壮的佃农组成的私人武装，聚集了五十匹耕田的马、驴以及马车，和足够每个人使用的刀枪和火器（见图 36）。许多其他家族也纷纷南迁。看到路上逃难的“车马络绎不绝”，他觉得他的家人即使在乡下也不安全。1 月，他又继续南下来到沿海港口安东，在与南直隶交界处的山东边界定居下来，租了一艘船装载一批生活用品运到海中的一个岛屿上，然后返回安排家人南下。

在 2 月一个飘雪的黎明前，一个佃农发现了三个满族军队侦察兵。家兵想与那几个满族士兵交手，但丁耀亢觉得这样做没用，他带领二十几个家人迅速出发，随他一起沿海南下。他非常急迫地要上路，但租好的船还没有返回来接他们。正在海边的人群中被挤来挤去的时候，丁耀亢恰好遇到了一个朋友，这个朋友已经在另一艘船上定下了位子。朋友把他介绍给船长，船长答应以五十两银子的船价让丁耀亢一家上船。那天（2 月 6 日）晚上，丁耀亢从船上向外望去，透过夹带着雪片的雨幕，他看到岸上烈火向四面八方蔓延，满族军队在劫掠和焚毁每一座村庄。第二天人们获悉县城已经沦陷。于是他们起航了。

丁耀亢再也没有找到他先前存放在那个岛上的东西，仅剩少量的银子供家人糊口。但当他们来到一个岛上的时候，那里的一个学者对他们很友好，让他们寄住在自己家里。满族军队在山东停留了三个月，在这期间，丁耀亢一家仰赖那位好心肠的学者的接济得以保全性命。到第二年春天满军撤出山东以后，丁氏一家重返陆地。丁耀亢将家人留在沿海，只身一人去照料家产，看一看冬小麦是不是可以收割了。他发现一半的土地已经被邻近的人家占去。而田地

图 36　丁耀亢的武器储备中或许就包括这类鸟铳。(《天工开物》)

的丢失只是问题的一个方面，因为他在日记中写道："县无官，市无人，野无农，村巷无驴马牛羊。"雇不到劳力，没有一人来替他割麦子。他毫无办法，只好让麦子烂在地里。

丁耀亢靠剩下的一半家产把家人重新安置下来，但战乱时期，匪徒横行，他们不得不住进县城。1644 年冬天，命运再一次与丁氏一家作对。清军入关以后，李自成的起义军从京城向南撤入山东境内。丁耀亢决定再一次避难海上。4 月 22 日，他携家眷和一批粮食来到另一个岸边的岛屿上，在那里，去年冬天对他们十分友好的那个学者的朋友收留了他们一家人。丁耀亢在岛上并不孤独，因为他发现上百个山东东南沿海的望族来到岸边的小岛上，在那里购置田产准备长期居住下去。一个致仕的官员买了四百亩地，每年田租一百多石，在那里生活得很自在。

满人建立新王朝的消息很快就传来了。丁耀亢悄悄地回到家里看看事态的发展怎么样了。李自成的起义军仍在山东境内游荡，除此而外，邻人又吞并了他另一半的家产。他决定重新返回海上，但在途中遇到了一个老朋友。这个朋友组织了一支小规模的骑兵。丁耀亢帮助他从本地豪族的私人武装中招募了另外四百人来反击起义军。但丁耀亢看不到待在那里参加这种抵抗运动有任何希望，于是又回到家人那里。

第二年的冬天，山东的局势非常严峻，土地荒芜，商业凋敝。[4] 但到了次年春天，看起来新的满人的统治秩序已经稳定下来了。丁耀亢感到别无选择，只有回到诸城，向清朝妥协。这年 9 月，他又前进了一步，北上来到北京，重新在新政权下确定了"贡生"

的资格。然后回到诸城，花费数年时间寻找未来的出路，甚至还曾一度想过要迁移到南直隶去，但后来却一事无成。最终他做出了重大决定：为清朝效力。1648 年 8 月底，他坐船来到天津，转乘陆路交通工具到北京谋取职位，三天行程几近 500 公里。在那里他遇到了一些早已效忠于清朝的老朋友，在新政权里谋到了一个非常舒适的“遗缺”。

在任学官数年以后，丁耀亢获得了一次大的升迁机会，被擢升为福建省惠安县知县。正是在这里，“春”季里的张岳知道了桔槔的价值，武断地品评各式水果。也正是在这里，“夏”季里的叶春及试图使人们削减婚典花费。或许被去这么靠南的地方的想法吓坏了，或许已经厌倦了宦海生涯，不管原因如何，丁耀亢从来也没有去惠安。他放弃了升迁的机会，宁愿辞官回家。他回到了诸城那个士绅的小圈子里，编修丁氏族谱，在 1656 年写下了《出劫纪略》一书，正是从这本书中，我们知道了关于他的故事。

在十五年后的追述中，丁耀亢认为自己 1642 年和 1644 年海上避难的决定是明智之举。这虽然意味着惹恼族人、丢掉家产，但是还是有好处的。这保全了丁氏家族的部分血脉，还给了他入仕为官的机会，即便是在明王朝统治下他也未能宦途如愿。他顺利地度过了新旧王朝的嬗变时期，并且在战乱后迅速恢复起来的士大夫社会中小有成就。

内地

1642 年的河南省，没有满族人的入侵，只有李自成的起义军。

当丁耀亢在海上度过新旧王朝的更替时期的时候，一个名叫李挺生的书生在华北平原的最南端度过了这些日子。这里是经历了军事占领和王朝战争的千年历史主战场，李挺生为了躲避中国政权争夺者的角逐与战争，在黄河上匆忙穿梭，时而南渡，时而北迁。[5] 在这前一年，李自成的军队就沿着穿越河南省的驿路进入河南西部。他们的到来非常不幸地正好赶上了 1641 年的大饥荒。这次饥荒使河南一片凋敝，据说在有些县份，仅有十分之三的人存活下来。[6] 1642 年春，起义军开始对河南省东北角形成威胁，其中包括李挺生被举为生员的杞县。当杞县的知县弃官逃走的时候，那里的士绅都选择了谨慎，而不是勇敢抗敌。李挺生也加入了避难的行列。在后来的二十二个月中的大部分时间里，他都在和朋友家人一起逃跑，多数时间是在黄河以北，一会儿是躲避起义军，一会儿又是在逃避官军（关于他当生员时的样子，很可能极像图 37 中那人的模样）。

李挺生过着难民的生活，但是，是一个士绅难民的生活。他日记里对那种生活的描述向我们传达了这样的一种感受：艰苦主要是心理上的而不是身体上的，士绅间交往的世界——当然还有他们的钱财——仍然保持不变。他用极简单的方式向我们传达了这样的信息，那就是频繁地提到士绅间白银的流通。1643 年夏，与北直隶接壤的浚县的两个学官赠给李挺生一些银两。这年暮秋时节，浚县南边的滑县知县见面时还送给李挺生和他的两个同窗五两银子——尽管李挺生在日记里非常直率并不无羞愧地承认是他们找到知县要他许诺给礼物的，因为他们没有酒钱了。当李挺生在 1644 年 1 月返回浚县时，有人赞助他银两做盘缠。他送别人礼金的次数至少不比

图 37　这幅清初的先祖画像画的是一个明朝的生员，这个年轻人叫杨茂林。身着县学生员服的杨氏与明清转折之际的李挺生地位相同。这位像主如此年轻，加上题词上所显示的他生活的朝代，或许说明杨氏是死于明清之际的战火。蒙多伦多皇家安大略博物馆惠允复制。

他得到的次数少，他送钱作礼物给师长辈和帮助过他的人，这些人通常恰好是那些日后给他提供盘缠的人。这些礼品的互赠是明朝后期士绅阶层中礼尚往来的例行姿态。如果明代后期的士绅阶层能够在王朝更替战争中存活下来，这不仅是因为他们的互相关心和帮助，还在于在极端的不幸中他们仍然保持了与他们社会地位相称的行为举止方式。17 世纪 40 年代的战争离散，既没有消除士绅间交往的体面做法，也没有消灭这些体面交往赖以实现的白银。

李挺生很擅于调整自己、适应一路上的生活，一天天地生存下来，但再也没有时间去逛一路上的风景点了。他写道，1642 年 5 月 18 日，他和其他七个家人发现原来的邻居住在冀鲁豫三省交界处，于是决定在那里停下来。他们除了两头牛外别无他物，但这个三省交界处的地理位置使李挺生受到启发，想出了养家糊口的办法：

> 村后四柳荫下，余借凉时，见其往来道大，辙迹多密，曾私意借为生路。既而，徐加审相，知两镇市不同日，迭为贸易，经此殆不绝焉。爰是价其一牛为资，令家人修野馔等色，渔利林下。余蓬发赤足，非入市不衫，日与老父终日于此坐卧，而幼弟率其童仆采薪运水，以勷其事。日所闻见，惟樵叟吟啸，牧竖驱犊；日所接交，则负贩车夫，或商旅征客耳。

乔装成路边卖食品的小贩，为那些过往的牧人和不断在两个轮流开张的定期集市间穿梭的商人服务，借此，李挺生得以度过 1642 年的夏天。起义军推翻明王朝的威胁并没有影响这类小的商业活动，这就为那些处于绝望之中愿意乔装改扮乡下人的士绅提供了暂时的谋生机会。[7]

8月间，李挺生和两个堂兄弟匆匆回杞县看了一下那里的田地，搞一些可收割的东西来。他们假扮成车夫，混在人群中推着车子南下，以防被认出来（见图38），故此李挺生还有一篇日记题为《微服探农》。戴福士（Roger Des Forges）在他关于李挺生日记的评论中指出，等李挺生回到家，他不得不花很大力气和金钱迫使当地人为他家干活，而这在平时花费相当低或根本无须花钱。“得温语嘱其家仆，”李挺生说，“且重赏以脚价。”

与家人团聚以后，李挺生听说北边40里（20公里）开外有上好的瓜地，他和一个士大夫朋友决定卖西瓜。他们再次乔装改扮。“即便作车脚扮，迭相习御而去。”刚走了一半的路程，夜幕降临了，他们寄宿在李挺生认识的一个生员家。这个生员的伯父有一片桃园，收入所得与一个邻居分享，因为他们共同经营浇灌桃树的水利设施。李挺生和朋友决定不再卖西瓜，改而卖桃，问那伯父是否愿意将自己那一份卖一些给他们。老人家宁愿将桃子卖给李挺生，这样自己就不用亲自到市场上去卖了，刚来这里的时候，他都是自己跑到外面去卖的。他给他们的价格很优惠，说：“吾侪岂作贸易哉。”或许他就干脆给他们按批发价算，既然同处于绅士阶层，他很乐意给予这样的优惠。李挺生和朋友将桃装满车子，到市场上卖了个好价钱。

直到中秋时节，李挺生才返回路边的食品摊，这时这个地区的局势又紧张起来。为了寻找一个更安全的去处，他和朋友北上到浚县去。在那里，李挺生被邀请为当地的孩子和落榜的读书人授课，

图 38　1642 年夏李挺生所使用的，或许就像图中的车夫们推的两轮手推车。(《水浒传》)

不再经商。他感觉这次聘请对他来说是一场考验，他又一次将这说成是如何穿戴的问题。“余自忖之，苦道路混处贩樵，笔砚行头，已如隔世，又安能敛襟斋房谈者也之乎？”最后他还是接受了这一聘请，因为教书可以有更稳定的收入来养家糊口。另一方面，也由于他父亲的压力：“无荒本业，以图当身应为。”他选择了父亲希望他选择的职业。他说，“难中知遇，此为第一”。渐渐地，他重新捡起荒疏的学业，重新过起读书备考的生活，不再需要乔装为商了。对此他很释然。他在日记中诚实地写道：“余自是乃复我同群。”

李挺生一次又一次地乔装改扮，扮演商人的角色。这种乔装改扮是暂时的、投机的，尤其是在当时，游荡在华北平原上的军事团伙明显地以世家大族为打击目标。[8] 但这种角色表演也是挺让人开心的，直到重操学子旧业的机会降临。因此他日记里的故事也就不仅仅围绕逃难和返乡的冒险活动展开，而且也包括了商业的冒险。正如李挺生艰难经历的紧张感最终通过返回家乡和重操士家旧业得到释解一样（他在书中的最后一句话就是说，他和曾请他为私塾教师的那个人发誓要“矢志为同舟事”），他曾陷身商业的紧张感也同样通过重新肯定地主和士绅地位的价值而得到了消解。

李挺生的经历说明，士绅社会集团能够在可能致命的王朝嬗变中生存下来，是由于其个体成员培养了在动荡时代取得食品和经济收入所需的技能、态度和与经济的联系。他和那些像他一样的人都知道如何寻找商业机会以求生存。与此同时，他们还尽已所能保存了士绅文化的生命力：依然保持士绅的生活方式，只是乔装成了商人的模样。这部分是时代的问题。李挺生们出生在 1620 年前后，恰好是万历时代结束的时候。从出生时起，这些男孩子就生活在金令银神的笼罩之下，并很轻松地与之和平共处。与出生在万历皇帝即位之前的张涛那一代人不同，李挺生这一代不再为被张涛斥之为“贪婪罔极”的财富竞争而感到担忧。他们也不再觉得张涛称之为“与人作报，靡有落毛”的好朋友清算账的态度在理念上难以理解或在道德上应受谴责。那样做正是明智之举。李挺生也确实注意到在某些方面经商有损于一个人的自尊，但他怎么也不会使自己达到对奸诈的“鬼蜮”感到极度愤怒的地步，否则他和父亲就不会搭起那个路边的食品摊来“渔利”。这里，李挺生用了这个不常用的儒家用词来传达他对整个事件的一丝歉疚之情。如果在李挺生的世界里有奸诈的“鬼蜮”的话，那就只能是到处劫掠的士兵和那些投靠地方军阀的杀人不眨眼的恶棍。但绝对不是商业。商业只是他挣钱的手段，谁都有权利这样做。

走过秋季

从字面上来说，张涛关于奸诈鬼蜮的言论并不是在预言他的王朝行将灭亡。假如他能活到1644年，或许他还是难逃这样的诱惑：以为明朝的覆亡是这个时代衰落的表征。他这样想对不对呢？对利益和享乐的无节制的追求是不是王朝溃亡背后的动因呢？张涛以为是商业葬送了开国皇帝所期望的一人独裁下的道家世外桃源，它把所有的社会关系都降低到了以金钱为核心的商业关系上，将明王朝性格中具有的儒家提倡的互惠互助的精神剥夺了。他认为，商业发展的社会效果——阶级分化、剥削、贫困化的加剧——腐蚀了儒家的中庸理想，包括名分秩序、家族长幼观念和生存之道。他预言，这个儒家理想正面临被彻底毁灭的危险。但是，他心目中的鬼蜮根本就不是人，既不是逼近李挺生的起义军，也不是将丁耀亢的家乡付之一炬的满族军队，而是无穷无尽的欲望。但这足以瓦解明王朝、使之走向灭亡吗？

明朝灭亡之后的一些分析家企图将之归咎于道德的原因。比如，17 世纪的大学者顾炎武所编纂的《天下郡国利病书》指出了明朝灭亡的地缘战略论原因，然而他也同样受自己亲历的灾难的影响，非常愿意将张涛的抨击怒骂写进他自己的书中去。他对张涛一无所知，但他肯定非常欣赏他那坚定的口吻和沉郁的忧思，张涛在国家管理得尚且稳定的时候，先见地预示了它的衰亡。这些话肯定与顾炎武自己内心对往事的留恋产生了共鸣，因为顾炎武和张涛都拿现在和美好的过去相比。明朝灭亡的时候，顾炎武三十岁。在后半生里他用乐观的眼光越过王朝的分界线回顾历史，与张涛将明前期理想化的做法不无相似之处。然而，顾炎武的理想时代是明朝后期：

> 予少时见山野之氓，有白首不见官长，安于畎亩、不至城中者。洎于末造，役繁讼多，终岁之功半在官府。而小民有“家有二顷田，头枕衙门眠”之谚。[9]

难道我们应当仅仅从表面上理解顾炎武的一番话吗？我们在“春”季里已经说到，心满意足的老农从来不离开自己的村庄、一辈子都未曾到过县城的图景，到明中叶已经成为“三代先秦”式的老话。[10] 顾炎武在对万历时代的浪漫化描写中，更进而将之描绘成这样一个时代：

> 一人无为，四海少事。郡县之人，其至京师者，大抵通籍之官，其仆从亦不过三四。下此，即一二举贡与白粮解户而已。盖几于古之所谓“道路罕行，市朝生草”。[11]

鉴于我们在“夏”季里已经了解的那些情况，顾炎武所描写的图景看起来多少有点离谱。凡是在市场出现的地方，茂草就会被踏为平地。道路繁忙，几乎每个人都到城市里去，一个官员仅带三四个随从会成为人们的笑柄。[12]

两位作者为我们描绘出两幅迥然不同的晚明历史图像，但他们都运用了同一种道德历史纪年法，即忏悔现在、渴望回到过去的美好时刻。张涛的成年时代是在一个奸诈、贪婪和享乐的世界里度过的，在这个世界里，旧时深入人心的美德已荡然无存。与此同时，顾炎武的成年时代也是一个以商业、压力和诉讼为特征的时代，几乎没有人再满足于他记忆中的童年时代的俭朴生活。共同的道德纪年法却把他们二人引向了关于万历时代的截然相反的描述，这也没什么稀奇。因为他们两人都在拼命地抗拒商业思维模式对消费习惯和温顺有礼的社会氛围的影响，而后者曾经被认为是正确生活方式的关键因素。

顾炎武接受了张涛关于商业对中国人生活的影响的价值判断，这到底对不对呢？他抱怨他那个时代的商业化，但商业到底有没有从根本上改变大众和个人生活的行为方式呢？是不是这些改变引起了明后期中国所面临的明显的危机？或许恰是流动和商业，通过扩展社会生活的范围而不是从根本上改变它的构造，保证了由士绅控制的世界能够团结一致，即使在王朝分崩离析的时候？

丁耀亢和李挺生的日记里所记述的经历告诉我们，在 1642 年中国确实变了，但还没有最后伤害到士绅阶层。[13] 事实上，正是明朝后期这可流动性、金钱、地位等诸方面的变化，才使他们能够安全地度过王朝嬗变的动荡。二人都利用了明朝后期的交通网络来逃避危险和寻找生机。起义军和清兵走的是同样的道路，所以李、丁二人就得小心翼翼地在有用时利用它，在危险逼近时远离它。但如果是必须得上路的话，他们可以以（超出敌人的）安全速度远离危险。[14] 两人都知道利用当时还在运转的货币经济。不管是零售还是批发，李挺生干得还着实不错。丁耀亢并没有放弃士绅传统的土地收入，但他的以银子为形式的货币财产使他在关键时刻能够买到食物和支付交通费用。

比上述两个因素更重要的是他们始终得以保持士绅身份，他们可以利用这种身份经受住王朝战争的风雨。在许多关键时刻，丁、李二人都与别的士绅联合起来共同克服困难，因为他们都是逃难的难民，并且都能在那种动荡的日子里维持相对稳定的生活，假如没有这种团结，不管是士绅本人还是他们的家人可能都会受到伤害。他们的士绅身份赢得了他人的尊敬，尽管在隐瞒身份看起来更明智的时候李挺生会迅速乔装改扮。这一身份也给每个人以度过眼前的暂时困难、凡事从长计议的信心。

作为17世纪40年代的绅士阶层中的一员，他们所拥有的社会性格特征已经全然不同于四十年前张涛所希冀的那样。时代变了，士绅也已学会了随着时代的变化而变化。李、丁二人都知道如何寻找赚钱的机会，同时又不使自己感到会贬低自己的身份。他们知道如何计算经济利益而又不觉得渺小。他们具有适应环境的能力，而对这种能力张涛或许会不屑一顾。他们是社会秩序的主宰，作为一个社会阶层他们会战无不胜，即使在与来自满洲的新统治者的较量之中。

从16世纪开始、跨越17世纪的士绅身份逐步深化的发展历程表明，将太多的东西归之于1644年是不正确的。从这种意义上讲，明代中国的历史绝不仅仅是一家一姓帝制王朝的兴衰命运。它的兴亡对不断发展的、以士绅为主导的市场经济与社会结构有一定的影响，但绝不是决定性的影响。明朝后期具有决定性的因素并不是士绅和商人之间不可克服的矛盾的爆发，尽管张涛在面对商业带给士绅阶层的纵乐的困惑时，曾持有这样的观点。相反，具有决定性的恰恰是两个社会集团的微妙的交合。如果说1644年在明代的历史上有什么重要性的话，那就是它将两股精英的力量——文化精英和经济精英更加紧密地结合在了一起。尽管张涛曾严重警告我们要警惕金令钱神和奸诈鬼蜮，但是，士绅和商人间的社会距离仍不断被拉近，而这种弥合的方式加强而不是削弱了士绅社会集团的力量。

最后的回眸

即使在张涛活着的时候，上述这一进程就已经在迅速地发展着了。这可以通过对明朝后期士绅为他们自己和朋友写的浩如烟海的回忆录的爬梳得到证明。在将明朝的历史终结之前，让我们回过头来，听听我们在“夏”季里已经听过的那种独特声音（对杭州的织工从不穿丝绸这一难解之谜的困惑）。这是一个非常率真的声音，尽管在其他方面它并不比万历时代的其他声音更引人注目。出于我们的考虑，李乐只在最后才出现，但他将为我们这本书画上一个完满的句号。

李乐的出生比张涛要早一二十年，他出生于一个更加富有的江南人家。他的家乡桐乡县是浙江东北部丝绸生产区嘉兴的一部分。更确切地讲，他住在桐乡县的一个主要商业市镇青镇，西边与富裕的丝绸生产地湖州府相邻（人们时常将青镇与河对岸湖州境内的同样活跃的商业市镇乌镇相提并论，它们合起来在明朝后期被称为“乌青镇”）。李乐于 1550 年取得生员资格。十八年后中进士，由于首辅徐阶的赏识，宦途得意，先后担任地方官和朝官。三十年后，他致仕回到青镇安度晚年，编纂了两镇方志，于 1601 年刻印出版。同年结集出版了他那本札记型的著作《见闻杂记》的第一版。书中的道德说教和讽刺故事，饱含了对士绅地位衰落的忧虑。在他看来，万历时期最可怕的三件事（除了对儒家伦理道德准则的忽视之外）就是阻塞的交通、自然灾害和外夷的威胁（“南夷北虏”）。[15] 李乐所叙述的这些故事中，有四个为我们提供了对明后期社会状态的最后审视。每一个故事都涉及一个不同的社会阶层，每一个故事也都让李乐为在明前期不可能发生的越礼犯制行为而痛楚不已，每一个故事都使他对事态的发展和社会前进的方向产生出一种“错误”的分析。

奴仆

李乐讲述了一个士绅的故事。盛夏的一天，两个官员来拜访他，这个士绅从田间唤回一名老奴，为他们三个扇风纳凉。他转过身去跟客人说话，没留意那老奴已顺手拿了个凳子坐在了他身后，这就意味着那仆人坐到了他主子的上手，也就是说比他的主子还要尊贵。当这士绅后来注意到了的时候，就斥责那老人坐错了位置。

“汝有风足矣，”那仆人回嘴道，“何管我坐为主宾？”

当主人笑说自己太执拗于落座的位置这些细枝末节时，紧张局势化解了，但是问题没有从根本上解决，因为李乐也认为这位仆人的所作所为有悖于礼。像故事中的主人一样，李乐也通过承认直率是“山家”人健康的朴实和率真的表现而原谅了那老奴的所作所为。[16] 一般认为，处于他那样的社会地位，是不会对生活在平地上的地主构成实质性的威胁的。作为一个山里的农民，这位老奴理所当然地被认为是不会反抗主人的权威的。这种解释在明朝后期来说很大程度上带有幻想的色彩，因为那时的山里人已经不再是高山上的世外桃源里向来纯朴善良的居民的理想化身。他们中的大多数是那些新近被农业的商业化和高涨的地价排挤出来的边际人口，在那里他们靠从事种茶、采药、砍柴、伐木等商业性劳动来谋生。

李乐更重要的“错误”还在奴仆的问题上，而不是山里人的问题。中世纪式的契约劳动在明朝后期的商业化环境中正在成为不正常的东西，它是早期历史的遗留物，那时农村资本和劳动力之间的关系并没有受到多少契约合同的限制。当商业瓦解了建立在儒家仁、义、礼、孝等道德原则之上的农村社会关系文化的时候，[17] 佃奴制不仅对地主来说无利可图，而且还成为许多麻烦的策源地。在这种奴役劳动赖以生存的忠孝社会体系正日益瓦解的时候，听到某个奴仆大声反驳他的主人这种传闻，也就没有什么值得大惊小怪的了。到清朝前期，在中国的大多数地区佃奴关系走向消亡，尽管它的消亡引起了一种对奴仆忠孝行为的不合时宜的浪漫化幻想，这在当时士绅们的作品中非常普遍。《江陵府志》中的一个名叫世宁（书中未记下他的姓）的奴仆的故事就是一个很好的例子。在王朝嬗变时期，世宁为主人保管地契，保护他的主子及其家人的安全，为人家打短工养活他们。战后返回来把财产还给主人，为他经管土地，还为他的儿子找了塾师。他的儿子后来获得了生员的资格，又生儿育女，子子孙孙繁衍下去。[18] 一个士绅主子要是能摊上这样的仆人就别无他求了，而实际上这种情况确实少见。（各地地方志中也有奴仆杀害主人的事例。）[19]

雇工

桐乡士绅李乐的一个朋友正在乘船旅行。一天他忘记把被子收起来，一个雇工（不是那种世袭的奴仆）小憩时错盖了他的被子。当这位士绅发现他的被子被佣人用过时，非常气恼，把被子给烧掉了。[20] 李乐承认，假如这佣人不是有意要越礼犯制、做出混淆主仆界限的事情的话，烧被子未免太过火了。然而，这个故事似乎在李乐自己的思想里形成了这样的印象：当戒备放松时，重要的界限也可以被轻易地取消。

李乐的“错误”在于他又一次地对当时的社会关系状况做出了过时的、不合时宜的假设。商业化的进程已经使主仆关系发生了变化。有一些佣人仍然是终身的随从人员，[21] 所以主人待他们，如果说不上热忱的话，至少也可以说是始终如一。然而，到了明朝后期，更多的佣人仅仅是雇佣性的短工，视情况需要随时雇佣和解雇，尤其是在旅途中所雇者。他们靠给人打短工为生，就不受同样的契约性义务的约束。只要能圆满地完成他们的工作拿到佣金，他们也无需对雇主过分忠顺。这样，上述那位佣人没能认出主人的被子，在他盖被子前也不想费神去辨认那是谁的被子，也就没什么好奇怪的了。如果李乐和那佣人的雇主是“正确”的话，从他们那个阶级的视角出发，再也没有比这更正确的了，这是因为他们相信，他们的上层士绅地位要求自己要坚定维护这种身份的界限。

学子

我们从李乐的札记著作中选取的第三个故事，讲的是1579年学子们到福建省城去参加“举人”考试的事。当时李乐以知县的身份待在福州。李乐惊恐地发现，这些学子在读书应试的时间之外，出去逛市场时不着衣冠，无法将他们自己与普通人区别开来。李乐向自家的年轻人诉说他的惊恐，他们告诉他那没什么好大惊小怪的。

他们说，在过去的二十年中在杭州参加会试的学子都是那样的——打扮成普通人的模样。[22] 当李乐获悉下层士绅与普通民众间关键性的区别正在日复一日地淡化，那些渴望取得士绅身份的人不再认为学习士绅的行为举止为获得上层士人身份所必需，或者说杭州也成为这种侵蚀运动的发源地的时候，他感到很不自在。他回想起自己年轻时坐在县学的学堂里，什么都不敢做，只是对老师的话唯命是从，那种事儿已经好久没见过了——他将这种变化追溯到 16 世纪 50 年代——年青一代的士绅们现在已经完全堕落到无规无章的泥潭中。[23]

在这篇回忆中，李乐忽视了明后期日益增长的对士绅社会地位的激烈竞争。文化的传播是其中的原因之一，因为更多的人找到了获取追求士绅地位所需的这一主要技能的门径。更为重要的是，流通于明代后期经济中的社会财富在增长，从而使得越来越多的家庭能有足够的财富负担起子嗣的教育，使他们成为科举考试的候选人。这些财富多数来自地主的土地经营，但这种经营是可以获得利润的，因为它是在商业经济体系中进行的。商业经济将农业剩余产品转化为白银，从而为那些转而从事经济作物生产的人提供了可靠的市场。然而，即便是商人，也希望培养自己资质好的孩子读书应考，作为家族长远未来的投资。李乐不清楚到底这些学生是谁家的孩子。他期望他们举手投足像个士绅，然而他们多数不是来自可以受到良好行为举止训练的家庭，而这良好的行为举止恰是士绅阶层将他们自己与较低社会阶层区别开来的手段。所有这些都得让他们从头学起。毕竟科举选官所自诩的一点，就是吸收更多的新鲜血液到王朝的统治阶层中来，尽管这种作用很少发挥过。

李乐并不是唯一一个认为16世纪70年代的学子举止粗俗的人。张涛自己在《歙县志》关于教育的论述中也有同样的评说。他声称，在16世纪70年代，到县城入县学者多为富家子弟，穷苦学子想方设法在此觅得一个位置，但多被学官退回，即使他们是饥荒难民。至少在张涛看来，金钱的作用比它应有的功效要大得多。这就意味着商人的子弟能够进入士绅阶层，并且在士绅们的游戏中击败了士绅的孩子。张涛得出结论，这样发展的结果是，贵贱之分彻底崩溃了。[24] 他完全可以得出不同的结论，承认社会地位往往会吸引财富。但是这样做的话，就等于否定了他自己关于合理社会状况的理想。

士绅

我们从李乐的札记中选取的最后一个故事以上层士绅社会为背景。当1580年* 德高望重的苏州士绅周用去世的时候，他的亲属请李乐的提拔者、时已致仕的首辅徐阶为他亲笔撰写墓志铭。我们在“春”末已经认识徐阶，他在附近的松江置有广袤的田产。徐、周两家之间也许有职业或私人的交往，虽然徐阶的官阶比周用高得多。但这种邀请肯定包含着金钱上的交易。

墓志铭中说，周用在北京去世时极度贫困，“贫不能殓”。这种隐喻之辞司空见惯，是表明一个人极端正直、为官期间不牟取个人财富的惯用手段，其他许多人也都这么做（徐阶自己也是如此）。

---

* 此处有误，根据《明史》记载，周用于1547年去世。此时的徐阶并未担任首辅。

李乐的家离死者的家不到 40 公里，对他家的状况肯定很熟悉。他完全怀疑这种说法的真实性。周家太富有了，绝不会听任家族中最杰出的成员陷于贫困之中。（他们不是还有大笔的钱请徐阶为他撰写墓志铭吗？）“墓文之不可信也，”李乐厌恶地总结道，“孝子慈孙甚不必为祖父做这一大件说谎事。”[25]

但他们确实杜撰了这样的故事，不是为了歪曲事实真相（尽管事实可能已经被歪曲了），而是为了提高周家的地位。周家通过向徐阶购买那篇墓志铭，获得了很高的社会地位。李乐关于这种说法不可信的抱怨，在他本人看来，完全是合理的推论，但多少有些离题。问题的关键在于，周家不可避免地卷入了与苏州（甚至苏州以外，因为故事都传到了相邻的浙江省李乐那里）其他世家大族无休止的竞争之中。家族成员的过世成为宣扬家族地位、财富、正直以及社会关系的机会。当精英社会的成员不再都是那些拥有固定不变的地位和永久性身份的人（李乐宣称，在过去是这样，现在也应该如此），成员资格不停变动，加盟门槛不断变换着的时候，这样的宣扬是非做不可的。商业财富使李乐心目中的士绅地位的稳定性发生了动摇。这并不是说财富和士绅地位之间是不可调和的关系。徐阶不仅是苏州名望最高的致仕官员，而且肯定也是江南购置田产最多的人，因此，他的同行都十分敬畏他，而平民百姓则都藐视他。他不是一个商人，但他的收入仰赖于苏州粮食市场的良好运转，借此将佃户生产的产品转化为货币。他的例子似乎说明，财富的可流动性只能进一步强化社会等级制度，这样就迫使个人和家庭要加倍地奋斗，以便进入这个特权阶层并在其中保持自己的位置。在商业经济中，上层士绅地位的现实是那社会阶梯上的梯级脆弱得很，一不小心就踩破了。周家不可能满足于对他们德高望重的长者的思念：他们必须给他买到一篇超越所有人的墓志铭。

看到社会结构体各层面上的社会界限正在被打破，李乐作为一个明后期士绅，在他人生的最后日子里，恼羞成怒地得出了这样的结论——你可以告诉人们："安分身无辱，知己心自闲。"但是这并不意味着他们都能够这样做。[26] 但我们不妨从相反的方向来理解李乐的这些话：这不是社会等级界限消失的表现，反而是这种区别正在日益加强，甚至扩展的标志。如果一个佣人僭越了主人的座位，还很随便地与主人顶嘴，这只是暂时的，它更加强调和重申了他的低贱社会地位。如果一个士绅将佣人盖过的被子烧掉，他的极端做法更强调了雇主和雇工之间的社会界线如同种姓制度般不可逾越。参加省试的学子不费神去将自己装扮成士绅，是因为他们知道能够从现有士绅家庭之外取得士绅地位的人为数不多。还有，如果墓志铭的要价越涨越高的话，这只不过是在提醒购买者：是卖方在确定交易条款和游戏规则。

在对明代社会生活描述的最后，我想在这里说的是，不管商业化使工资关系多么彻底地取代了父系家族和主仆忠顺关系，不管一些社会成员多么成功地跨越了社会阶层的障碍，在社会地位的阶梯上向上爬，也不管社会上层的成功者看着社会准则和界限在他们脚下消失多么惶惶不可终日，明初将整个中国社会结合在一起的地主所有制和主仆忠顺的阶级制度在明末依然存在。通过商人进入上层士绅阶层和士绅转而从事商业来扩展他们的收入，商业大大地改造了这种制度，但并没有使之解体。尽管发达的交通和商业在明代社会内部引发了频繁的流动性，统治者和被统治者之间的结构性界限并未被削弱。社会成员个人在1644年的危机中经受了苦难，但社会制度依然保持不变。事实上，这种制度反而更被加固了。“秋”季（王朝灭亡之时）里统治着族人的族长们身处的社会条件，与在“春”季（明初）里成长起来的族长完全不同，但毕竟他们还在统治着，并将在下一个王朝里继续这样做。

知县的秋天

具有讽刺意味的是，张涛被任命为歙县知县这件事，本应将他从政治生涯的羞辱中解救出来，但突然间，这位儒家道德论者在黄陂县度过了十五年的罢官生涯之后，却进入了徽州这一令人厌恶的地方的心脏地区。黄陂这个地方很适合张涛的性情，那里是国政改革思想的一个小中心，[27] 张涛肯定在他年轻时和后来的政治流放过程中吸收了一些这方面的激进思想。他应该不会回避金钱至上的歙县给他带来的挑战，并从他的回应中，不遗余力地控诉着那个时代的阴暗面。他的刺耳的、与众不同的声音与歙县当时盛行的态度很不合拍，但是他的顶头上司很欣赏他的风格，很快将他提拔到了北京。

在被任命为辽东巡抚后，在他政治生涯的最后时期，张涛实现了向自身的回归。他坚持了要求巩固边防的正义立场：拒绝妥协让步、从满族人那里换取苟延残喘的空间。与此同时，他在自己的权限范围内，尽全力减轻民众为贯彻激进的边防政策所承受的巨大财政负担。[28] 一旦来到了北部边陲，张涛是否又去重新思考徽州商人和他们的商业问题了呢？或者他是不是回首往事，觉得他作为歙县一县之长的忧虑，与今天作为一省长官的责任比起来，显得苍白得多呢？集结的满人军队越过边境，是不是更坚定了他重塑失去的洪武秩序的旧日热望？或者是不是他关于纯朴无邪的乡村社会的理想，在巩固边防、抵御外来侵略的要求之下，变得不再那么有说服力？是不是满族的兴起应当归咎于中国不幸失足于商业社会的深渊？或者在他的想象中，白银在隐约可见的更加真实的奸诈鬼蜮面前，丧失了它的强大力量？

我们不知道这些问题的确切答案。他在辽东没有编纂地方志。他确实在致仕之后出版过关于边防和军事供给的回忆录，那本书或许提到了他晚年对商业的看法，但是《抚辽奏疏》看起来已经失传了。在王朝战争中，黄陂变成了废墟，几乎所有的私人藏书（文章和记录）都毁于一旦。[29] 张涛的著作也随之一起消失了。假如这本书当时尚存的话，满族人无论如何也会将它封禁的，因为其中肯定包含了他们认为是对满族人不敬的言论。

所以我们永远也不会知道在张涛生命的最后几年中，当他坐在书桌前伴着夏蝉长鸣将手中的书稿一页一页地摆放整齐时，或者当他躺在板条床上等待死亡的时候，是不是改变了他关于那个时代商业性腐化没落的看法。或许在 1609 年他还没有说完他想跟我们说的话，在那些文章中，他正在为分析他处潜伏的危机而调整他对王朝的秋季所做出的评价。更可能的是，他不会这样。任歙县知县时未能说完的那些话，他现在或许没什么好说的了，他这时或许什么也不想改变了。假如他要是能够活着看到满族人入主中原的话，看起来他肯定会说，来自东北的满族人仅仅是完成了已经由白银启动了的中国的衰落命运。

正如我们已经发现的那样，其他人的看法与张涛不同。在丁耀亢和李挺生的眼中，张涛不该惧怕什么金令钱神。他们学会了将商业吸收到他们的生活中，在秋日荣耀灼人的光芒中并未使自己被击得粉身碎骨；相反，他们很好地利用了这种光芒，使自己在那种生活中并不落伍。他们置身其中的清代士绅很快会继续为道德的沦丧而烦恼——上层社会时常如此——但是他们不会将这种烦恼清楚地表达成一种对于商业社会道德沦丧的苦恼。1644 年的危机并不能构成对商业的价值判断。假如没有商业网络的话，许多士绅就不会在王朝嬗变的过程中生存下来，清代士商的融合就不会发生。然而，从另一种意义上说，或许张涛是正确的：姑且不论商业本身是不是罪恶、中国是不是应该返回到洪武皇帝时的“冬”季秩序中，但他希望“季节”重新变换，在这种变换中重新恢复父权家族、等级秩序和统治阶级的正义等中庸价值体系，正是这些东西维系着中国——而不仅仅是明代——的社会结构秩序。

明朝大事记

明代前期（1368—1450）

1368	朱元璋建立明朝，建元洪武；下令每位知县建立四个粮仓；取消书籍税
1369	洪武皇帝下令每位知县开办一所县学
1380	洪武清洗宰相胡惟庸，直接统领六部
1381	全面推行里甲制度
1398	洪武皇帝驾崩
1400	现存最早的明朝土地售卖契约
1402	朱棣推翻其侄建文皇帝，登上帝位，翌年改元永乐
1405	郑和第一次下西洋
1415	大运河全面恢复使用
1420	永乐皇帝迁都北京
1429	明朝政府在大运河沿岸设立七所钞关
1433	最后一次下西洋的船队抵达非洲；棉花成为松江府税册上的固定税目

1436	南方的税粮部分转用银两支付；朱祁镇改元正统
1449	福建邓茂七“银匪”叛乱被镇压；北京官员废黜被瓦剌俘获的正统皇帝，拥立其弟登基（景泰皇帝）

明代中期（1450—1550）

1457	正统皇帝复辟，改元天顺
1464	湖广山地民众叛乱
1465	华中和华南发生严重水灾，灾后大量兴建桥梁
1492	运送税粮去北方边境以换取盐引的做法货币化
1506—1521	正德皇帝的混乱统治
1506	地方驿站的支出由基于土地拥有量而不是人头数的折色银承担
1525	兵部下令将东南沿海的多桅船截下、调查、摧毁
1527	粮仓数量严重减少，削弱国家赈济灾荒的能力
1538	席卷华中和东南长达十年之久的饥馑和瘟疫开始
1548	关闭沿海，禁止一切对外贸易
1549	葡萄牙人和中国人在澳门西南的上川岛开始季节性的贸易

明代晚期（1550—1644）

1557	葡萄牙人获准在澳门建立一个永久性的租界
1567	除对日本外，海禁之令解除
1570	第一本商路之书在苏州刊印

1573—1620	万历朝
1581	首辅张居正实行以土地核算税项、以银两交付的一条鞭法
1582	最早提及私人报纸刊印
1587	严重的全国性饥馑
1602	李贽在狱中自杀
1629	崇祯皇帝重申国家禁止溺杀女婴；三分之一的驿站因缺钱而关闭
1638	邸报改用活字印刷
1641	大规模瘟疫席卷华北和华中
1642	满人袭击山东
1644	李自成起义军攻下北京，崇祯皇帝自杀；满人入关，顺治皇帝宣布建立王朝，名称沿用大清国号

注释

序

有关让·尼科莱的信息，可查阅*Dictionary of Canadian Biography*, vol. 1 (Toronto: University of Toronto Press, 1966), p. 517。

引言

[1] 其他学者从顾炎武的《天下郡国利病书》（册 9，页 76a—b）得到这条材料，但没有追溯其来源。例如：Willard Peterson（裴德生），*Bitter Gourd*, p. 70; Frederic Wakeman（魏斐德），*The Great Enterprise*, p. 9; Harriet Zurndorfer（宋汉理），*Change and Continuity*, pp. 52-53.

[2] 该县的罗马拼音应为"She"，但本书用"Sheh"来表示，以免与英文的"她"（She）相混淆。

[3]《歙县志》（1609），卷 9，页 10b — 12a。

[4] 叶春及：《惠安政书》（1672），叶序，页 4b。

[5]《明史》，卷 19，页 5776。

[6] 张涛的传记见《黄陂县志》（1871），卷 8，页 7b—8b；《歙县志》（1771），卷 16b—17a。明中叶的引文取自 1590 年的《黄州府志》；这一引文和另外两段取自 1591 年县志的引文被重印在《黄陂县志》（1871），卷 1，页 25b—26a。

[7]《中国近五百年旱涝分布图集》，页 75。

[8]《歙县志》(1771)，卷 4，页 17a。

[9] 一位与张涛同名同姓的基督教皈依者，17 世纪 20 年代在山东东部地区积极参与抵抗满族入侵的活动。1633 年他因未能平定一场叛乱而被处决。

[10] Wakeman, *The Great Enterprise*, pp. 59-66.

[11]《歙县志》(1609)，《昭告城隍表》，页 1。

[12]《歙县志》(1771)，卷首，页 1a；卷 1，页 22b。

[13] 交通通信是一个传播思想、加工知识、运输货物和人员的过程。在像中国这样一个幅员辽阔的国度，国家十分希望看到，自己拥有的交通手段能跟得上辽阔疆域的治理。商业，指的是交易、售卖、购买货物。商业化，则是贸易自搜集盈余产品到生产物品以作商业售卖的转化过程；它改变了经济资源和社会权力的分配，这种改变在文化领域中表现得尤其明显。文化，意味着各种做法、态度，以及授予行动和思想以意义的话语建构：它是人们如何与大家一样地做事，以及人们弄懂他们所作所为的意义。文化既不是永恒的，也不是单一的，它随着实践的多样化和冲击的兴起而不断改变。

明代商业及其社会影响的研究始自 20 世纪 50 年代，以日本历史学家西嶋定生〔他关于明代棉花制造业的第一篇论文的英译被收入顾琳（Linda Grove）和唐立（Christian Daniels）所编的《中国的国家与社会》(*State and Society in China*) 一书〕和中国历史学家傅衣凌为代表。傅氏属于从明代社会经济里探索资本主义因素出现的学派。而西方学术界研究明朝的主要兴趣，只是到了 20 世纪 70 年代，才从制度史和思想史的领域转而思考社会经济的问题。早期研究的例子是罗友枝（Evelyn Rawski）于 1972 年出版的《华南的农业变迁和农民经济》(*Agricultural Change and the Peasant Economy of South China*）和 1973 年问世的贾永吉（Michel Cartier）的《中国的一次本土改革》(*Une réforme locale en Chine*）等书。直到 20 世纪 80 年代，文化方面的议题才被提出来，尽管大都没有与经济必然地联系起来。迄今唯一尝试从经济关系的角度考察文化问题的是柯律格（Craig Clunas）的《长物》(*Superfluous Things*)。

[14] S. A. M. Adshead, *China in World History*, p. 174.

[15] 中国的马克思主义史学将明朝放在始于公元前 4 世纪、止于 1840 年鸦片战争的"封建"时期。封建主义的语言在马克思主义自中国的史学分析中慢慢退去后仍然十分流行。西方的通常做法是将明代摆在始自宋或元或明、结束于清亡的"晚期帝制"(late-imperial) 时期。在这本书里，我避免使用这一理论性不足和只有偶发意义的名称，尽管我在自己以前的作品中经常使用这一名称。"晚期帝制"把明朝归到帝制中国的晚期是很有问题的。另一个问题是将中国与欧洲的"帝国"概念相联系。这种联系始自将中国跟罗马帝国类比的做法，对于欧洲人来说，后者

是唯一一个可以在空间上与中国相比拟的朝代。用“Emperor”来形容中国的“皇帝”也很早就开始，但用“empire”来表示中文的“天下”似乎直到17世纪中才被固定下来。意大利耶稣会士利玛窦（1552—1610）用“imperatore”（古罗马的皇帝——译注）来指中国的统治者，但拒绝把中国看作“empire”。作为替代，他用“regno”（意思相当于帝国统治或国度）来形容中国；所以他把中国翻成“Regno nel Mezzo”，意即“中央国度”。见 Pasquale d’ Elia, *Fonti Ricciane*, vol. 1, pp. 12, 51-54. 第一次引人注目地使用“imperio”（帝国）似乎出现在《中华帝国》（*Imperio de la China*）这本书的名字上。这部关于中国的书1638年由曾德昭（Alvaro Semedo）以卡斯提尔文写成，1642年由索萨（Faria e Sousa）翻成西班牙文。曾德昭的原作书名“Reyno de China”（中华国度），显得比较朴实一些（此书的英译本由何高济翻译，以《大中国志》为名，由上海古籍出版社于1998年出版——译注）。

以王朝而不用与某些更加重要的力量相联系的历史时期来撰写历史，可能会让部分读者觉得极其落伍。我只是想建议：王朝与中国的历史经历相一致，因此适合书写文化史，特别是中国人建构他们的文化身份认同的历史。

[16] 明史学者对如何划分明朝的历史时期并没有一个统一的结论。大多数学者视洪武永乐朝为明代初期，大家也普遍承认晚明时期包括事事开始走向分崩离析的万历朝。明史学家对明代中期没有共识，虽然有研究大致将15世纪60年代到16世纪60年代视作明代中期（郑利华：《明代中期文学演进与城市生活形态》）。写完本书后，我发现理查德·布里特奈尔（Richard Britnell）在《英国社会的商业化：1000-1500》（*The Commercialization of English Society 1000-1500*）一书中，也是将他所研究的时期分为“三个大致相等的部分”。他在书的前言中写道：这三个部分，是“用来更好地阐述，并不代表清晰定义的历史发展阶段。当一个人在这种结构下写作，很容易被吸引来塑造证据，意图使每一个时期看上去与前期不同。我努力不这样做，只要有需要，就强调前后两个历史时期的延续性。”他的评论也可以说就是我的看法。

第一章 冬（1368—1450年）

[1]《黄陂县志》（1871），卷1，页26a；关于春节的描写是没有注明日期的。

[2] Frederick Mote（牟复礼），“Chinese Society under Mongol Rule,” pp. 585-586。关于14世纪瘟疫的流行状况，参见 Adshead, *China in World History,* pp. 148-152。

[3]《潮州府志》（1547），卷5，页7a，提到1375年上任的一位知府；《扬州府志》（1733），

卷 27，页 2b。海南岛的一位知县因致力于重建工作，招徕一万三千名流民复业而受到表彰；《琼州府志》(1619)，卷 9 下，页 77a。

[4] 1394 年的一项法令反映了一日仅可行程的上限为 20 里，该法令允许离居民点 20 里以外的寺院取消规模限制：《金陵梵刹志》(1607)，卷中，页 24a—27b。关于英国的此类限制，参见 Britnell,*The Commercialization of English Society*, p. 83。

[5]《明律集解附例》，卷 4，页 5a；卷 15，页 5a。一个超越 100 里上限的士兵会因擅离职守而受到处罚。关于洪武寻求以法律的形式确保社会秩序的最完整的研究是范德（Edward Farmer）的《朱元璋与明初法律》(*Zhu Yuanzhang and Early Ming Legislation*) 一书。

[6] 砖的制造在宋应星的《天工开物》中有描写，见该书页 184—187。

[7] 谢肇淛：《五杂俎》，卷 3，页 20a—b；蒋赞初：《南京史话》，页 105—106；关于洪武没收家具，见祝允明《野记》，页 18b。

[8] 关于里甲制度，见 Tsurumi Naohiro（鹤见尚弘），"Rural Control in the Ming Dynasty"。关于此种制度与其他空间单位的相互交织，见 Timothy Brook（卜正民），"The Spatial Structure of Ming Local Administration", pp. 29-35。

[9] 在卢立那块砖的旁边，另一块砖上写着另一个名字"王若霖"，他是南昌奉新县的县丞。因为王若霖（恰好也是歙县人）的任职时间是 1372—1374 年，我们可以据此断定砖是那时制造的〔《南昌府志》(1588)，卷 14，页 9a〕。但是，我们不能据此得出卢立那块砖的年代，因为南京城墙上的许多砖都经历过迁徙和重新加固，可能还不止一次。

[10] 后来明政府运砖到北京，每艘漕舫可装载四十块，见宋应星《天工开物》，页 188。宋应星指出，民舟的装载量是漕舫的半数。

[11] 安仁县〔《饶州府志》(1873)，卷 4，页 55b〕；当涂县〔《太平府志》(1903)，卷 25，页 13b〕；临川县〔《抚州府志》(1876)，卷 20，页 27b〕；赣县〔《赣州府志》(1536)，卷 4，页 46a〕；黄梅县〔《黄州府志》(1500)，卷 4，页 46a〕；太平县〔《宁国府志》(1919)，卷 14，页 35a〕；永丰县〔《广信府志》(1873)，卷 2，页 18a；《永丰县志》(1544)，卷 4，页 19a〕。赣县和当涂二县的广福寺在显成如海《参学知津》(卷 1，页 57b；卷 2，页 15a）中有记载。当涂的广福寺在元代被废弃，明前期重新修复。重修时间记为 1380 年，这说明卢立烧砖时，这一广福寺还处于废弃之中；然而，1380 年也可能是重修工作正式完成之时，这样，重建过程就该是在 14 世纪 70 年代进行的。

[12]《永丰县志》(1544)，卷 2，页 1b；卷 3，页 4b；卷 3，页 8b。15 世纪中期有 69 里（李贤，《大明一统志》，卷 51，页 2a），到 16 世纪中叶进一步减少到 67 里（《永丰县志》，卷 3，页 1a）。鉴于永丰 1391 年的户数是 16229 户，洪武时期的"里"数应

该较此翻一番。15 世纪，减少“里”数以减轻本县赋税额是常见的事。

[13]《明实录》，洪武，卷 236，页 8a。

[14] 1381 和 1391 两年的人口总数，见梁方仲编《中国历代户口、田地、田赋统计》，页 185 引《明实录 · 洪武实录》，卷 140，页 214。1393 年修正后的统计数，见《明会要》，页 937—941，转引自 Ping-ti Ho（何炳棣），*Studies on the Population of China*, p. 10；另见梁方仲《中国历代户口、田地、田赋统计》，页 203—204。

[15] 在关于明清时期中国人口的传统研究中，历史学家何炳棣提出 1393 年的人口数至少已达 6500 万。他指出，一些地区（在北方）和一些团体（明显的是边疆人口）都未被纳入官方统计范围；Ping-ti Ho, *Studies on the Population of China*, pp. 8-9, 22，259。

[16] 邱树森、王颋在《元代户口问题刍议》中，通过将官方统计的户数 1980 万乘以每户平均口数（4.5 口），得出 14 世纪 40 年代初中国的人口数为 9000 万。牟复礼（F.W. Mote）对这种复原的评论，见“Chinese Society under Mongol Rule,” p. 622, n. 8。

1381 和 1393 两年的官方统计数位所反映的家庭平均人口数，说明两次均未重视家庭人口数的统计。根据 1393 年的数字，平均每户 5.68 口，然而明代前中期的地方志材料中的家庭规模比这还要大。北直隶的长垣县记载，1442 年平均每户 6 口强，到 1492 年增加到每户 9 口弱，在以后的十年中又有微弱增长〔《长垣县志》(1514)，卷 1，页 17a〕。河南省兰阳县 1412 年的家庭平均口数是 7 口，到 1482 年增加到户均 9 口〔《兰阳县志》(1545)，卷 2，页 8b〕。在兰阳的西南，鲁山县 1412 年户均 10 口，到 1502 年上升到户均 11 口〔《鲁山县志》(1552)，卷 2，页 13b—15a〕。1492 年河南中部的相似数位，见《许州志》(1540)，卷 3，页 7b—8a。为了适度地纠正各户人口统计数的偏低现象，我曾根据成化年间的人口统计数（包括从 1464 到 1486 年的统计数）中得出每户的平均口数 6.82，以这个平均数（而不是 5.68）做乘数得出总人口数 7500 万。人口统计通常少算孩子，尤其是女孩的数字。在一次珍贵的年龄统计析例中，《福宁州志》〔(1593) 卷 7，页 1b〕记载 1391 年统计的 11245 个男丁中有 1321 人“不成丁”，男性儿童与成人的比率是 1：7.5。女性统计数的偏差更大：7120 的女性人口中仅有 50 名为“小”，女童与成人间的比率仅为 1：141。

[17]《明史》，页 1881。宣德这一谕旨在《明会要》第 942 页有更详细的节录。这里宣德是在隐晦地说他的祖父永乐皇帝，因为财政的原因，他想对他祖父的好大喜功行为（比如说，派帝国舰队到印度洋）做些收敛。

[18] 周忱：《与行在户部诸公书》，载于《昭代经济言》，卷 2，页 11a。

[19] 官方的人口统计数字反映了这种人口分布的变化。1393 年的省级报告显示：有 35% 的中国人口居住在东部的南直隶和浙江两省，但一个世纪以后这两省的人口占全国人口的比例降为 25%。同一时期，中北部五省（北直隶、山东、山西、河南、陕西）占全国人口的比例由 26% 上升到 39%。换句话说，就是人们在由人口更为密集的地区向北部和西北部地区迁移。

[20] 梁方仲：《中国历代户口、田地、田赋统计》，页 185；又见 Mote, "Chinese Society under Mongol Rule," pp. 618-619。伊懋可（Mark Elvin）依据 1290 年的数位提出，这时中国南部的人口密度已经达到极限，迫使人口分布开始向北方旱地农业区反弹。他说，这一反弹说明了人口过度增长对中国经济增长的限制，从而引发了"长时期内发挥作用的因果模式的更番变革"（*The Pattern of the Chinese Past*, p. 203）。伊懋可的论点要求以下三种假设的成立：元代人口下降是真实的；这种下降是元以前人口历史发展的结果；明清时期人口向西、北边疆地区的扩张表明出现了他所说的"相对停滞"。所有这三种假设都值得怀疑。1290 年的人口统计数字夸大了北部中国人口的减少，因为士兵和那些蒙古人封地上的依附人口都未计算在内。其次，不管那里存在什么样的人口减少，都只能是蒙古占领下的特定历史条件的产物，而不能将之作为长期的永久性变革的标志。最后，我们可以将元以后人口向边疆地区的流动看作是继续增长的迹象。毋庸置疑，人口真空地带的缩减说明增长的速度比宋时减慢了，但伊懋可的隐蔽的停滞增长（或说退化）理论容易使人忽视劳动对资源的创造性适应能力，正是这种适应能力保证了明清两代经济发展的生命力。

[21]《明会要》，页 944—946，列举了一些强制性人口迁移的例子。1364 年的命令是针对朱元璋的对手张士诚的统治基地苏州府的豪族大户的。在朱元璋放弃建都凤阳的梦想十四年后，1389 年强迫大户向凤阳的移民纯粹是惩罚性的，其矛头直接指向那些被这位皇帝认为是在反抗他的统治的家族。1391 年，据估计有 45000 个富裕人家被从浙北移民到南京，作为豪族大户的人质；Ping-ti Ho, *Studies on the Population of China*, p. 137。

[22] 徐适端：《明实录类纂：妇女史料卷》，页 6、9。战争遗孀所面临的困难，如害怕失去经济来源，使一些人选择了自杀；见前引书，页 14。

[23] 1370—1371 年前两次向北京的强制性移民，将长城以北 70000 户移到北京，目的是削弱蒙古人的经济基础。1403—1405 年间，50000 多户被从江南迁到北京。在以后的十年中，近 25 万的士兵和他们的家属也被迁往北京（Edward Dreyer, *Early Ming China*, pp. 190-191）。作为徭役征发的役夫也被派去建设新的首都。他们中的一些人后来留居那里成为农民〔《恒岳志》（1612），卷 2，页 1b〕；其他人就无影无踪了（《明史》，页 4436）

到北直隶沿海地区的移民是自愿的，移民来自邻近的山东省、苏州地区，以及南方的福建和广东、湖广南部；《天津府志》（1899），卷26，页1a。到北直隶西南和河南北部的移民，多数来自山西，那里没有遭受王朝更替战争的破坏。由户部组织的1369—1370年的第一批移民，从近距离的山西南部的洪洞和泽州移民到河南北部的孟县和汲县。从洪洞县的向外移民持续时间很长，以至于在一著名寺院旁建立了专门的移民机构来安排那些愿意离开本地的人。移民出发时都领有户部颁发的许可证，允许他们到河南、北直隶和山东的特定地点，即规定的“民屯”点去，并且只能在9月到11月间迁移；王兴亚，《明初迁山西民到河南考述》。关于永乐统治前期山西南部农民的最后一次移民，见Peter Seybolt（席保德），*Throwing the Emperor from His Horse*, pp. 1-2。

移民活动并不是每次都能成功。移民们得到的常常是贫瘠的土地，几乎难以为生。一部北方地区的方志承认“屯田之地皆瘦而薄者也”；《河间府志》（1540），卷8，页21a。二百年后，位于北直隶省南端的魏县的一位年长居民告诉顾炎武，在该地区的大多数县份，约30%是移民的后代；尹均科，《北京郊区村落发展史》。《保定府志》〔（1607）卷16，页6b〕记载该地区15世纪20年代的移民后代比例与此很接近。

[24]《大明会典》，卷104，页5a，记载了一份1433年的法令。

[25] 关于持续的人口非法迁徙，见《明会要》，页946—947；黄冕堂：《明史管见》，页376—377。

[26]《明史》，页4436。

[27] 正统皇帝宣称：“近年有司劝农不至，种耕者少，游惰者多。”转引自陈宝良《中国流氓史》，页156。

[28]《大明会典》，卷149，页8a。

[29] 祝允明：《野记》，10a。

[30] 徐适端：《明实录类纂：妇女史料卷》，页15。在1368—1372年间，以泛泛而言的“唐宋之风”为标准，洪武帝颁布了一系列的有关公侯百官命妇冠服的规定；见前引书，页826。另见《明史》，页1641—1646。

[31] 祝允明：《野记》，11a。

[32] 朱元璋：《明太祖集》，页305；《明史》，页3987。

[33]《河间府志》（1540），卷7，页7a。

[34] 例如，《明史》第7189，7191，7193，7215页。民告官是一件很难的事。当休宁县的平民百姓上书弹责本县知县周德成（1339—1391）时，该县三十名士绅专程赶到南京，成功地替他向朝廷请求免宥；Zurndorfer, *Change and Continuity*, pp. 89-90。

[35] 由通政司长官递送奏章的例子，见徐适端《明实录类纂：妇女史料卷》，页 684—687。

[36] 转引自尹韵公《中国明代新闻传播史》，页 28。

[37] 例如，当大画家董其昌被任命编修泰昌朝实录时，他于 1622 年到南京去查阅资料。在河南路巡按司的文献库存有邸报的抄件；《容台集》，卷 5，页 50a。实录的编纂对历史学家来说是一件毁誉参半的事，因为虽然这一修纂过程为后人提供了经过审慎核实的宫廷活动记录，每次实录修完后，都要将曾经使用过的所有笔记和宫廷档案等烧掉。一位明朝学者对这种破坏源文件的悲观态度，见郑晓《今言》，页 56。

[38] 迪迪埃·加札尼雅杜（Didier Gazagnadou）在《邮驿》（*La poste à relais*）对元代的驿传制度及其对欧洲的影响有详细研究。

[39] 这些数字，见沈定平《明代驿递的设置》，页 78；另见苏同炳《明代驿递制度》，页 15。《大明会典》印行的 1587 年，驿站数降低至 1036 个。

[40] 这段文字引自 Hafiz Abru, *A Persian Embassy to China*, pp. 27-28, 33-36, 43-44, 49。行程距离据《天下水陆路程》，页 23、82—83、127—132。

[41]《大明会典》，卷 149，页 11b。

[42] 最后一天上午使团行程"四至五法儿珊"。这位波斯的日记作者估计北京城墙的一面长一法儿珊(farsang)。假如他说的是北面或南面城墙，每面的长度大约是 7 公里，四至五法儿珊就相当于 30 公里左右。

[43] Abru, *A Persian Embassy to China*, pp.118-119。日记中说波斯使者的行囊在平安（Ping' an）受到检查，我不能确定这个地方具体在哪里。在甘州和肃州之间的路上有一个宋代军事要塞叫"平安"（Ping' an），但那个要塞的地理位置与日记中的记载不符。日记中说使团离开北京后一个半月到达"平安"（Ping' an），那里的"所有官吏和贵人都尊敬使臣，出城欢迎他们。它是一个很美丽和整齐的城市"。有可能是"西安"，或者是它的县名"长安"，误译所致。〔何高济的中译本将"Ping' an"译作"平阳"。中华书局 1981 年版《沙哈鲁遣使中国记》（与《海屯行纪》《鄂多立克东游录》合刊），页 136。——译注〕

[44] 崔溥：《漂海录》，页 69、80—83、104、108、113、138、141、190、193。鉴于崔溥的日记用中文写成，本书的译者直接采用原书（《锦南先生漂海录》，共三卷）。英文引文见：John Meskill, *Ch' oe Pu' s Diary*, pp. 58，66-69，88，111，113，135，153-157。距离是根据《天下水陆路程》页 1—2、100—101，和《天下路程图引》页 395—397、484—485 计算的。

[45]《明律集解附例》，卷 17，页 8b—10a。

[46] 图表在黄六鸿《福惠全书》，卷 1 末。

[47] 转引自博克舍（C. R. Boxer）的《16 世纪的华南》页 lxxxvi（*South China in the Sixteenth Century*）收录的，门多萨（Gonzales de Mendoza）的《大中国史》（*Historia de las cosas mas notables, ritos y costumbres del gran Reyno de la China*）1588 年的英译本（*The History of the Great and Mighty Kingdom of China*）。

[48]《吴江县志》（1561），卷 1，页 10b。

[49] 傅衣凌：《明代江南市民经济试探》，页 42，引正德时期的一段材料。

[50] Ray Huang（黄仁宇），*Taxation and Governmental Finance in Sixteenth-Century Ming China*, p. 50；《南京户部志》（1550），卷 10，页 1a—b。这一制度在星斌夫（Hoshi Ayao）的《明代漕運の研究》一书中有全面的研究。

[51] 陈建：《皇明从信录》（1620），卷 18，页 18b。

[52] Ray Huang, *Taxation and Governmental Finance in Sixteenth-Century Ming China*, pp. 53-56。顾炎武（《日知录》，卷 15，页 9a）的引文，见页 336，注 48。

[53] 余象斗：《万用正宗》，卷 2，页 40a—b。关于同一线路的另一首歌诀，见《天下路程图引》，页 397—398。

[54] 15 世纪末那里建造了一个水闸，这段险路得到了改造；见杨正泰《明清临清的盛衰》，页 17。

[55] André and Baslez, *Voyager dans l'antiquité*, p. 400。罗马邮驿的距离是 9—10 公里，比中国的急递铺间的一段距离（6 公里）要稍长一些。

[56] 徐适端：《明实录类纂：妇女史料卷》，页 685。

[57] 例如，皇家安大略博物馆（多伦多）藏品，编号 909.11.1。

[58] 宋应星：《天工开物》，页 253、259—260；Ray Huang, *Taxation and Governmental Finance in Sixteenth-Century Ming China*, p. 57。

[59]《明史》，页 1922。

[60] 宋应星：《天工开物》，页 234—250；Sun and Sun, T'ien-kung K'ai-wu, pp. 172-78；Joseph Needham（李约瑟），*Science and Civilization in China* 4:3，pp. 411-412。与之相较，元代的一本黄河手册载元时大运河的逆行航速为每天 35—50 里（依载重量而不同），顺水航速为 100—200 里；Shiba Yoshinobu（斯波义信），*Commerce and Society in Sung China*, p. 35。

[61] 郑若曾：《太湖图》，转引自顾炎武《天下郡国利病书》，卷 4，页 3a—b。

[62]《天下路程图引》，页 385。

[63] Michael Marmé（马麦可），"Heaven on Earth," p. 31.

[64] Kathlyn Liscomb（李嘉琳），*Learning from Mount Hua*, pp. 37，71；前面的引文，见页 12。

[65] C. R. Boxer, *The Great Ship from Amacon*, p. 195.

[66]《河间府志》（1540）卷 4 页 5b，载有在申明亭解决婚姻纠纷的例子。

[67] 顾炎武：《日知录集释》，卷 8，页 11a。

[68]《大明会典》，卷 177，页 1。

[69] Valerie Hansen（韩森）, *Negotiating Daily Life*, p. 146。关于明中期以后地契的研究，见杨国桢《明清土地契约文书研究》。

[70]《明清徽州社会经济资料丛编》，卷 2，页 19。这是已公布面世的徽州地契的一个主要汇集作品，其中有 685 件是明朝地契。另有 11 件地契发表在傅衣凌《明清社会经济史论文集》，页 243—248。关于徽州契约的研究，另参见 Valerie Hansen, *Negotiating Daily Life*, pp. 109-111。

[71]《惠州府志》（1542），卷 11，页 28b。

[72]《琼州府志》（1619），卷 10 下，页 93b。

[73] 祝允明：《野记》，页 12a。

[74] 当永乐皇帝 1406 年说"士庶家稍有余资，尚欲积书"（《明史》，页 2343）时，他在推断财富和书籍之间具有密切的联系。1391 年，一杭州进士的传记作者写道："家富藏书，鉴别最精。"同样将财富和书籍联系在一起；杭州另一藏书家的传记作者也如是说："殁之日，家无余资，惟藏书数千卷。"吴晗：《江浙藏书家史略》，页 9，50。

[75] 宋濂：《送东阳马生序》，《宋学士文集》，卷 73。

[76] 祝允明：《野记》，页 10a。

[77]《南京户部志》（1550），卷 12，页 39a。

[78] 朱逢吉，《牧民心鉴》，卷 1，页 15a；此段材料蒙托马斯·尼米克（Thomas Nimick）惠示。

[79]《南京户部志》（1550），卷 5，页 15b。

[80]《南昌府志》（1588），卷 4，页 21b。

[81] 李乐：《见闻杂记》，卷 5，页 63b。

[82]《琼州府志》（1619），卷 5，页 66a。

[83] Timothy Brook, "Censorship in Eighteen-Century China," pp. 179-180.

[84] 如，依出版次序先后，有《大明令》（1368）、《大明集礼》、《宪纲事类》（1371）、《大明律》（1373—1374 年印行，1397 年再次修订出版）、《洪武正韵》、《诸司职掌》（1393）。

[85] 谢应芳：《龟巢稿》，卷 8，页 13a。参见蓝德彰（John Langlois）的《洪武之治》（"The Hung-wu Reign"）页 156 的英文译文（本书译文略有修改）。关于明初帝国的出版业，见 Brook, "Edifying Knowledge," pp. 103-107。

[86]《保定府志》（1607），卷 16，页 8a、9a。

[87]《南昌府志》(1588)，卷 3，页 28b、29b。

[88] Shiba, *Commerce and Society in Sung China*, p. 37.

[89]《明律集解附例》，卷 10，页 1a—10b；《大明会典》，卷 37，页 28b；参见苏更生《明初的商政与商税》，页 436。

[90] 朱逢吉：《牧民心鉴》，卷 1，页 6a。

[91] 徐适端：《明实录类纂：妇女史料卷》，第 680 页。关于对公文的破坏，参见《明律集解附例》，卷 3，页 4b。

[92] William Atwell, "International Bullion Flows," pp. 76-77.

[93]《明史》，页 1649。

[94]《扬州府志》(1733)，卷 10，页 10a。

[95]《会稽县志》(1575)，转引自 So Kwan-wai (苏君伟), *Japanese Piracy in Ming China*, p. 123。

[96] Abru, *A Persian Embassy to China*, p. 62.

[97] 关于预备仓制度的基本情况，见顾颖《明代预备仓积粮问题初探》一文。

[98]《明实录》，宣宗实录，卷 69；转引自郑鹤声、郑一钧《郑和下西洋资料汇编》，卷 1，页 221。

[99] 李维桢：《大泌山房集》，卷 15；《潞安府志》(1659)，卷 1；均转引自张正明等《明清晋商资料选编》，页 2、10。

[100]《扬州府志》(1733)，卷 34，页 5a、5b。

[101] 英文译文见 Klaas Ruitenbeek（鲁克思）, *Carpentry and Building in Late Imperial China*, p. 301。

[102]《明会要》，页 340。这一番话是在提醒人们冠服不要过制时说的。

[103] 朱逢吉：《牧民心鉴》(1404；1852)，卷 1，页 18a。

[104] 在《教民榜文》中，朱元璋说，四民的划分是圣哲贤王尧、舜之时的社会产物，现在应该把僧、道加进去，见张卤编《皇明制书》，卷 10，页 12b—13a。

[105] 两段引文均见《山西通志》(1682)，卷 26，页 4a；卷 26，页 5b。

[106]《洪武京城图志》(1395)，49b—51a。

[107] 郑利华：《明代中期文学演进与城市形态》，页 190；Marmé, "Heaven on Earth," p. 30。

[108] 关于桦皮剑鞘，见 Percival David, *Chinese Connoisseurship*, p. 153。

[109] 在 15 世纪 50 年代，人们可以在北京和南京买到用作书画材料的绢帛；见前引书第 18 页王佐言论的英译文。

[110] 前引书页 144 引王佐言论的英译文。

[111] 如大维德(Percival David)在《中国的鉴赏》(*Chinese Connoisseurship*)第 142 页所述，

曹昭对新近的磁州瓷多所贬抑。

[112] 如，前引书第 145、203、209 页引，王佐列举了三个当代的毛笔制造者。

[113] 前引书，页 137。

[114] 前引书，页 148。

[115] Clunas, *Superfluous Things*, pp. 12-13.

[116] David, *Chinese Connoisseurship*, pp. 143,150.

[117] 前引书，页 5、143、161—162。

[118]《明史》，页 1880。

[119] 转引自韦庆远《明代黄册制度》，页 202。

[120] 朱廷立：《盐政志》，卷 7，页 1b。

[121] 徐适端：《明实录类纂：妇女史料卷》，页 8，一条 1371 年 10 月 15 日的材料。

[122]《明会要》，页 340。

[123] Denis Twitchett（杜希德）and Tilemann Grimm（林懋），"The Cheng-t'ung, Ching-t'ai, and T'ien-shun Reigns," pp. 309-312。书中遗漏了 15 世纪 40 年代福建的一次大饥荒；见《安溪县志》(1552)，卷 3，页 15a。

[124] James Tong, *Disorder under Heaven*, pp. 45-49.

[125] Ray Huang, *Taxation and Governmental Finance in Sixteenth-Century Ming China*, p. 52.

[126]《大明会典》，卷 37，页 20b。

[127] 这一论调是柳华死后不久由监察官员首先提出来的，《延平府志》〔(1526)，卷 23，页 16a〕沿袭了这种观点。柳华的后代也因此受到了惩罚。

[128]《惠安县志》(1530)，卷 6，页 12a。书中将邓茂七的起义军称为"沙县贼"。

[129]《惠安县志》〔(1530)，卷 4，页 9a〕载，在该县的山区都加强了防卫力量，来对付沙县起义军的流动性余波。

[130]《古田县志》(1606)，卷 14，页 19a。

[131] Tanaka（田中正俊），"Popular Uprisings, Rent Resistance, and Bondservant Rebellions in the Late Ming," pp. 201-204.

第二章　春（1450—1550 年）

[1] 叶盛：《水东日记》，卷 1，页 3b。

[2] Ray Huang, *Taxation and Governmental Finance*, pp. 112-18. 关于驿银，可参阅星斌夫《明清時代交通史の研究》第四章。驿银证实容易被挪作他用。对它的侵蚀可以说

始于 1558 年，当时皇帝同意一份奏折的要求，拨出部分用以维持驿传的地方资金，转给户部以支付军事补给。这项权宜政策五年后被废弃，但其损害已经产生。参阅苏同炳《明代驿递制度》，页 426—429。关于驿传可以使用的地方资金在万历年间的进一步削减，可参阅同书，页 429—434。

[3] 由以干预和指令的管治到以常规和形式主权的行政，其中转变记录于 Nimick, “The County, the Magistrate, and the Yamen,” p.5。

[4] 关于 1453 年的诏书，参阅顾炎武《日知录集释》，卷 8，页 11a；关于 1529 年的奏折，参阅于汝为《荒政要览》（1589），卷 4，页 66b。

[5]《天下水陆路程》，页 255 ；《芜湖县志》（1919），卷 10，页 2b，卷 8，页 1a。

[6]《太平府志》（1903），卷 26，页 18b。

[7] 例如：在广东琼州，1466 至 1475 年间桥梁的兴建是高效能的〔《琼州府志》（1619），卷 4，页 83b 及随后几页〕；关于 1465 年的水灾，参阅卷 12，页 3b。在华南其他地区，桥梁的兴建在稍后才盛行。随便举一些府的例子：1481 至 1505 年间在福建邵武〔《邵武府志》（1543），卷 6，页 19b 至 45b〕；1489 至 1499 年间在邻近的延平〔《延平府志》（1526），卷 3，页 17b 至 25a〕；1487 至 1504 年间在江西九江〔《九江府志》（1527），卷 2，页 27b 至 34a〕。有关明代中叶福建南部的桥梁兴建，参阅林仁川《明末清初私人海上贸易》，页 143—144 ；Susan Canfield, “Bridge Construction and Repair,” pp.34-35。对比起来，华北的桥梁兴建与维修似乎出现得较晚，在 16 世纪时才变得广泛。17、16 世纪之交，山西的省志记录了很多桥梁的兴建，16 世纪的最后二十五年更多，见《山西通志》（1682），卷 5a—5b。然而，可能由于北直隶与大运河系统的联系，它的桥梁兴建模式与华南地区的相类似，《大名府志》（1506），卷 2，页 21a—25b。

[8] 在福建延平府，明初地方官与名人分担桥梁的兴建，到中叶时，地方人士所出钱建造的桥数目，比地方官员所建造的多出五倍；《延平府志》（1526），卷 14，页 51a—54b。

[9]《惠安县志》（1530），卷 3，页 12b—13a。半个世纪后，《明经世文编》卷 26 页 11b，更深入地指出泉州对外贸易与基建投资之间的同样关系。

[10] 引自 Boxer, *South China in the Sixteenth Century*, p. lvii, n.5; p.7。

[11] Brook, “Edifying Knowledge,” pp.112-114。

[12]《芜湖县志》（1919），卷 44，页 6b。那座图书馆建于 1500 年。

[13] 关于记载机构和地形的地方志的日期，参阅 Brook, *Geographical Sources of Ming-Qing History*, pp. 50-51。

[14] 庄威风等：《中国地方志联合目录》，页 463。

[15] Atwell, “International Bullion Flows,” p. 76.

[16]《芜湖县志》(1919)，卷 26，页 1a，卷 57，页 2b。1608 年的水灾重复了这个形象化的描述："圩岸冲决，庐舍倾毁，舟行陆地，河鱼游入市廛。"

[17]《湖广图经志书》(1522)，卷 2，页 20a。

[18]《南昌府志》(1588)，卷 3，页 29a，引述弘治年间的府志；离开芜湖的里程，引自《天下水陆路程》，页 47。

[19] 丘濬：《江右民迁荆湖议》，载于《明经世文编》，卷 72，页 9a。

[20]《明会要》，页 943。

[21] 何炳棣推论 1542 年的数字严重地低估了真实的人口数目，他还提出 1393 和 1542 年间人口增长高达 73%，即每年的增长率达 0.34%。Ping-ti Ho, *Studies on the Population of China*, p. 263。如果我们将这一比例运用到我对 1393 年的 7500 万的较高估计上，中国的人口在十六世纪中应该接近一亿三千万人。由于在 16 世纪 30 至 30 年代中国东部及东北部的天灾，真实的人口数字可能稍为少一些。

[22] 叶春及：《惠安政书》(1672)，卷 3，页 1b；卷 5，页 9b、22a；卷 6，页 10a。

[23]《临朐县志》(1552)，卷 1，页 5b—6a。

[24] 谷应泰：《明史纪事本末》，卷 38；转引自傅衣凌《明清封建土地所有制论纲》，页 110。

[25] Ping-ti Ho, *Studies on the Population of China*, pp. 172-75.

[26] 这在一位于 1532 年被派往湖广的官员的传记内有所提及，见《琼山县志》(1917)，卷 24，页 21b。

[27] Chun-fang Yü（于君方）, *The Renewal of Buddhism in China*, p. 149；《大明会典》，页 2272，2273。

[28]《天下郡国利病书》，卷 25，页 25b。

[29]《明会要》，页 947—948。

[30] 如《沔阳志》(1531)，卷 9，页 18a；《鲁山县志》(1552)，卷 2，页 15b；《琼州府志》(1619)，卷 9，页 91a。

[31]《大名府志》(1506)，卷 3，页 20b—27b。

[32]《金坛县志》(1921)，卷 1，页 3b。

[33]《许州志》(1540)，卷 6，页 36b。

[34] 16 世纪时，《大学衍义补》可以从很多政府部门和书院图书馆中的目录里找到，如《南京户部志》(1550)，"引用书目"，页 1b；《延平府志》(1526)，卷 12，页 8a；《惠安县志》(1530)，卷 9，页 10b；《河间府志》(1540)，卷 28，页 58b；《瑞金县志》(1542)，卷 3，页 13a；《慈利县志》(1574)，卷 11，页 14b。

[35] 丘濬：《大学衍义补》，卷 25，页 1b—28b；魏丕信（Pierre-étienne Will）和王国斌（R. Bin Wong）的《养民之道》(*Nourish the People*) 第 11—13 页，对丘氏的经济思想

有简要的论述。

[36] 丘濬 :《大学衍义补》，卷 28，页 6b。

[37] 同上，卷 25，页 13b。

[38] 同上，卷 25，页 16b。

[39] 同上，卷 25，页 19b。

[40] 参见 Mote, “The Ch’eng-hua and Hung-chih Reigns,” p. 355。在他们的丘濬传略中，吴缉华和黄仁宇对丘氏在 1491 年被委任为大学士之后，其《大学衍义补》中阐述的建议很少被推行，表示大惑不解 ; *Dictionary of Ming Biography*, p. 250。

[41] 潘潢 :《覆积谷疏》，辑于《明经世文编》，197，页 24a—25b。

[42] 参阅《惠安县志》（1530），卷 8，页 5a；及《衡州府志》（1536），卷 4，页 7a—8a；《常德府志》（1538），卷 4，页 16a、25a。

[43] 九江五县内只有两个县有预备仓，其中一个晚至 1523 年才建成；《九江府志》（1527），卷 8，页 17b—19b。惠安县自 1391 年起有两个预备仓，但两者在 16 世纪 20 年代都没有储粮 ;《惠安县志》（1530），卷 8，页 5a。

[44] 俞汝为 :《荒政要览》（1589），卷 4，页 68a。

[45]《鲁山县志》（1552），卷 4，页 19b—22a。

[46]《鲁山县志》（1552），卷 10，页 2b—4a。

[47] 王文禄 :《与长松魏侯书》，载于《百陵学山》，卷 2，页 11b。

[48]《海盐县志》（1876），卷 13，页 5a。

[49]《无锡金匮县志》（1881），卷 31，页 9a。

[50] 例如，《桐乡县志》（1887），卷 20，页 5a。

[51]《杭州上天竺讲寺志》（1875），卷 1，页 9a—b。

[52]《天竺山志》（1825），卷 12，页 5b。同一资料将 1559 年驻守杭州城外的山东地区军队护城的良好行为归因于佛教的影响，并非所有杭州的庙宇都是那么幸运，例如圣果寺，《圣果寺志》（1881），卷 12b。

[53]《河间府志》（1540），卷 10，页 16b—17a。

[54] Morris Rossabi（罗茂锐）, “The Tea and Horse Trade,” p.152.

[55] 郑利华 :《明代中期文学演进与城市形态》，页 177。

[56]《天下路程图引》，页 356。

[57]《明史》，页 5451 ; Ray Huang, “Fiscal Administration during Ming Dynasty,” pp.74-75。

[58] 除了这两种做法，也有例外，如 1556 年一位被委任到北京去监管商税征收的官员。当他发觉，他的前任在每年关税的收入以外加征 2000 两并将之据为己有，他决定继续以这个较高的税率征收，但将那 2000 两交给国家。当他被派往扬州做同样的

工作时，他收取比定额多 1000 两的税收，并将此数交给户部。《盐山县志》(1868)，卷 14，页 41b—42a。

[59]《汉阳府志》(1546)，卷 3，页 36a—37a。

[60]《天下水陆路程》，页 204；《天下路程图引》，页 373。“门摊税”并未完全被废除，清初的知县继续鼓吹反对以此为对穷人的一种惩罚；参阅黄六鸿《福惠全书》，页 215。

[61]《泉州府志》(1763)，卷 15，页 28a。

[62]《沔阳府志》(1531)，卷 7，页 8b。

[63]《松江府志》(1630)，卷 39，页 1a；这条路线记于《天下水陆路程》，页 11。

[64]《惠安县志》(1530)，卷 4，页 1b、3a。

[65]《上海县志》(1524)，卷 1，页 11a。

[66]《光州志》(1660)，卷 12，页 50b。

[67]《邵武府志》(1543)，卷 2，页 44a。

[68]《光山县志》(1556)，卷 1，页 29b—30；参看卷 4，页 3b。

[69]《邵武府志》(1543)，卷 2，页 45b。

[70]《九江府志》(1527)，卷 1，页 19b。

[71] Marmé, “Heaven on Earth,” p.34.

[72]《震泽县志》(1746)，卷 25，引自樊树志《明代浙江市镇分布与结构》，页 186。

[73] Nishijima（西嶋定生），“The Formation of the Early Chinese Cotton Industry.”

[74] 在河南诸县，棉花于 16 世纪时由外地移民引入以应付税收的负担；《光山县志》(1556)，卷 1，页 29a—b。

[75]《松江府志》(1512)，卷 4，页 11a。载于 Nishijima, “The Formation of the Early Chinese Cotton Industry,” p.55。

[76] Rawski, *Agricultural Change and the Peasant Economy*, pp. 47, 56.

[77]《崇德县志》(1611)，卷 2，转引自陈学文《中国封建晚期的商品经济》，页 14，16—17。关于在桑叶的供应不能满足需求时才倾销蚕虫的同样故事，参阅《桐乡县志》(1886)，卷 20 下，页 2a。

[78]《广东通志》(1561)，载于《琼山县志》(1917)，卷 2，页 16b。这部省志是由黄佐（1490—1566）编纂的。

[79]《河间府志》(1540)，卷 7，页 3b—4a。

[80] 沈启：《吴江水考增辑》(1734)，卷 5，页 13a—b。

[81]《宣府镇志》(1561)，卷 20。

[82] 例如朱国桢《涌幢小品》，卷 17。

[83]《沔阳志》(1531)，卷 6，页 12a。

[84]《吴江志》(1488),卷 5,页 26b;《吴江县志》(1561),卷 1,页 10b;《上海志》(1504),卷 1,页 4b;《上海县志》(1524),卷 1,页 10b。关于记录在其他嘉靖以前南直隶地方志内不愿意接受长途旅程的同样言论,参阅《江南通志》(1736),卷 19,页 3a—5a。

[85]《明实录》,嘉靖朝,卷 38,页 5a(1524 年 5 月 10 日),载于 So, *Japanese Piracy in Ming China*, p.65。

[86]《大明会典》,卷 164,页 24a—b,卷 167,页 5b。

[87] 对这种假冒身份的描述,见徐适端《明实录汇纂:妇女史料卷》,页 746。

[88]《龙溪县志》(1535),卷 8,页 36a。郑和航海图的销毁,在黄仁宇的《中国大历史》(*China: A Macro History*)第 156 页有所提及。

[89] 关于流行的航海图,"罗盘定向图"的手稿在马丁·德·拉达(Martin de Rada)的 1575 年关于中国的描述中有所提及(Boxer, *South China in the Sixteenth Century*, p.294)。中国的第一本罗盘定向图印本《渡海方程》,部分基于郑和文本,也包括了北面沿海和辽东的路线。它的编纂者名为吴朴,是一位的具有独特气质的学者。他是一位有权势的商人兼官僚林希元(约 1480—约 1560)的朋友。林反对嘉靖海禁及其身家丰厚的故事具有传奇性。顾炎武在《天下郡国利病书》(卷 34,页 59a—60b)中,加入了《渡海方程》的罗盘定向。明代中叶以后,这一定向图为福建航海者所继续沿用并加以修订。一位耶稣会传教士获得其手钞本,在 1639 年赠予兰德大主教,并庋藏于牛津的博德利图书馆(田汝康:《〈渡海方程〉:中国第一部刻印的水路薄》,页 302—304)。田汝康指出这点,是为了要与出现于 16 世纪头十年间的第一份欧洲定向图印本作比较。

[90] 张燮:《东西洋考》,页 131。

[91] Anthony Reid, *Southeast Asia in the Age of Commerce*, vol. 2, pp. 4-5,12。艾兹赫德(S. A. M. Adshead)在《世界历史中的中国》(*China in World History*)第 199 页里,描绘出另一幅图景,中国商人自 15 世纪 30 年代及郑和下西洋以后数目严重下降。他表示很难反对那些远征行动扼杀了或缩少了它所赖以为基础的私人企业的结论。我不同意这种诠释。然而,他的确指出了孟加拉和波斯的丝绸在印度洋的竞争中战胜了中国的丝绸,这又转而削弱了中国商人在香料贸易中的地位。

[92]《龙溪县志》(1535),卷 1,页 26b。

[93] 张燮:《东西洋考》,页 67。

[94] Reid, *Southeast Asia in the Age of Commerce*, vol. 2, pp. 9-10.

[95] 引自《明实录》其中一条(日期为 1525 年 9 月 4 日),载于 So, *Japanese Piracy in Ming China*, p.45。

[96] Geiss, "The Chia-ching Reign," p.495。

[97] 松浦章，《明代後期の沿海航運》。

[98] 关于海盗行为与饥荒的关系，见：So, *Japanese Piracy in Ming China*, pp.48-49。苏君伟亦将海盗问题的解决与中世纪的中国财政制度的改革联系在一起。关于嘉靖年间海盗行为的概况，参阅 Geiss, "The Chia-Ching Reign," pp. 490-505。

[99]《山西通志》（1682），卷 26，页 2b—3a。

[100]《光山县志》（1556），卷 1，页 30a。

[101]《琼山县志》（1917），卷 2，页 17 上内文征引 1561 年的省志；《惠州府志》（1542），卷 4，页 21a。

[102] 杨文杰：《东城记余》（1897），卷 2，页 59a；周克复：《金刚持验纪》（1799），卷 2，页 12b。

[103] Zurndorfer, *Change and Continuity*, pp. 126-127.

[104]《天下郡国利病书》，卷 9，页 62b。

[105] David, *Chinese Connoisseurship*, p. 10.

[106] Zurndorfer, *Change and Continuity*, pp. 49-50.

[107] 王振忠：《明清时期徽商社会形象的文化透视》，《复旦学报》，1993 年第 6 期，页 80—84、96。

[108] Zurndorfer, *Change and Continuity*, p. 100；宋汉理还提到另一位徽商为了改善他儿子的地位而与官员建立友好关系。关于徽商依赖官员以寻求保护和特权，参阅叶显恩《试论徽州商人资本的形成与发展》。商人与士绅圈子的不断结合，详述于郑利华《明代中期文学演进与城市形态》，页 168—175；关于明代中叶时文学作品内愈来愈正面的商人形象，参阅同书，页 136—150。

[109]《扬州府志》（1733），卷 10，页 10a。

[110] Zurndorfer, *Change and Continuity*, pp.52, 96-97.

[111]《广东通志》（1561），载于《琼山县志》（1917），卷 2，页 17a，省志的编纂于 1558 年完成。

[112] 关于 1470 年一部宋朝文本的重刊，参阅余嘉锡《四库提要辨证》，页 1342。

[113] 陆容：《菽园杂记》，页 128—129。

[114] 来新夏编：《中国古代图书事业史》，页 288。

[115] 明代纸张的制造详述于钱存训《中国科学技术史》，卷 5，页 49—53、59—61。至 1597 年，江西石塘镇有纸厂 30 间，雇用五至六万工人以土产竹去造纸。在 1636 年，徐弘祖指出，江西西部一些农村，除了生产（通常是粗糙的）纸外，别无其他产出；徐弘祖：《徐霞客游记》，页 126、138。

[116]《建阳县志》（1553），卷 3，载于来新夏《中国古代图书事业史》，页 288。

[117] 由南京至建阳的路线，见于《天下路程图引》，页 404—405。关于宋朝的崇安路线，

参阅苏基朗《唐宋时代闽南泉州史地论稿》,页167—69。正如《建阳县志》(1553)卷4页10a—12a所列，明代中叶时，这条路线上的交通增加，导致15世纪最后的二十五年中有四个驿站在建阳兴建，而另外四个亦在16世纪的最初三十年内兴建。

[118]《惠安县志》(1530)，卷9，页10a。这个评论未必是张氏自己的，因为它一字不改地重复了三十四年后的一本湖南县志，《慈利县志》(1574)，卷11，页14a。

[119] 崔溥：《漂海记》，页194。

[120] Carlo Ginzburg, *The Cheese and the Worms*, p.59.

[121] 郑廷鹄：《琼志稿》(约1560年)，载于《琼州府志》(1619)，卷3，页88b。

[122] 丘氏关于建造此图书馆的记录，收录于《琼州府志》(1619) 卷11页26b，并重印于《琼山县志》(1917) 卷14页37a—40a。关于明代中叶时县儒学图书馆建筑，参阅 Brook, "Edifying Knowledge."

[123] 吴晗：《江浙藏书家史略》，页10、22、145、155、176、229、232。

[124] 同上，页112，160。这个名字似乎首先用于宋朝；关于一座建于11世纪之交的万卷楼，参阅《湖广图经志书》(1522)，卷6，页62a。至于16世纪中叶人们认为万卷楼可能与儒家自我修养的精神相冲突的反思，参阅李开先《李开先集》，页658—659。

[125]《河间府志》(1540)，卷7，页15b—16a。

[126]《惠安县志》(1530)，卷4，页3a。

[127]《惠安县志》(1530)，卷4，页1b;《明史》，页5295。叶春及，《惠安政书》(1573)，卷9，页19b，指出井水提取装置应用于持久干旱的惠安县东南地区。

[128]《龙溪县志》(1535)，卷1，页15b。

[129]《固始县志》(1659),卷3,页15a。《易经》的那段文字见于卫礼贤和贝恩斯的译本，页331。

[130]《惠安县志》(1530)，卷5，页7b—9a。其他编纂者亦把本地产品与《禹贡》所列举的联系起来。例如《河间府志》(1540)，卷7，页5a。

[131]《天下路程图引》，页370—371。

[132]《歙县志》(1609)，卷6，页5b—10a。

[133] 关于明代中叶庭院的美化，参阅 Clunas, *Fruitful Sites*, pp.39-44, 56-57。柯律格认为，记述花园的士绅作者从事"水果的隔离培育，仿佛在谈论一种脱离市场的货品"。

[134]《惠安县志》(1530),卷12,页10b—23b。关于张氏与王守仁及聂豹的争论,参阅《惠安县志》(1730)，卷23，页5b—6a。

[135]《惠安县志》(1530)，卷12，页24a。

[136] 在内陆和华北地区，士绅阶层的形成较为缓慢。在那里，一个县的士绅阶层只是

于 16 世纪中才开始形成。参阅 Brook, *Praying for Power*, pp.236-37, 287。

[137]《固始县志》(1659), 卷 10, 页 14b。

[138]《大名府志》(1506), 卷 1, 页 21a—b。

[139]《南昌府志》(1588), 卷 3, 页 29b, 内引弘治年代的县志。

[140]《鲁山县志》(1552), 卷 1, 页 38b。

[141] Ping-ti Ho, *Studies on the Population of China*, p. 73; 余英时 :《士与中国文化》, 页 528。

[142] 张海鹏、王廷元 :《明清徽商资料选编》, 页 440、439。

[143]《邵武府志》(1543), 卷 2, 页 43a。

[144] 引于《湖广图经志书》(1552), 卷 4, 页 7a。

[145]《邵武府志》(1543), 卷 2, 页 43b—44a。

[146] 接下来的例子来自南直隶和福建, 但 16 世纪其他地区的作者亦指正德(或弘治后期或嘉靖初期)为脱离"古代"风格的转折点。例如:在山东,《武城县志》(1549), 卷 1, 页 7b ;在山西,《山西通志》(1682), 卷 66, 页 31a ;在河南,《光山县志》(1556), 卷 1, 页 29a ;在浙江,《宁波府志》(1560), 卷 4, 页 32a。关于湖州, 参阅李乐《见闻杂记》(1610), 卷 5, 页 68a。

[147] 例如余纪登《典故纪闻》, 页 300, 引自 Brook, *Praying for Power*, pp.312-313。

[148] 引自 Zurndorfer, *Change and Continuity*, pp. 113-140。

[149] 李乐 :《见闻杂记》, 卷 5, 页 68a。

[150] 引自 Zurndorfer, *Change and Continuity*, pp.114-15 ; 亦参阅 Meskill, *Gentlemanly Interests and Wealth*, p.128。

[151]《邵武府志》(1543), 卷 2, 页 45b—46a。

[152]《惠安县志》(1530), 卷 2, 页 9b, 卷 4, 页 2a、3b。该区自 1512 年, 开始遭受干旱之灾 ;《中国近五百年旱涝分布图记》, 页 27。张岳关于压榨与管理的评论显示他在批评梁纲。在 1550 年被任命为该县知县,他家乡的方志记载梁曾去广西"同知太平府", 并无显示他在惠安没有任职;《顺德县志》(1853), 卷 10, 页 17 左下。关于张岳在正德朝的政绩, 见《明史》, 页 5295。

[153] So, *Japanese Piracy in Ming China*, pp.42-43.

[154]《崇武所城志》(1542, 1987), 页 39—40。感谢宋怡明(Michael Szonyi)为我提供这部志书。

[155] 关于明代中叶徽州族系的形成, 参阅 Keith Hazelton(贺杰), "Patrilines and the Development of Localized Lineages"。

[156] 王安(Ann Waltner)的《烟火接续》(*Getting an Heir*)一书, 对收养儿子所可能引起的冲突有所研究。

[157] 一部当代的华北地方志，同样地谴责士绅“破坏礼仪”；《河间府志》（1540），卷 9，页 10b。

[158] 关于葬礼的同样指控，亦于《常熟县志》（1539）卷 4 页 21a 内提及，虽然礼仪的衰落可以追溯到成化年代的江南新贵。另一本福建地方志〔《安溪县志》（1552），卷 1，页 15b〕，谴责葬礼的奢侈风尚驱使穷人采用火葬的方法，而这是对父母所赐予的身体的一种不孝。

[159] 引自 Lien-sheng Yang（杨联陞），*Studies in Chinese Institutional History*, p. 73。林立月的《陆楫崇奢思想再探》对陆楫的观点有更详细的分析。

第三章　夏（1550—1642 年）

[1] 顾炎武曾经指出，明朝后期苏州十分之九的耕种者是佃农；《日知录集释》，卷 10，页 18a。

[2]《明经世文编》，卷 488，页 25b。

[3] 皇家安大略博物馆（多伦多）藏品，编号：921.31.30。

[4]《武林梵志》（1780），卷 4，页 25b。

[5] 陆容：《菽园杂记》，页 123。

[6] 顾炎武：《日知录集释》，卷 11，页 39a。

[7]《云居圣水寺志》（1773），卷 2，页 13b。

[8] 霍韬：《霍文敏公全集》，卷 4 上，页 30b—32b。

[9] 李乐：《见闻杂记》，卷 11，页 43a。有一家寺院，寺钟被征用后，又募到捐施者，于 1612 年重新铸成新钟；大约 6 比 1 的铜锡比例，见李乐关于铸此钟的记事（《青镇密印寺钟成碑记》——译注）。

[10]《天竺山志》（1875），卷 2，页 8a。1595 年重铸的铜钟耗铜 6000 多斤。

[11]《松江府志》（1630），卷 53，页 39a；卷 58，页 49b。以当时的标准而论，一尊 600 斤的佛像算是比较轻的。与之相较，维多利亚和阿尔伯特博物馆（Victoria and Albert Museum）藏的一尊 18 世纪的日本铜佛（现在被伯明顿的一所中国人寺院长期租用）高 5.5 米，重 1300 公斤。这尊佛像的确切数位是维里蒂·威尔逊（Verity Wilson）提供的。

[12]《芜湖县志》（1919），卷 41，页 4a。张涛对士绅阶层中日益增长的佛教捐助热情感到沮丧和痛心，但他在所著方志中却拒绝在这方面对歙县的精英阶层进行谴责。与文中圆昭寺的例子相反，在徽州商人中，这种向寺院捐献财产的行为并未像在其他县的社会上层中那样形成时尚；Brook, *Praying for Power*, pp. 218-220。张涛确

实对歙县的佛教进行了批评，但仅仅是针对当地的和尚结婚一事，那些和尚将所娶的女人叫“斋婆”；《歙县志》（1609），卷 7：寺观：页 11b—12a。根据 1500 年张涛的家乡黄州府的一部方志的记载，佛教和儒教并不是不可调和的，“秀民乐于为儒而不轻释”，《杭州府志》（1500），卷 1，页 17a。这一态度到张涛时或许已经改变了。

[13] 彭信威：《中国货币史》，页 44 下及以下内容。

[14]《大明会典》，卷 167，页 5b。

[15] 李乐：《见闻杂记》，卷 11，页 44b。

[16] 多贺秋五郎：《中國宗譜の研究》，页 604—608，英文译文见 Patricia Ebrey（伊佩霞），*Chinese Civilization and Society*, pp. 161-166。

[17]《会稽县志》（1575），转引自 So, *Japanese Piracy in Ming Times*, p. 123。

[18]《福州府志》（1613），卷 26，页 4a；谢肇淛：《五杂俎》，卷 4，页 34a；董其昌编：《神庙留中奏疏汇要》，卷 6，页 20b；均转引自 Ping-ti Ho, *Studies on the Population of China*, pp. 261-262。

[19] 同上书，页 264。

[20] 李乐：《见闻杂记》，卷 3，页 135b。姚当时正在为李乐的孙女喂奶；李乐强调他和他家的妇人们都没有逼她去自尽。

[21] 例如，《固始县志》（1659），卷 10，页 42b。到现在为止，我还未发现明朝后期地方官员，除了劝诫人们不要溺婴之外，还有什么更进一步的行动。就我掌握的材料来看，南宋有限的“举子仓”（为贫穷不能养活幼童者提供抚养费用）的实践，并未为明朝所继承；关于“举子仓”的例子，见《崇安县志》（1697），卷 2，页 9a—b。

[22] 例如，《德化县志》〔(1697)，卷 2，页 9a—b〕载，近闻县民生女多不养，富裕之家甚至有数代溺女婴不辍者。

[23] 徐适端：《明实录类纂：妇女史料卷》，页 1071。

[24]《石钟山志》（1996），页 85。

[25]《桐乡县志》（1887），卷 20“祥异”，页 6a、8b—9a；《无锡金匮县志》（1881），卷 31，页 11b；《济南府志》（1840），卷 20，页 18b。关于 1641 年的大饥疫，邓海伦（Helen Dunstan）的《晚明的瘟疫》（“The Late Ming Epidemics”）一文作了考察。关于这一时期的气候状况，参见《中国近五百年旱涝分布图记》，页 78—92。

[26] 余象斗：《万用正宗》，卷 1，页 1b—16b。这并不是余氏刊印的第一本历书，篇幅小一些的《三台通书正宗》于此前一年出版；见 Ruitenbeek, *Carpentry and Building*, p. 42。

[27] 吴晗：《江浙藏书家史略》，页 32。

[28]《保定府志》（1607），卷 40，页 26b。

[29] 余嘉锡：《四库提要辨证》，页 1534，对明人关于宋朝作者郑思肖著作的阐释作了评论。

[30] 宋应星：《天工开物》，页 3—4。关于涂绍奎，参见潘吉星《宋应星评传》，页 190—198、239。（关于《天工开物》的版本情况，请参见潘吉星《天工开物校注及研究》，巴蜀书社 1989 年版，页 136—163，“《天工开物》的版本”一节。——译注）

[31] Gallagher, *China in the Sixteenth Century*, p. 21.

[32] 胡应麟：《经籍汇统》，卷 4。关于明代商业出版业的发展，吴光清的《明代印刷业及其从业者》（“Ming Printing and Printers”）一文亦作了很好的研究。

[33] 谢肇淛：《五杂俎》，卷 3。在歙县，黄氏刻书以其优良的刻功闻名全国；见张海鹏、王廷元编，《明清徽商资料选编》，页 206—207。

[34] 这种大规模的藏书楼还有许多，见吴晗《江浙藏书家史略》，页 8、11、16、20、34、40、54、59、66、120、121、126、138、140、205。

[35] 同上书，页 33、46、56、159。

[36] Du Halde, *General History*, vol. 3, p. 63.

[37] 吴晗：《江浙藏书家史略》，页 131。

[38] *Dictionary of Ming Biography*, pp. 1, 271.

[39] 其万卷私人藏书在 1565 年毁于大火的王文禄，是最早的于生前连续出版个人著作的学者之一。到 1555 年，他已经出版书籍 50 种，其中自己所著者 12 种；他将这五十种书汇集成一种丛书，仿效宋代的丛书《百川学海》，名之为《丘陵学山》。到 1584 年为止，王文禄又陆续出版了另外五十种书，与前五十种并为《百陵学山》，其中也有多种是他自己的著作（*Dictionary of Ming Biography*, pp. 1, 450）。

[40] 转引自 Timothy Brook, “Censorship in Eighteenth-Century China,” p. 188。

[41] 谢国桢：《明清之际党社运动考》，页 120。

[42] 顾炎武：《日知录集释》，卷 18，页 31b。

[43] 转引自 Ray Huang, “Fiscal Administration during the Ming Dynasty,” p. 81。

[44] 尹韵公：《中国明代新闻传播史》，页 131—137。

[45]《德化县志》（1697），卷 2，页 8a。

[46] 于慎行：《谷山笔麈》，卷 11，与下面所引文均转引自尹韵公《中国明代新闻传播史》，第 113 以下各页。

[47] 关于明朝后期递运所的废止，它们多数是在 1567 至 1582 年间停办；《大明会典》，卷 147，页 1a—14a。

[48] 沈定平（《明代驿递的设置》，页 79）以为，明代中叶以后驿站制度名存实亡。但

有关方志资料表明并不完全如此。驿站服务系统在继续运转，虽然步履艰难。

[49] 顾炎武:《日知录集释》卷 12，页 18b;此后的一段内容被杨联陞部分地译成了英文，见 Ming Local Administration," p. 20。

[50] 王时敏（1592—1680）在《自述》中论及此事，见 Peiyi Wu（吴百益），*The Confucian's Progress*, p. 254。王说当他小心翼翼地遵守关于驿站使用的新规定并自己承担部分费用时，别人都嘲笑他。

[51] 苏同炳 :《明代驿递制度》，页 436—452。

[52] 例如，在 17 世纪 20 年代后期，扬州府发大水，"盗贼蜂起，高邮盐城往来道绝。（兴化知县赵）龙率乡兵往，捕获渠魁三十七人"。《扬州府志》（1733），卷 27，页 47a。

[53] 顾炎武认为明朝应该采用汉朝的做法，广立驿站，30 里一驿。他说"古人以置驿之多，行速而马不弊。后人以节费之说历次裁并，至有七八十里而一驿者，马倒官逃"。赵俪生 :《日知录导读》，页 109。

[54] 黄汴 :《天下水陆路程》（1570），页 204、232—234。

[55] 见月读体 :《一梦漫言》，页 12。关于云南人对明后期佛教的影响，陈垣《明季滇黔佛教考》作了研究。

[56] 徐弘祖 :《徐霞客游记》，页 99。

[57] 同上书，第 674—675 页 ；周宁霞等 :《〈徐霞客游记〉原始抄本的发现与探讨》，页 177。关于徐弘祖归途的详细材料，参见吴国华《徐霞客墓志铭》，《徐霞客游记》，页 1189 ；道路里程是根据《天下水陆路程》页 2、31、70—71、198—199 估算的。关于徐霞客在中国文学史上的地位，李祁的《徐霞客游记》（*The Travel Diary of Hsu Hsia-k'o*）作了研究。

[58] 黄汴 :《天下水陆路程》，页 167。

[59] 张开权 :《惠安风土志》，页 11，称这种行为是乡村旧俗。

[60]《天下水陆路程》，页 233、235。

[61] 同上书，页 373。

[62] 徐弘祖记载，那里的地方政府仅仅靠非常简单的地图就能对付。当他 1638 年访问云南省广西府的官府衙门时，看到墙上的本府地图，发现上面既无地名、亦无边界线 ;《徐霞客游记》，页 687。

[63] Brook, "Guides for Vexed Travelers," pp. 32-33.

[64] 黄汴的书虽然出版时间是在 1570 年，但书是根据明代中叶而不是明代后期的驿路资料写成的。例如，在书中的第二条线路中，他提到江西泰和县的两个驿站，好像这两个驿站还在使用一样，其实早在 1534 年它们就合二为一了（《天下水陆路程》，页 11）。关于这两个驿站的合并，杨正泰在编辑现行本《天下水陆路程》时

提到过。见该书页 14。

[65] 黄汴：《一统路程图记》(1570)，作者自序。此自序 1992 年的杨正泰本未予收录。

[66] 这部记述了百条路线的导游书籍，有一个以《天下路程图引》为名的版本，最近由杨正泰编辑重印。这部书曾经以多种名字出版。现存东京公文公馆的版本是福建建阳的一个出版商人刻印的，该书提及此书曾有更早的版本流传。

[67] 胡直(1517—1585)：《困学记》，引自吴百益(Peiyi Wu)译 *The Confucian's Progress*, p. 245。

[68] 袁宏道：《袁宏道集笺校》，卷上，页 164。

[69]《阿育王山志》(1619)，卷 4，页 30a，方志编纂者郭子章的一篇文章。

[70] 关于明朝后期的"癖"("嗜好"或"情结")文化，蔡九迪(Judith Zeitlin)的《醉心》(" The Petrified Heart")一文有研究。该文指出这一观念在明以前的士人文化中就已形成。同一观点见李嘉琳(Kathlyn Maurean Liscomb)的《目师华山》(*Learning from Mount Hua*)第 70—71 页引王履的评论。对园林奇石的"癖好"，在《松江府志》(1630)卷 46 页 58 上有记载。1599 年袁宏道承认"心疲计算"是人性的普遍特征；《袁宏道集笺校》，页 817。

[71] 陈函辉：《徐霞客墓志铭》，见《徐霞客游记》，页 1、184。

[72] 有一个罕见的例外，一个地方志编纂者高兴地声称当地"妇不登山、游寺、不做斋婆拜神"；《德化县志》(1697)，卷 2，页 9a。但在多数地方，女子们都是求香拜佛的，正像李乐在他的家乡桐乡县所看到的聚集在佛寺里的女子一样；《见闻杂记》，卷 5，页 74a。对老年妇女的宽容，见《沃史》(1668)，卷 24。

[73] 黄肃秋编：《醒世姻缘传》，页 980—981。

[74] 吕大用：《建设水泉堡碑记》，转引自陈琦编《甘肃公路交通史》，页 126。

[75] 宋应星：《天工开物》，页 2、232。

[76] Huc, *A Journey through the Chinese Empire*, vol. 2, pp. 80-81.

[77] 罗洪先：《念庵文集》，卷 8，页 40b，一篇 1541 年的作品。

[78] 关于庄元臣从北京发出的书信，其日文译文见滨岛敦俊《明末江南郷紳の具体像》，页 174—182。

[79] 徐光启：《徐光启集》，页 480—481、487、490。

[80] 史式：《从明代开始的民邮》，页 21。

[81] 马俊昌等：《北京邮史》，页 23—24。此后对私人邮政业务的一般称谓"信局"，到 18 世纪才有明确记载。

[82]《尺牍新语广编》，转引自 Ellen Widmer, "The Epistolary World of Female Talent," p. 9。

[83] 邓汉仪编：《诗观》(1672)，"凡例"，页 3b；徐树敏、钱岳编，《衆香词》(1689)，"凡例"，页 2a。上述引文蒙高彦颐(Dorothy Ko)惠示。这些材料她曾在所著《闺塾

师》（*Teachers of the Inner Chambers*）第 63 页引用过。这里的六省，指陕西、四川、湖北、山东、福建和浙江。

[84]《扬州府志》（1733），卷 32，页 12a。

[85] 李乐：《见闻杂记》，卷 2，页 89a—b。

[86] 例如，《广州志》（1660），卷 9，页 17a，记载 16 世纪 70 年代一县令号召富户赈济饥民；又如《扬州府志》（1733）卷 32，页 10b，记载 1595 年一知县的救荒举措。

[87] 福征：《憨山大师年谱疏注》，页 62。

[88] Hamashima（滨岛敦俊），"The Organization of Water Control," p. 79.

[89] Brook, "The Merchant Network," p. 197.

[90] 徐弘祖：《徐霞客游记》，页 100。徐是在桐庐县看到这些船的。在中国南部，稻米的流向也是自西向东：福建从广东进口，广东又从更西南的广西进口数量更多的粮食；《广西航运史》，页 56。

[91]《景州志》（1612），卷 3，页 38b。

[92] 尹韵公：《中国明代新闻传播史》，页 182—183。

[93] 徐弘祖：《徐霞客游记》，页 158，说的是永新县的事。

[94] 张海鹏、王廷元：《明清徽商资料选编》，页 195。

[95] 吴承明：《论清代前期我国国内市场》，页 102—103。

[96] 如顾炎武《天下郡国利病书》，卷 9，页 9b，见 Brook, "The Spread of Rice Cultivation," p.688。

[97]《嘉定县志》（1605），卷 15，转引自陈学文《中国封建晚期的商品经济》，页 149。

[98] 王穉登：《客越志略》，见王英编《明人日记随笔选》，页 143。

[99] 许敦俅：《敬所笔记》，转引自陈学文《中国封建晚期的商品经济》，页 320。

[100]《海盐县图经》（1624），卷 4，转引自樊树志《明代浙江市镇分布与结构》，页 186。

[101] 徐弘祖：《徐霞客游记》，页 100。

[102] 徐光启：《徐光启集》，页 483。上海至湖州的距离是根据《天下路程图引》页 378、384、386 计算出来的。

[103] 傅衣凌：《明代经济史上的山东与河南》。

[104]《松江府志》（1630），卷 6，页 10b。转引自 Nishijima（西嶋定生），"The Formation of the Early Chinese Cotton Industry," p. 49。

[105] Brook, *The Merchant Network*, p. 199。

[106]《杭州府志》（1579），卷 19，页 8b—9a，转引自 So, *Japanese Piracy in Ming Times*, p. 129。此处译文有修改。

[107] 傅衣凌：《明代江南市民经济试探》，页 87。关于明后期的苏州，参见 Marmé, "Heaven

on Earth”。

[108] 朱国祯：《涌幢小品》。

[109]《嘉定县志》(1605) 卷 6，转引自陈学文《中国封建晚期的商品经济》，页 154。

[110] 宋应星曾偶然提及妇女纺织者挑灯夜织像书生挑灯夜读一样普遍。宋应星：《天工开物》，页 306。

[111] 例如西嶋定生 (Nishijima Sadao) 在《中国早期棉花产业的形成》(“The Formation of the Early Chinese Cotton Industry”) 第 63、64、66、69 页中，反对包买商参与了生产过程的说法。傅衣凌《明清社会经济史论文集》(页 227) 持相反的论点。

[112] 例如傅衣凌《明清社会经济史论文集》，页 227。

[113] 例如，松江新泾镇的棉商就垄断了那里的市场。因为农村的纺织者没有出售棉布的其他路径，商人可以将收购价格压低 20%；《嘉定县志》(1881) 卷 29，转引自傅衣凌《明清社会经济史论文集》，页 233。

[114] Tanaka Masatoshi (田中正俊), “Rural Handicraft in Jiangnan,” pp. 85, 90, 93. 马麦可 (Michael Marmé) 在《人间天堂》(“Heaven on Earth”) 一文给出了另一种的解释。

[115] 如《安溪县志》(1552)，卷 1，页 15b。

[116] 叶春及：《惠安政书》(1573，1672)，卷 1，页 3b；卷 4，页 10a；卷 9，页 19a—b。陈铿《明清福建农村市场试探》，对福建农村的商品化程度给出了更为乐观的估价，尽管他声称市场体制还不健全，商品数量有限。

[117] Fernand Braudel, *Capitalism and Material Life*, p. 24.

[118] 李乐：《见闻杂记》，卷 4，页 39a。

[119]《琼州府志》(1619)，卷 3，页 90a—b。

[120] 宋应星：《天工开物》，页 95—98。请注意，就连缫丝机也是由男子操作的。

[121] Bray, “Le travail féminin dans la china impériale,” 特别参见页 809—814。

[122] 范濂：《云间据目钞》，转引自 Meskill, *Gentlemanly Interests and Wealth*, p. 150。

[123] 李乐：《见闻杂记》，卷 5，页 60b；知府赵瀛是陕西人，可能言行比较保守。

[124] 同上书，卷 5，页 74a。

[125]《皇明条法事类纂》，卷 22，转引自陈宝良《中国流氓史》，页 157。

[126] 王士性：《广志绎》，页 66。

[127] 黄六鸿：《福惠全书》，卷 29，页 15b。

[128] 张燮：《东西洋考》，第 131—132 页；林仁川：《明末清初私人海上贸易》，页 149；So, *Japanese Piracy in Ming Times*, p. 154。与这一巡抚的动议相配合，漳州的地方官员去了月港，将之升为县，这样就可在那里建立全权的关税征收机构，

从海外贸易中获取更多的国库收入：《海城县志》（1762），卷 21，页 3b—4a。

[129] Atwell, “International Bullion Flows,” pp. 69-75.

[130] 转引自 Schurz, *The Manila Galleon*, pp. 73-73。

[131] 比如，耶稣会士科林（Colín）写于 1663 年的关于马尼拉贸易物品的叙述，同上书，页 50。

[132] 林仁川：《明末清初私人海上贸易》，页 224。

[133] Chuimei Ho（何翠媚），“The Ceramic Trade in Asia,” p. 39.

[134] 疲软的国内需求对景德镇的阻碍作用在衰清的《景德镇的瓷业》（“The Porcelain Industry at Ching-te-chen”）一文中有论述。关于出口瓷器的外国式样，见 Jörg, “Chinese Porcelain for the Dutch,” p. 186。

[135] 林仁川《明末清初私人海上贸易》（页 267—269）为我们提供了 16 世纪时人关于中日贸易获十倍之利的说法。

[136] Boxer, *The Great Ship from Amacon*, pp. 179-181；林仁川，《明末清初私人海上贸易》，页 270—271，其中还利用了欧洲人的记录。

[137] 关于张瀚对万历年间南直隶商人利润的估计，见 Brook, “The Merchant Network,” p. 197。

[138] 宋应星：《天工开物》，页 350。

[139] Bontekoe, *Memorable Description*, p. 117.

[140] Atwell, “International Bullion Flows” 一文认为，明末白银流入减少，使业已依赖国外白银的经济解体，且促成了明王朝的灭亡。杰克·戈德斯通（Jack Goldstone）在《17 世纪的东、西方》（“East and West in the Seventeenth Century”）对白银贸易对明朝灭亡的影响表示怀疑。万志英（Richard Von Glahn）在《17 世纪中国货币危机的误识与现实》（“ Myth and Reality of China's Seventeenth Century Monetary Crisis”）对任何以货币供应为唯一原因的论点都表示怀疑。他认为，白银进口远不及国内需求重要，不管怎样，日本白银的进口弥补了欧、美两洲进口量的减退；17 世纪白银价格的上涨是因为商品需求量的减少，而不是白银储备量的降低。

[141] 叶春及：《惠安政书》（1672），卷 9，页 20a。

[142] Cynthia Brokaw（包筠雅），*The Ledgers of Merit and Demerit*, p. 102.

[143] 卜正民（Timothy Brook）在《为权力祈祷》（*Praying for Power*）第 162 页谈到捐献资财给寺院的问题。

[144] Joanna Handlin Smith（韩德林），“Gardens in Ch'i Piao-chia's Social World,” pp. 74-77。韩德林在她的《善会》（“ Benevolent Societies”）一文中还讨论了价值和道德的问题。

[145] 徐光启：《农政全书》，卷 1，页 237（魏丕信提示我注意到这点）；另见该书页 1 陈子龙的编者按语。

[146]《四川总志》（1581），卷 21，转引自张正明、薛慧林《明清晋商资料选编》，页 79。

[147] 此处采用的是傅衣凌《明清时代商人及商业资本》页 161 的次序。

[148] 关于明中期以降江西商人的分布，见傅衣凌《明清社会经济史论文集》，页 187—197。

[149]《嘉定县志》（1605），卷 1、6，转引自陈学文《中国封建晚期的商品经济》，页 153—154。

[150] 刘侗、于奕正：《帝京景物略》，页 167。

[151] 张瀚：《松窗梦语》，页 87，英文译文见 Brook, "The Merchant Network," p. 208。

[152] 朱国祯：《涌幢小品》，页 61。

[153]《琼州府志》（1619），卷 4，页 97b、页 99b—100a、页 104a。编纂者记载，一些行省官员想将商税作为永久性税目并入"一条鞭法"。

[154]《泉州府志》（1612），卷 6，页 76b，记载了世家大族对"一条鞭法"改革的反对，因为新的制度没有像对土地资本那样对商业资本全面征税。

[155] Brook, "Family Continuity and Cultural Hegemony," p. 40.

[156] 张瀚：《松窗梦语》，页 119，英文译文见 Brook, "The Merchant Network," p. 173。

[157] 汪道昆：《太函集》，卷 53，页 11a，转引自 Ping-ti Ho, *The Ladder of Success*, p. 73。

[158] 李晋德：《商客一览醒迷》，页 311。

[159]"夜游无益，早起有功也。"同上书，页 325。

[160] 同上书，页 293。

[161] 张瀚：《松窗梦语》，页 83—84；Brook, "The Merchant Network," p. 201。

[162] 李晋德：《商客一览醒迷》，页 290。

[163] 例如李乐《见闻杂记》，卷 2，页 60a—b。我至今搞不清"云"这一式样是什么样子的；或许是使用豪华的轻纱做修饰吧。

[164]《扬州府志》（1733），卷 10，页 2a—b。

[165] 张瀚：《百工纪》，《松窗梦语》，页 79。这段话在柯律格的《长物》一书页 145 也有引用，本书的译文重新作了修改。

[166] 叶梦珠：《阅世编》，页 178。

[167] 徐适端：《明实录类纂：妇女史料卷》，页 1068。

[168] 李日华：《味水轩日记》，卷 3，页 3b—40a。关于书商，见页 30b；关于画商，见页 36a。

[169] 转引自 Clunas, "Some Literary Evidence for Gold and Silver Vessels," p. 86。何良俊的藏书楼藏书四千卷，见《松江府志》（1630），卷 46，页 54a。

[170] Clunas, *Superfluous Things*, p. 13.

[171] 转引自 Clunas, "Connoisseurs and Aficionados," p. 151。

[172] 刘侗、于奕正：《帝京景物略》，页 162、163。"赏鉴"一词，柯律格在《长物》第 86 页，以及《赏鉴与癖好》("Connoisseurs and Aficionados")第 153 页中有评述。

[173] 刘侗、于奕正，《帝京景物略》，页 163。

[174] 张岱：《夜航船》，页 499；张岱，《陶庵梦忆》，页 9—10、18、47。部分引自 Clunas, *Superfluous Things*, pp. 61-62。关于朱碧山，参见 Clunas, "Some Literary Evidence for Gold and Silver Vessels"；关于陆子冈，参见 Clunas, "Ming Jade Carvers and Their Customers"。

[175] 刘侗、于奕正：《帝京景物略》，页 165—166。

[176] 王世贞之说，转引自 Clunas, *Superfluous Things*, p. 61；顾炎武之说，转引自 Johnson, *Cities of Jiangnan*, p. 85。

[177] Clunas, *Superfluous Things*, pp. 61-63.

[178] 董其昌：《筠轩清閟录》，页 25。

[179] 张岱：《陶庵梦忆》，页 66。

[180] Kang-i Sun Chang（孙康宜）, *The Late Ming Poet Ch' en Tzu-lung*, pp. 11-12。

[181] 柳如是的生平事迹，孙康宜在《晚明诗人陈子龙》(*The Late Ming Poet Ch' en Tzu-lung*）一书中有简要介绍。更详细的描写，见陈寅恪《柳如是别传》。

[182] 例如，画家杨文骢（1596—1646），诗人、画家吴伟业（1609—1672），诗人冒襄（1611—1693），作家侯方域（1618—1655）和李香君等。

[183] 参见 Martin Huang（黄卫总）, *Literati and Self-Re/Presentation*, pp. 82-84。

[184] 个人情爱和对王朝的忠诚之间的联系，在孙康宜的《晚明诗人陈子龙》第 16—18 页有简要的概述，但她以为情人间的爱情盟誓多为表面文章。

[185] 这一观点是高彦颐在《闺塾师》(*Teachers of Inner Chambers*）一书中提出的。关于艺妓相对于其他女性的边缘性地位，见页 281—282。对于这些杰出女性的自由对一般妇女实际行为的影响程度，白凯（Kathryn Bernhardt）在《中国妇女史的明清变革？》("A Ming-Qing Transition in Chinese Women' s History?"）一文中提出了质疑。

[186] 陈洪谟:《治世余闻》，页 353。这个严苛的作者说他自己拒绝接受这种形式的享乐，被人笑斥为过于正经。

[187] D' Elia, Fonti Ricciane, vol. 1, p. 98. 梅耶尔（M.J. Meijer）在《清朝律令中的同性恋罪》("Homosexual Offenses in Ch' ing Law"）一文中指出直到满族人将禁止同性同居的条款写进《大清律例》之前，同性婚姻并不是犯罪行为。关于利玛窦对同性恋的关注，参见 Jonathan Spence（史景迁）, *The Memory Palace of Matteo*

Ricci, pp. 220-229。

[188] 谢肇淛：《五杂俎》，卷 8，页 4b；Sophie Volpp（袁书菲），"The Discourse on Male Marriage," p. 116。不管谢肇淛怎样地极力辩白，但福建对同性恋的敌意比中国其他地区要小得多这也是事实。参见 Michael Szonyi, "The Cult of Hu Tianbao in the Eighteenth Century Discourse of Homosexuality." 关于同性恋在福建和它与海盗间可能存在的关系，参见 Vivien Ng, "Homosexuality and the State," pp. 85-86。

[189] 李乐：《见闻杂记》，卷 10，页 11a。这个知县的行省顶头上司耿定向，因其买男童一事将其革职。另见该书卷 8 页 51b 记述"歌童"的内容。

[190] 这一论断不是完全准确，因为有些作家以男性间的爱来描绘所谓和谐之爱，将之与男女两性之间的敌对导致的色情场景相对照。Keith McMahon（马克梦），"Eroticism in Late Ming Early Qing Fiction," p. 235。

[191] 张岱：《琅嬛文集》，页 129。

[192] 这里引用的张岱对杭州生活的描写，见《陶庵梦忆》，页 20、29、34、48、67—68、72、77—80。

[193] 李乐：《见闻杂记》，卷 8，页 41a—b。

[194]《杭州府志》（1922），卷 84，页 31a。引用了 1687 年的《仁和县志》。

第四章　秋（1642—1644 年）

[1]《黄陂县志》（1871），卷 1，页 19b—20a、28a。

[2] 以下的叙述，见丁耀亢《出劫纪略》（1982），页 150—157。关于明后期诸城县的历史，参见 Brook, *Praying for Power*, ch. 7；关于丁耀亢，见页 244—247。

[3] Lynn Struve（司徒琳），*Voices from the Ming-Qing Cataclysm*, p. 56.

[4] 材料来源于 1645 年 2 月 4 日省监察官员的报告，见《清实录山东史料选》，第 1 册，页 6。

[5] 以下的记述引自李挺生日记的英译本，"Li Tingsheng's A Record of Hardship"（李挺生《记难图》，见《中州学刊》1991 年第 6 期，页 107—112——译注）。

[6]《新郑县志》（1693），卷 4，页 96a（瘟疫）；页 100a（李自成）。

[7] 另一个书生以农民、商人的打扮为掩护的例子，见 Struve, *Voices from the Ming-Qing Cataclysm*, p. 23。

[8]《邯郸县志》（1756），卷 1，页 15a。

[9] 顾炎武：《日知录集释》，卷 12，页 21b—22a。

[10] 顾炎武不是 17 世纪唯一一位提及此说的作者。再如：《松江府志》（1819），卷 55，

页 10a，书中赞扬了一位享年 85 岁的老人，他是一名 1615 年举人的兄长，后半生中从未举足到城中去。

[11] 顾炎武：《日知录集释》，卷 12，页 22a—b。

[12] 即使是王时敏，那位回忆自己在崇祯年间因恪守乘驿规则而成他人笑料的热情的官员，都不可能只带这么少的随员。见 Pei-yi Wu, *The Confucian's Progress*, p. 254。

[13] 与丁、李二人的著作相似的文章选录，见 Struve, *Voices from the Ming-Qing Cataclysm*。

[14] 在王朝更替时期，一个人在陆上旅行的速度，可以决定他是否能超过其他人而免于灾难。1642 年，一位致仕的四川官员急切地要从明末另一主要起义军领袖张献忠（约 1605—1647）手下救出他的老母和兄弟，在马背上一夜疾驰 230 公里：《扬州府志》（1733），卷 27，页 49b。这么快的速度在明初是难以想象的，尽管根据《湖北省驿站四至程途里数现行时刻清册》（1802）中给出的数位〔参见陈志让（Jerome Chen）的《中国内地的高山居民》（*The Highlanders of Central China*）第 8 页〕，这是清代急递的标准速度。

[15] 李乐：《见闻杂记》，卷 8，页 71a。李乐编纂的《乌青镇志》，仅在上海图书馆有珍本存世，笔者未能见到。

[16] 同上书，卷 2，页 75a—b。

[17] 居蜜（Mi Chu Wiens）的《地主与农民》（"Lord and Peasant"）第 16 页里，关于阐释 17 世纪契约关系瓦解的一段内容。

[18]《江陵县志》（1794），卷 32，页 10b—11a。

[19] 例如，《福州府志》（1613），卷 25，页 15a。

[20] 李乐：《见闻杂记》，卷 3，页 123a。

[21] 这一词语是徐弘祖用来指一个长期的家仆"王二"的，徐弘祖的部分游程是由王二伴随的。《徐霞客游记》，页 99。

[22] 李乐：《见闻杂记》，卷 3，页 123a—b。

[23] 同上，卷 2，页 80b。

[24]《歙县志》（1609），卷 3，页 9a。除此之外，李乐在别的地方已准确地将 1556 年作为师生关系的转折点，《见闻杂记》，卷 3，页 107b。

[25] 李乐：《见闻杂记》，卷 3，页 112b。

[26] 同上，卷 8，页 46b。

[27] 黄陂的地方学者在 16 世纪 80 年代组织了一个"学会"，邀请了一批地方知名人物，如焦竑、耿定向、罗洪先等去讲学。《黄陂县志》（1871），卷 8，页 6b。

[28] 同上，卷 8，页 8a。

[29] 同上，卷 1，页 25b。

参考文献

一、中日文著述

卜正民：《明清两代河北地区推广种稻和种稻技术的情况》，载李国豪等编：《中国科技史探索》，上海：上海古籍出版社，1986，页633—656。

蔡泰彬：《明代漕河之整治与管理》，台北：台湾商务印书馆，1992。

崔溥：《漂海录》，北京：社会科学文献出版社，1992。

陈宝良：《中国流氓史》，北京：中国社会科学出版社，1993。

陈洪谟：《治世余闻》，北京：中华书局，1985。

陈建：《皇明从信录》，上海：上海古籍出版社，1995。

陈铿：《明清福建农村市场试探》，载《中国社会经济史研究》1986年第4期，页52—60。

陈琦编：《甘肃公路交通史》，北京：人民交通出版社，1989。

陈学文：《中国封建晚期的商品经济》，长沙：湖南人民出版社，1989。

陈寅恪：《柳如是别传》，上海：上海古籍出版社，1980。

陈垣：《明季滇黔佛教考》，北京：中华书局，1962。

《大明会典》，台北：东南书报社，1963。

澹漪子编：《天下路程图引》（与黄汴《天下水路路程》合刊），太原：山西人民出版社，1992。

邓汉仪：《诗观》，清康熙十一年（1672）。

丁耀亢：《出劫纪略》刊于《明史资料丛刊》第2辑，页137—166，南京：江苏人民出版社，1982。

董其昌：《容台集》，明崇祯三年（1630）。

董其昌：《筠轩清閟录》，上海：商务印书馆，1937。
樊树志：《明代浙江市镇分布与结构》，载《历史地理》第5辑（1987），页185—199
冯梦龙：《醒世恒言》，香港：中华书局，1978。
傅衣凌：《明代江南市民经济试探》，上海：上海人民出版社，1957。
傅衣凌：《明代经济史上的山东与河南》，载《社会科学战线》1984年第3期，页119—127。
傅衣凌：《明清封建土地所有制论纲》，上海：上海人民出版社，1992。
福征：《憨山大师年谱疏注》，台北：真善美出版社，1967。
顾炎武：《日知录集释》，上海：上海古籍出版社，1985。
顾颖：《明代预备仓积粮问题初探》，载《史学集刊》1993年第1期，页20—26。
《广西航运史》，北京：人民交通出版社，1991。
滨岛敦俊：《明末江南乡绅の具体像》，载《明末清初期の研究》，京都：京都大学人文科学研究所，1989。
何高济编：《沙哈鲁遣使中国记》，北京：中华书局，1981。
星斌夫：《明清時代交通史の研究》，东京：山川出版社，1971。
胡应麟：《经籍会通》，《少室山房笔丛》，台北：世界书局，1963。
黄汴：《天下水路路程》，一名《一统路程图记》（与澹漪子《天下路程图引》合刊），太原：山西人民出版社，1992。
黄六鸿：《福惠全书》，清康熙三十八年（1699）。
黄冕堂：《明史管见》，济南：齐鲁书社，1985。
西周生撰，黄肃秋校注：《醒世姻缘传》，上海：上海古籍出版社，1985。
霍韬：《霍文敏公全集》，明万历四年（1576）。
蒋赞初：《南京史话》，南京：江苏人民出版社，1980。
见月读体：《一梦漫言》，康熙年间刊本，莆田：广化寺重印本，约1987年。
来新夏编：《中国古代图书事业史》，上海：上海人民出版社，1990。
李晋德：《客商一览醒迷》（与黄汴《天下水路路程》合刊），太原：山西人民出版社，1992。
李开先：《李开先集》，北京：中华书局，1959。
李日华：《味水轩日记》，嘉业堂本，1923。
李贤编：《大明一统志》，明天顺五年（1461）。
李乐：《见闻杂记》，上海：上海古籍出版社，1986。
梁方仲编：《中国历代户口、田赋统计》，上海：上海人民出版社，1980。
林丽月：《陆楫崇奢思想再探》，《新史学》（台北），5:1（1994），页131—133。
刘侗、于奕正：《帝京景物略》，北京：北京古籍出版社，1980。

陆容：《菽园杂记》，北京：中华书局，1985。
罗洪先：《念庵文集》，台北：台湾商务印书馆，1974。
龙文彬编：《明会要》，北京：中华书局，1956。
马俊昌等：《北京邮史》，北京：北京出版社，1987。
松浦章：《明代后期の沿海航运》，《社会经济史学》，54:3（1988），页86—102。
《明经世文编》，北京：中华书局，1962。
《明律集解附例》，台北：成文出版社，1969。
《明清徽州社会经济资料丛编》，北京：中国社会科学出版社，1988，1990。
《明实录》，南京，1940。
仁井田陞：《中国法制史研究：土地法·取引法》，东京：东京大学出版会，1960。
潘吉星：《宋应星评传》，南京：南京大学出版社，1990。
彭信威：《中国货币史》，上海：群联出版社，1954。
《清实录山东史料选》，济南：齐鲁书社，1984。
丘濬：《大学衍义补》，台北：台湾商务印书馆，1971。
邱树森、王颋：《元代户口问题刍议》，《元史论丛》第2辑（1983），页111—124。
沈定平：《明代驿递的设置、管辖和作用》，载《文史知识》1984年第3期，页78—82。
沈启：《吴江水考增辑》，清雍正十二年（1734）。
史式：《从明代开始的民邮》，载《集邮》，1963年10—11期，页21。
宋应星：《天工开物》，上海：上海古籍出版社，1992。
苏更生：《明初的商政和商税》，载《明史研究论丛》卷2，重印本，台北：大立出版社，1985，页427—448。
苏基朗：《唐宋时代闽南泉州史地论稿》，台北：台湾商务印书馆，1991。
苏同炳：《明代驿递制度》，台北：中华丛书编审委员会，1969。
寺田隆信著，张正明等译：《山西商人研究》，太原：山西人民出版社，1986。
多贺秋五郎：《宗譜の研究》，东京：东洋文库，1960。
田汝康：《〈渡海方程〉：中国第一本刻印的水路簿》，载《中国科技史探索》，上海：上海古籍出版社，1982，页301—308。
王士性：《广志绎》，北京：中华书局，1981。
王文禄：《百陵学山》，上海：商务印书馆，1938。
王晓传编：《元明清三代禁毁小说戏曲史料》，北京：作家出版社，1958。
王兴亚：《明初迁山西民到河南考述》，载《史学月刊》，1984年第4期，页36—44。
王振忠：《明清时期徽商社会形象的文化透视》，载《复旦学报》1993年第6期，页80—84，96。
王穉登：《客越志略》，载《明人日记随笔选》，上海：南强书局，1935，页141—152。

《万历邸钞》，台北：台湾“国立”图书馆，1968。
韦庆远：《明代黄册制度》，北京：中华书局，1961。
吴承明：《论清代前期我国国内市场》，《历史研究》1983 年第 1 期，页 96—106。
吴晗：《江浙藏书家史略》，北京：中华书局，1981。
吴缉华：《明代海运及运河的研究》，台北：“中央研究院”历史语言研究所，1961。
显承如海：《参学知津》，杭州，清光绪二年（1876）。
谢国桢：《明清之际党社运动考》，北京：中华书局，1982。
谢肇淛：《五杂俎》，明万历三十六年（1608）。
徐光启：《农政全书》，上海：上海古籍出版社，1979。
徐光启：《徐光启集》，上海：上海人民出版社，1984。
徐弘祖：《徐霞客游记》，上海：上海古籍出版社，1980。
徐适端编：《明实录类纂：妇女史料卷》，武汉：武汉出版社，1995。
徐树敏、钱岳编：《众香词》，清康熙二十八年（1689）。
薛宗正：《明代盐商的历史演变》，载《中国史研究》1980 年第 2 期，页 27—37。
杨国桢：《明清土地契约文书研究》，北京：人民出版社，1988。
杨文杰：《东城记余》，杭州，清光绪二十三年（1897）。
杨正泰：《明清临清的盛衰与地理条件的变化》，载《历史地理》第 3 辑（1983），页 115—120。
杨正泰校注：《天下水陆路程》，太原：山西人民出版社，1992。
叶春及：《惠安政书》，清康熙十一年（1672）《石洞集》重印本。
叶梦珠：《阅世编》，上海：上海古籍出版社，1981。
叶盛：《水东日记》，北京：中华书局，1980，据四库全书本重印本。
叶显恩：《试论徽州商人资本的形成与发展》，载《中国史研究》1980 年第 3 期，页 105—118。
尹钧科：《明代北京郊区村落的发展》，载《历史地理》第 3 辑（1983），页 121—130。
尹韵公：《中国明代新闻传播史》，重庆：重庆出版社，1990。
余嘉锡：《四库提要辨证》，《四库全书总目》卷 9—10，台北：艺文印书馆，1969 年重印本。
余继登：《典故纪闻》，北京：中华书局，1981。
俞汝为：《荒政要览》，明万历十七年（1589）。
余象斗编：《万用正宗》，明万历二十七年（1599）。
余英时：《士与中国文化》，上海：上海人民出版社，1987。
袁宏道：《袁宏道集笺校》，北京：中国古典文学出版社，1981。
张岱：《琅嬛文集》，台北：淡江书局，1956。
张岱：《陶庵梦忆》，上海：上海杂志公司，1936。

张岱：《夜航船》，杭州：浙江古籍出版社，1987。
张海鹏、王廷元编：《明清徽商资料选编》，合肥：黄山书社，1985。
张翰：《松窗梦语》，北京：中华书局，1985。
张开权：《惠安风土记》，台北：永新印书社，1963。
张卤编：《皇明制书》，1579，东京：古典研究会，1967年重印本。
张廷玉编：《明史》，北京：中华书局，1974。
章巽编：《古航海图考释》，北京：海洋出版社，1980。
张燮：《东西洋考》，北京：中华书局，1974年重印本。
张正明、薛慧林编：《明清晋商资料选编》，太原：山西人民出版社，1989。
赵俪生编：《日知录导读》，成都：巴蜀书社，1992。
郑鹤声、郑一均编：《郑和下西洋资料汇编》，济南：齐鲁书社，1980，1983。
郑利华：《明代中期文学演进与城市形态》，上海：复旦大学出版社，1995。
郑晓：《今言》，北京：中华书局，1984。
《中国近五百年旱涝分布图记》，北京：地图出版社，1981。
周忱：《与行在户部诸公书》，载《昭代经济言》，卷2，页10b—14a，《岭南遗书》卷37，清道光三十年（1850）。
周克复：《金刚经持验纪》，清嘉庆四年（1799）。
周宁霞等：《徐霞客游记原始抄本的发现与探讨》，载《中华文史论丛》第12辑（1979），页155—188。
朱逢吉：《牧民心鉴》，1852年日本重印本。
朱国祯：《涌幢小品》，北京：中华书局，1959。
朱廷立：《盐政志》，明嘉靖八年（1529）。
朱元璋：《明太祖集》，合肥：黄山书社，1991。
祝允明：《野记》，1511，载《历代小史》，上海：商务印书馆，1940。
庄威风等编：《中国地方志联合目录》，北京：中华书局，1985。

《安溪县志》，明嘉靖三十一年（1552）。
《阿育王山志》，明万历四十七年（1619）。
《保定府志》，明万历二十五年（1607）。
《常德府志》，明嘉靖十七年（1538）。
《常熟县志》，明嘉靖十八年（1539）。
《长垣县志》，明嘉靖三十三年（1554）。
《潮州府志》，明嘉靖二十六年（1547）。
《崇安县志》，清康熙九年（1670）。

《崇武所城志》，明嘉靖二十一年（1542），经后人修改，福州：福建人民出版社，1987，与《惠安政书》合刊重印本。
《慈利县志》，明万历二年（1574）。
《大名府志》，明正德元年（1506）。
《德化县志》，清康熙三十六年（1697）。
《福宁州志》，明万历二十一年（1593）。
《福州府志》，清乾隆十九年（1754）。
《抚州府志》，清光绪二年（1876）。
《赣州府志》，明嘉靖十五年（1536）。
《光山县志》，明嘉靖三十五年（1556）。
《广信府志》，清同治十二年（1873）。
《光州志》，清顺治十七年（1660）。
《固始县志》，清顺治十六年（1659）。
《古田县志》，明万历三十四年（1606）。
《海城县志》，清乾隆二十七年（1762）。
《海盐县志》，清光绪二年（1876）。
《邯郸县志》，清乾隆二十一年（1756）。
《杭州府志》，明嘉靖二十五年（1546）。
《汉阳府志》，明嘉靖二十五年（1546）。
《河间府志》，明嘉靖十九年（1540）。
《恒岳志》，明万历四十年（1612）。
《衡州府志》，明嘉靖三十五年（1536）。
《洪武京城图志》，明洪武二十六年（1393），1928年重印本。
《黄陂县志》，清同治十年（1871）。
《黄州府志》，明弘治十三年（1500）。
《湖广图经志书》，明嘉靖元年（1522）。
《惠安县志》，明嘉靖九年（1530），内有嘉靖二十六年（1547）前的补充内容。
《惠安县志》，明嘉靖四十五年（1566）。
《惠安县志》，清雍正八年（1730）。
《惠州府志》，明嘉靖二十一年（1542）。
《江陵县志》，清乾隆五十九年（1794）。
《江南通志》，清乾隆元年（1736）。
《建阳县志》，明嘉靖三十二年（1553）。
《济南府志》，清道光二十年（1840）。

《景州志》，明万历四十年（1612）。

《金陵梵刹志》，明万历三十五（1607）。

《金坛县志》，1921 年。

《九江府志》，明嘉靖六年（1527）。

《兰阳县志》，明嘉靖二十四年（1545）。

《雷州府志》，明万历四十二年（1614）。

《临朐县志》，明嘉靖三十一年（1552）。

《龙溪县志》，明嘉靖十四年（1535）。

《鲁山县志》，明嘉靖三十一年（1552）。

《沔阳府志》，明嘉靖十年（1531）。

《南昌府志》，明万历十六年（1588）。

《南昌县志》，1935 年。

《南京户部志》，明嘉靖二十九年（1550）。

《宁波府志》，1919 年。

《琼山县志》，1917 年。

《琼州府志》，明万历四十七年（1619）。

《泉州府志》，明万历四十年（1612）。

《泉州府志》，清乾隆二十八年（1763）。

《饶州府志》，清同治十二年（1873）。

《瑞金县志》，明嘉靖二十一年（1542）。

《杭州上天竺讲寺志》，清顺治三年（1646）。

《上海县志》，明嘉靖三年（1524）。

《上海志》，明弘治十七年（1504）。

《山西通志》，清康熙二十一年（1682）。

《邵武府志》，明嘉靖二十二年（1543）。

《绍兴府志》，清五十七年（1792）。

《圣果寺志》，清康熙元年（1662），光绪七年（1881）重印本。

《歙县志》，明万历三十七年（1609）。

《歙县志》，清乾隆三十六年（1771）。

《石钟山志》，清光绪九年（1883），南昌：江西人民出版社，1996 年重印本。

《顺德县志》，清咸丰三年（1853）。

《松江府志》，明崇祯三年（1630）。

《松江府志》，清嘉庆二十四年（1819）。

《太平府志》，清光绪二十九年（1903）。

《天津府志》，清光绪二十五年（1899）。
《天竺山志》，清同治十三年（1875）。
《桐乡县志》，清光绪十三年（1887）。
《沃史》，清康熙七年（1668）。
《尉氏县志》，明嘉靖二十七年（1548）。
《乌城县志》，明嘉靖二十八年（1549）。
《芜湖县志》，1919 年。
《吴江县志》，明嘉靖四十年（1561）。
《吴江志》，明弘治元年（1488）。
《武林梵志》，明万历四十三年（1615），清乾隆四十五年（1780）重印本。
《无锡金匮县志》，清道光二十年（1840），光绪七年（1881）重印本。
《新乡县志》，明正德元年（1506）。
《新郑县志》，清康熙三十二年（1693）。
《许州志》，明嘉靖十九年（1540）。
《扬州府志》，清雍正十一年（1733）。
《延平府志》，明嘉靖五年（1526）。
《盐山县志》，清同治七年（1868）。
《永丰县志》，明嘉靖二十三年（1544）。
《云居圣水寺志》，清乾隆三十八年（1773）。

二、西文著述

Abru, Hafiz. *A Persian Embassy to China*. Translated by K. M. Maitra. Reprint edited by L. Carrington Goodrich. New York: Paragon, 1970.

Adshead, S. A. M. *China in World History*. 2nd ed. London: Macmillan, 1995.

André, Jean-Marie, and Marie-Françoise Baslez. *Voyager dans l'antiqué*. Paris: Fayard, 1993.

Atwell, William. "International Bullion Flows and the Chinese Economy circa 1530—1650." *Past and Present* 95 (1982), pp. 68—90.

——. "Notes on Silver, Foreign Trade, and the Late Ming Economy." *Ch'ing-shih wen-t'i* 3:8 (1977), pp. 1—33.

——. "Some Observations on the 'Seventeenth-Century Crisis' in China and Japan." *Journal of Asian Studies* 45:2 (February 1986), pp. 223—244

Bernhardt, Kathryn. "A Ming-Qing Transition in Chinese Women's History: The Perspective from Law." In *Remapping China: Fissures in Historical Terrain*, edited by Gail Hershatter et al., pp. 42—58. Stanford: Stanford University Press, 1996.

Bontekoe, William Ysbrantsz. *Memorable Description of the East Indian Voyage, 1618—1625*. Translated by C. B. Bodde-Hodgkinson and Pieter Geyl. First published in Dutch, 1646. Reprint, London: George Routledge and Sons, 1929.

Book of Changes. Translated by Richard Wilhelm and into English by Carl Baynes. Princeton: Princeton University Press, 1967.

Boxer, C. R., ed. *South China in the Sixteenth Century, Being the Narratives of Galeote Pereira, Fr. Gaspar da Cruz, Fr. Martin de Rada*. London: Hakluyt Society, 1953.

——. *The Great Ship from Amacon: Annals of Macao and the Old Japan Trade*. Lisbon: Centro de Estudos Históricos Ultramarinos, 1959.

Braudel, Fernald. *Capitalism and Material Life*, 1400—1800. London: Weidenfeld and Nicolson, 1973.

Bray, Francesca. "Le Travail féminin dans la China impérial." *Annales: Historie Sciences Sociales*, 1994, no. 4 (July-August), pp. 783—816.

Britnell, Richard. *The Commercialisation of English Society, 1000—1500*. Cambridge: Cambridge University Press, 1993.

Brook, Timothy. "Censorship in Eighteenth- Century China: A View from the Book Trade." *Canadian Journal of History* 23:2 (August 1988), pp. 177—196.

——. "Edifying Knowledge: The Building of School Libraries in the Mid-Ming." *Late Imperial China* 17:1 (June 1996), pp. 93—119.

——. "Family Continuity and Cultural Hegemony: The Gentry of Ningbo, 1368—1911." In *Chinese Local Elites and Patterns of Dominance*, edited by Joseph Esherick and Mary Rankin, pp. 27—50. Berkeley and Los Angeles: University of California Press, 1990.

——. *Geographical Sources of Ming-Qing History*. Ann Arbor: Center for Chinese Studies, University of California Press, 1990.

——. "Guides for Vexed Travelers: Route Books in the Ming and Qing." *Ch'ing-shi wen-t'i* 4:5 (June 1981), pp. 32—76.

——. "Mapping Knowledge in the Sixteenth Century: The Gazetteer Cartography of Ye Chunji." *East Asian Library Journal* 7:2 (winter 1994), pp. 5—32.

——. "The Merchant Network in Sixteenth Century Ming China: A Discussion and Translation of Chang Han's 'On Merchants'" *Journal of Economic and Social History of the Orient* 24:2 (May 1981), pp. 165—214.

——. *Praying for Power: Buddhism and the Formation of Gentry Society in Late-Ming China*.

Cambridge: Council on East Asian Studies, Harvard University, 1993.
——. "The Spatial Structure of Ming Local Administration." *Late Imperial China* 6:1 (June 1985), pp. 1—55.
——. "Weber, Mencius, and the History of Capitalism in China." *Asian Perspective* 19:1 (1995), pp. 79—97.
Canfield, Susan. "Bridge Construction and Repair in the Ming and Ch'ing." *Papers on China* (Harvard University), no.24 (1971), pp. 19—40.
Cartier, Michel. *Une réform locale en Chine au XVIe siècle: Hai Rui* à *Chun'an 1558—1562*. Paris: Mouton, 1973.
Chang, Kang-i Sun. *The Late Ming Poet Ch'en Tzu-lung: Crises of Love and Loyalism*. New Haven: Yale University Press, 1991.
Chen, Jerome. *The Highlanders of Central China: A History, 1895—1937*. Armonk: M. E. Sharpe, 1992.
Clunas, Craig. "Connoisseurs and Aficionados: The Real and the Fake in Ming China (1368—1644)." In *Why Fakes Matter: Essays on Problems of Authenticity*, edited by Mark Jones, pp.151—156. London: British Museum Press, 1992.
——. *Fruitful Sites: Garden Culture in Ming Dynasty China*. London: Reaction Books; Durham: Duke University Press, 1996.
——. "Ming Jade Carvers and their Customers." *Transactions of the Oriental Ceramic Society* 50 (1985—1986), pp. 69—85.
——. "Some Literary Evidence for Gold and Silver Vessels in the Ming Period (1368—1644)." In *Pots and Pans: A Colloquium on Precious Metals and Ceramics* (Oxford Studies in Islamic Art, no.3), edited by Michael Vickers and Julian Raby, pp. 83—87. Oxford: Oxford University Press, 1987.
——. *Superfluous Things: Material Culture and Social Status in Early Modern China*. Cambridge, England: Polity Press, 1991.
David, Percival, trans. and ed. *Chinese Connoisseurship: The Ko Ku Yao Lun, the Essential Criteria of Antiquities*. London: Faber and Faber, 1971.
D'Elia, Pasquale, ed. *Fonti Ricciane*. 3 vol. Roma: La Libraria dello Stato, 1942—1947.
Des Forges, Roger. See Li Xiaosheng et al.
Dreyer, Edward. *Early Ming China: A Political History, 1355—1435*. Stanford: Stanford University Press, 1982.
du Halde, Jean Baptiste. *The General History of China*, 3 vol. London: John Watts, 1741.
Dudbridge, Glen. "Women Pilgrims to T'ai Shan: Some Pages from a Seventeenth-Century

Novel." In *Pilgrims and Sacred Sites in China*, edited by Susan Naquin and Chün-fang Yü, pp. 39—64. Berkeley and Los Angeles: University of California Press, 1992.

Dunstan, Helen. "The Late Ming Epidemic: A Preliminary Survey." *Ch' -ing-shih wen-t' i* 3:3 (November 1975), pp. 1—59.

Ebrey, Patricia, ed. *Chinese Civilization and Society: A Sourcebook*. New York: Free Press, 1981.

Elvin, Mark. *The Pattern of the Chinese Past*. Stanford: Stanford University Press, 1973.

Fang, Jun. "The Gazetteer of Nanjing Ministry of Revenue: The Record of an Auxiliary Capital Department in the Ming Dynasty." *The East Asian Library Journal* 7:1 (spring 1994), pp. 73—97.

Farmer, Edward. *Zhu Yuanzhang and Early Ming Legislation: The Reordering of Chinese Society Following the Era of Mongol Rule*. Leidon: E. J. Brill, 1995.

Frank, Wolfgang. *An Introduction to the Sources of Ming History*. Kuala Lumpur: University of Malaya Press, 1968.

Gallagher, Louis, ed. and trans. *China in the Sixteenth Century: The Journals of Matthew Ricci, 1583—1610*. New York: Ramdom House, 1967.

Gazagnadou, Didder. *La poste à relais*. Paris: Editions Kiné, 1994.

Geiss, James. "The Chia-ching Reign." *Cambridge History of China*, vol.7, pp. 440—510. Cambridge: Cambridge University Press, 1988.

Ginzburg, Carlo. *The Cheese and the Worms: The Cosmos of a Sixteenth-Century Miller*. Baltimore: Johns Hopkins University Press, 1980.

Goldstone, Jack. "East and West in the Seventeenth Century: Political Crises in Stuart England, Ottoman Turkey, and Ming China." *Comparative Studies in Society and History* 30 (1988), pp. 103—142.

Goodrich, L. Carrington, and Chaoying Fang, eds. *Dictionary of Ming Biography*. 2 vols. New York: Columbia University Press, 1976.

Hamashima Atsutoshi. "The Organization of Water Control in the Kiang-nan Delta in the Ming Period." *Acta Asiatica* 38 (1980), pp. 69—92.

Handlin, Joanna. "Benevolent Societies: The Reshaping of Charity in the Late Ming and Early Qing." *Journal of Asian Studies* 46:2 (May 1987), pp. 309—337.

Handlin Smith, Joanna. "Gardens in Ch' i Piao-chia' s Social World: Wealth and Values in Late Ming Kiangnan." *Journal of Asian Studies* 51:1 (February 1992), pp. 55—81.

Hansenm Valerie. *Negotiating Daily Life in Traditional China: How Ordinary People Used Contracts, 600—1400*. New Haven: Yale University Press, 1995.

Hazelton, Keith. “Patrilines and Development of Localized Lineages: The Wu of Hsiu-ning City, Hui-chou, to 1528.” In *Kinship Organization in Late Imperial China*, edited by Patricia Buckley Ebrey and James L. Watson, pp. 137—169. Berkeley and Los Angeles: University of California Press, 1986.

Ho, Chuimei. “The Ceramic Trade in Asia, 1602—1682.” In *Japanese Industrialization and the Asian Economy*, edited by A. J. H. Latham and Heita Kawakatsu, pp. 35—70. London: Routledge, 1994.

Ho, Ping-ti. *The Ladder of Success in Imperial China: Aspects of Social Mobility, 1368—1911*. New York: Columbia University Press, 1962.

——. *Studies on the Population of China*. Cambridge: Harvard University Press, 1959.

Hoshi Ayao. *The Ming Grain Tribute System*. Translated by Mark Elvin. Ann Arbor: Center for Chinese Studies, University of Michigan, 1969.

Huang, Martin W. *Literati and Self-Re/Presentation: Autobiographical Sensibility in the Eighteenth-Century Chinese Novel*. Stanford: Stanford University Press, 1995.

Huang, Ray. *China: A Macro History*. Armonk: M. E. Sharpe, 1990.

——. 1587, A Year of No Significance. New Haven: Yale University Press, 1981.

——. “Fiscal Administration during the Ming Dynasty.” In *Chinese Government in Ming Times: Seven Studies*, edited by Charles Hucker, pp. 73—128. New York: Columbia University Press, 1969.

——. *Taxation and Governmental Finance in Sixteenth-Century Ming China*. Cambridge: Cambridge University Press, 1974.

Huc. Évariste-Régis. *A Journey through the Chinese Empire*. New York: Harper and Brothers, 1855.

Johnson, Linda Cooke, ed. *Cities of Jiangnan in Late Imperial China*. Albany: State University of New York Press, 1993.

Jörg, Christiaan. “Chinese Porcelain for the Dutch in the Seventeenth Century: Trading Network and Private Enterprise.” In *The Porcelains of Jingdezhen*, edited by Rosemary Scott, pp. 183—205. London: David Percival Foundations,1993.

King, Gail. “The Family Letters of Xu Guangqi.” *Ming Studies* 31 (spring 1991). Pp. 1—41.

Ko, Dorothy. *Teachers of the Inner Chambers: Women and Culture in Seventeen-Century China*. Stanford: Stanford University Press, 1994.

Langlois, John. “The Hung-wu Reign, 1368—1398.” *Cambridge History of China*. Vol.7, pp. 107—181. Cambridge: Cambridge University Press, 1988.

Li Chi. *The Travel Diaries of Hsü Hsia-k’ o*. Hong Kong: Chinese University Press, 1974.

Li Xiaosheng, Wei Qianzhi, and Roger Des Forges. "Li Tingsheng's A Record of Hardship: A Recently Discovered Manuscript Reflecting Literati Life in North Henan at the End of the Ming, 1643—1644." *Late Imperial China* 15:2 (December 1994), pp. 85—122.

Liscomb, Katherine. *Learning from Mount Hua: A Chinese Physician's Illustrated Travel Record and Painting Theory*. Cambridge: Cambridge University Press, 1993.

Marmé, Michael. "Heaven on Earth: The Rise of Suzhou, 1127—1550." In *Cities of Jiangnan in Late Imperial China*, edited by Linda Cooke Johnson, pp. 17—45. Albany: State University of New York Press, 1993.

Mcmahon, Keith. "Eroticism in Late Ming, Early Qing Fiction: The Beauteous Realm and the Sexual Battlefield." *T'oung Pao* 73 (1987), pp. 221—264.

Medley, Margaret. "Organization and Production at Jingdezhen in Sixteenth Century." In *The Porcelains of Jingdezhen*, edited by Rosemary Scott, pp. 69—82. London: David Percival Foundation, 1993.

Meijer, M. J. "Homosexual Offense in Ch'ing Law." In *Asian Homosexuality*, edited by Wayne R. Dynes and Stephen Donaldson. New York: Garland, 1992.

Meskill, John, ed. and trans. *Ch'oe Pu's Diary: A Record of Drifting Across the Sea*. Tucson: University of Arizona Press, 1965.

——. *Gentlemanly Interests and Wealth on the Yangtze Delta*. Ann Arbor: Association for Asian Studies, 1994.

Mills, J. V. G., trans. Ma Huan, *Yingya Shenglan: "The Overall Survey of the Ocean's Shores" [1433]*. Cambridge: Cambridge University Press, 1970.

Mote, Frederick. "The Ch'eng-hua and Hung-chih Reigns, 1465—1505." *Cambridge History of China*, vol.7, pp. 343—402. Cambridge: Cambridge University Press, 1988.

——. "Chinese Society under Mongol Rule, 1215—1368." *Cambridge History of China*, vol.6, pp. 616—664 . Cambridge: Cambridge University Press, 1994.

Needham, Joseph. *Science and Civilization in China*, vol.4, pt.3: Civil Engineering and Nautics. Cambridge: Cambridge University Press, 1971.

Ng, Vivian w. "Homosexuality and the State in the Late Imperial China." In *Hidden from History: Reclaiming the Gay and Lesbian Past*, edited by Martin Duberman et al., pp. 76—89. New York: NAL Books, 1989.

Nimick, Thomas G. "The County, the Magistrate, and the Yamen in Late Ming China." Ph. D. Diss, Princeton University, 1993.

Nishijima Sadao. "The Formation of The Early Chinese Cotton Industry." In *State and Society in China: Japaneses Perspectives on Ming-Qing Social and Economic History*, edited by

Linda Grove and Christian Daniels, pp. 17—77. Tokyo: University of Tokyo Press, 1984.

Peterson, Willard. *Bitter Gourd: Fang I-chih and The Impetus for Intellectual Change*. New Haven: Yale University Press, 1979.

Rawski, Evelyn Sakakida. *Agricultural Change and the Peasant Economy of South China*. Cambridge: Harvard University Press, 1972.

Reid, Anthony. *Southeast Asia in the Age of Commerce, 1450—1680*. Vol.2 ; *Expansion and Crisis*. New Haven: Yale University Press, 1993.

Ricci, Matteo. See D' Elia, Pasquale.

Rossabi, Morris. "The Tea and Horse Trade with Inner Asia during the Ming." *Journal of Asian History* 4:2 (1970), pp. 136—168.

Ruitenbeek, Klaas. *Carpentry and Building in Late Imperial China: A Study of the Fifteenth-Centuy's Manual "Lu Ban Jing."* Leiden: E. J. Brill, 1993.

Sato, Masahiko. *Chinese Ceramics: A Short History*. Tokyo: Weatherhill, 1981.

Schurz, William. *The Manila Galleon*. 1939. Reprint, New York: Dutton, 1959.

Scott, Rosemary, ed. *The Porcelains of Jingdezhen*. London: Percival David Foundation of Chinese Art, 1993.

Seybolt, Peter. *Throwing the Emperor from His Horse: Portrait of a Village Leader in China, 1923—1995*. Boulder: Westview Press, 1996.

Shiba Yoshinobu. *Commerce and Society in Sung China*. Translated by Mark Elvin. Ann Arbor: Center for Chinese Studies, University fo Michigan, 1970. Edited translation of Sōdai Shōgyōshi kenkyū (Tokyo: Kazama Shob ō , 1968).

——. "Ningbo and Its Hinterland." In *The City in Late Imperial China*, edited by G. William Skinner, pp. 391—439. Stanford: Stanford University Press, 1977.

Shigeta Atsushi. "The Origin and Structure of Gentry Rule." In *State and Society in China: Japanese Perspectives on Ming-Qing Social and Economic History*, edited by Linda Grove and Christian Daniels, pp. 335—385. Tokyo: University of Tokyo Press, 1975.

So, Kwan-wai. *Japanese Piracy in Ming China during the Sixteenth Century*. East Lansing: Michigan State University Press, 1975.

Spence, Jonathan. *The Memory Palace of Matteo Ricci.* Harmondsworth: Penguin, 1985.

Struve, Lynn. *Voices from the Ming-Qing Cataclysm: China in Tiger's Jaws*. New Haven: Yale University Press, 1993.

Sun, E-tu Zen and Shiou-chuan Sun, tr. *T'ien-kung K'ai-wu: Chinese Technology in the Seventeenth Century*. University Park: Pennsylvania State University Press, 1966.

Szonyi, Michael. "Th Cult of Hu Tianbao in the Eighteenth Century Discourse on

Homosexuality." *Late Imperial China* 19:1 (June 1998), pp. 1—25.

Tanaka Masatoshi. "Popular Uprisings, Rent Resistance, and Bondservant rebellions in the Late Ming." In *State and Society in China: Japaneses Perspectives on Ming-Qing Social and Economic History*, edited by Linda Grove and Christian Daniels, pp. 165—214. Tokyo: University of Tokyo Press, 1984.

——. "Rural Handicraft in Jiangnan in the Sixteenth and Seventeenth Centuries." In *State and Society in China: Japanese Perspectives on Ming-Qing Social and Economic History*, pp. 79—100.

Tong, James. *Disorder under Heaven: Collective Violence in the Ming Dynasty*. Stanford: Stanford University Press, 1991.

Tsurumi Naohiro. "Rural Control in the Ming Dynasty." In *State and Society in China: Japanses Perspectives on Ming-Qing Social and Economic History*, edited by Linda Grove and Christian Daniels, pp. 245—277. Tokyo: University of Tokyo Press, 1988.

Twitchett, Denis, and Tilemann Grimm. "The Cheng-T'ung, Ching-t'ai, and T'ien-shun Reigns." *Cambridge History of China*, vol.7, pp. 305—342. Cambridge: Cambridge University Press, 1988.

Volpp, Sophie. "The Discourse on Male Marriage: Li Yu's 'A Male Mencius' Mother" *Positions* 2:1 (spring 1994), pp. 113—132.

Von Glahn, Richard. "Myth and Reality of China's Seventeenth-Century Monetary Crises." *Journal of Economic History* 56:2 (June 1996), pp. 429—454.

Wakeman, Frederic. *The Great Enterprise: The Manchu Reconstruction of Imperial Order in Seventeenth-Century China*. 2 vols. Berkeley and Los Angeles: University of California Press, 1955.

Walter, Ann. *Getting an Heir: Adoption and the Construction of Kinship in Late Imperial China*. Honolulu: University of Hawaii Press, 1990.

Widmer, Ellen. "The Epistolary World of Female Talent in Seventeenth-Century Chian." *Late Imperial China* 10:2 (December 1989), pp. 1—43.

Wiens, Mi Chü. "Lord and Peasant: The Sixteenth to the Eighteenth Century." *Modern China* 6:1 (1980), pp. 3—39.

Will, Pierre-Étienne, and R. Bin Wong. *Nourish the People: the State Civilian Granary System in China, 1650—1850*. Ann Arbor: Center for Chinese Studies, University of Michigan, 1991.

Wu, K. T. "Ming Printing and Printers." *Harvard Journal of Asiatic Studies* 7:3 (1943), pp. 203—260.

Wu, Pei-yi. *The Confucian's Progress: Autobiographical Writing in Traditional China*. Princeton: Princeton University Press, 1990.

Yang Lien-sheng. "Ming Local Administration." In *Chinese Government in Ming Times: Seven Studies*, edited by Charles Hucker, pp. 1—21. New York: Columbia University Press, 1969.

——. *Studies in Chinese Institutional History*. Cambridge: Harvard University Press, 1961.

Yü, Chün-fang. *The Renewal of Buddhism in China: Chu-hung and the Late Ming Synthesis*. New York: Columbia University Press, 1981.

Yuan, Tsing. "The Porcelain Industry at Ching-te-chen, 1550—1700." *Ming Studies* 6 (spring 1978), pp. 45—53.

Zeitlin, Judith. "The Petrified Heart: Obsession in Chinese Literature, Art, and Medicine." *Late Imperial China* 12:1 (June 1991), pp. 1—26.

Zurndorfer, Harriet. *Change and Continuity in Chinese Local History: The Development of Hui-chou Prefecture, 800 to 1800*. Leiden: E. J. Brill, 1989.

译后记

《纵乐的困惑——明代的商业与社会》是卜正民（Timothy Brook）教授继《觊觎权力——佛教与晚明缙绅社会的形成》* 之后的又一部力作。1997 年夏天，卜师来香港开会，抽空校对此书的英文版本清样。我借来读后，觉得内容丰富、写法新颖、叙事生动，建议将之译为中文，介绍给中国读者。卜师同意后，我请王秀丽博士和罗天佑博士帮忙，得到他们的慨然相助。

初稿译出后，我写了一封信，寄给海峡两岸暨香港的十几家知名出版社，询问它们的出版意向和条件。反映出奇地好，超过十家出版社先后回函回电，希望出版此书并提供很好的出版条件。由于台湾联经出版事业公司的林载爵总编和北京三联书店的孙晓林编辑最先应允出版，并且两社有着良好的合作关系，我们决定由它们分别出版本书的繁、简体版。在向联经和三联致谢的同时，我也想向

---

* 国内译本名为《为权力祈祷——佛教与晚明中国士绅社会的形成》（江苏人民出版社）。——编注

有意出版本书的其他出版社道歉。

本书的翻译分工如下：中英文版作者序、引言等由方骏翻译；第一、三、四章及参考文献部分由王秀丽初译，方骏补充；第二章由罗天佑初译，方骏补充、写定；全书由方骏统稿和校对。

翻译过程中，我们自始至终得到卜正民教授和他的博士研究生孙竞昊先生的全力支持。卜师两次细读译稿，修改译文，并为我们提供不易查找的原始资料。他还建议我们因应中文读者的特点和需要，对原书的某些字句进行删改，包括将中文版主书名由《愉悦的困惑》改为《纵乐的困惑》。又，当代中国著名的语言文字学家、书法篆刻家蒋维崧教授百忙中为本书挥翰题签，使之大为生色。限于学力，译文中疏误在所难免，恳请方家不吝指正。

方骏

2003 年 6 月 15 日于香港

中译本新版后记

《纵乐的困惑》2004 年由北京三联和台北联经出版后，深受读者欢迎。简体字版最初的 6500 册和随后加印的 3000 册，很快售罄。海峡两岸学界的反馈，可谓好评如潮。在脱销将近十年后，广西师范大学出版社决定重印此书，以满足更多读者的需要。卜正民教授还专门为新版撰写序言，并嘱我译为中文。作为这本经典著作畅销十余年的见证者之一，在此我想写几句，作为初版译后记的补充。

1988 年以来，本书作者卜正民教授先后出版了十九部专著和编著，多由牛津、哈佛、加州、斯坦福、密歇根等大学出版社刊印。在海外汉学界甚至历史学界，像他这样勤奋多产的，颇为罕见。我曾跟他提起，他的导师孔飞力（Philip Kuhn）十年磨一“剑”，而他却两年出一书。他笑说孔氏讲究质量，而他注重数量。其实他的书都是专家关注、读者爱看的佳作，这可以从这些作品的频繁获奖和多国译本得到印证：《纵乐的困惑》获美国亚洲学会“列文森中国研究最佳著作奖”（Joseph Levenson Prize）和加拿大历史学会最具声望的“加诺奖章”（François-Xavier Garneau Medal）；《杀千刀——

中西视野下的凌迟处死》（*Death by a Thousand Cuts*）膺加拿大历史学会非加拿大历史类“福格森最佳著作奖”（Wallace K. Ferguson Prize）;《维米尔的帽子——17 世纪和全球化世界的黎明》（*Vermeer's Hat: The Seventeenth Century and the Dawn of the Global World*）得哥伦比亚大学“林登历史著作奖”（Mark Lynton History Prize）和法国海外科学院“帕威奖”（Prix Auguste Pavie）；除中文外，卜氏著述还被译为韩、法、德、波兰、捷克、荷兰、匈牙利、葡萄牙等国文字发行。斯坦福大学历史系和牛津大学汉学院诚意延聘，哈佛大学出版社请他主编六卷本《哈佛中国史》，以及他当选亚洲学会2015—2016 年度会长，也是欧美同行对他学术成就的肯定。

本书是最早面世的卜氏著作中译本。这之后，他的其他书籍也陆续被翻成中文出版，如《中国与历史资本主义——汉学知识的系谱学》（巨流图书公司，2004；新星出版社，2005）、《为权力祈祷——佛教与晚明中国士绅社会的形成》（江苏人民出版社，2005）、《民族的构建——亚洲精英及其民族身份认同》（吉林出版集团，2008）、《鸦片政权》（黄山书社，2009）、《明代社会与国家》（黄山书社，2009）、《维米尔的帽子——从一幅画看 17 世纪全球贸易》(远流出版公司，2009；文汇出版社，2010）和《杀千刀——中西视野下的凌迟处死》（商务印书馆，2013）。由他和魏丕信（Pierre-Étienne Will）、盖博坚（Kent Guy）主持的、多国学者参与的《大学衍义补》英文译注及研究成果汇编《丘濬与明代经世之学》，相信问世之后也会引起国内学者的兴趣。

最后，我想借此机会向广西师大出版社的莫嘉靖和马希哲两位先生致谢，他们的敬业态度和精审编辑是本书再版质量得以进一步提高的主要原因。

方骏

2015年6月15日于加拿大安大略省伦敦市